한국정치의 이해

Understanding of Korean Politics

한국정치의
이해

Understanding
Korean Politics

이종식 지음

한국학술정보㈜

책머리에

필자는 최근 한국정치 현실을 보면서 느끼는 마음이 정치가 한 차원 높은 수준에서 전개되었으면 하는 아쉬움이 크다. 그것은 작년 말 제17대 대선과 최근의 미국산 쇠고기 협상과 관련하여 더욱 그 같은 생각이 든다.

2007년 이후 필자는 그동안에 강의한 교재를 활자화하는 작업이 많아졌다. 「국제항공체제의 변화와 전망」에 이어서 「현대민주주의와 시민사회」 그리고 이번에 「한국정치의 이해」에 관한 것이다. 책의 수가 많고 적음에 구애됨이 없이 뭔가 좀 더 발전이 있었으면 하는 그런 생각이 간절하다. 그 같은 아쉬움은 개인적으로나 국가적으로도 마찬가지다.

특히 2008년 7월 일본의 독도영토주권 침탈행위를 보면서 한국의 국제적인 위상에 대해 우리는 한국의 정치사와 한국 역사에 주목하여 보다 주체적으로 우리 정치사와 역사를 기록하고 읽어야겠다고 생각한다. 서양인들은 그들의 시각으로, 일본인들은 그들의 시각으로, 중국인은 또 그들의 시각으로, 동아시아의 정치사를 적으려고 하고 있다. 우리는 우리의 시각으로 한국정치사를 적어야 하였기에 여기 작은 **한국정치의 이해**라는 이 책을 내 놓기로 했다.

이러한 나의 생각에 조금이나마 변화를 주기 위해서 「한국정치의 이해」라는 강좌에서 나의 평소의 생각을 남기면서 몇 가지 새로운 발상으로 구상해 보았다. 그것은 한국정치의 사상적 새로운 전향이다. 종래의 사대와 사화적 그리고 서구적 정치이론에서 벗어나 새로운 연구와 발전을 기도해 보고 싶은 생각에서이다. 조선조 시대의 성리학의 연구에서 탁월한 업적을 남기신 퇴계와 율곡을 생각하면서 한국정치의 전통적 방법론을 지양하고 새로운 시각에서 한국정치의 이해를 서술하고자 하였다. 성리학의 연구에서 인간 본성과 동양적 유교정치사상에 접목되어 있는 한국정치의 철학적 사고를 좀 깊이 가미하여 새롭게 일신시키고자 하였다.

그 같은 결과에 따라서 본서에서는 한국정치의 구성을 제1편 한국정치와 그 철학적 기초, 제2편, 해방 이후의 한국정치, 제3편에서는 현대한국정치의 쟁점 등을 주로 다루고, 이에 대한 깊은 연구를 하려고 하였으나 일천한 나의 능력으로 두루 다 커버할 수가 없었던 것 같아 더욱 아쉬움을 보태고 있을 따름이다.

아무튼 이 책으로 인하여 독자들에게 조금이나마 보탬이 되었으면 하는 일념뿐이다. 바쁜 일정으로 무리가 없었는지 모르겠다. 더욱 정진할 것을 약속하면서 우선 지면을 통해 지향하고자 하는 방향을 제시해 놓는다. 이 책이 나오기까지 물심양면으로 아낌 없는 지원을 해 주신 여러분들에게 감사를 보낸다.

2008년 삼복중에 행신 우거에서
필자 씀

목 차

제3편 현대한국정치의 쟁점

제1편

한국정치와 그 철학적 기초

제1장
전통적 정치생활의 원리

I. 유학사상

1. 유학의 성립

여러분은 유학을 보수적이고 권위주의적인 봉건시대의 산물이라서 현대에 걸맞지 않는 사상이라고 생각하는가? 그렇다면 도덕의 회복을 주장하고 유교적 가족윤리를 주장하는 사람들은 어떻게 설명할 수 있는가? 시대를 초월한 보편성과 시대상황에 적절한 의식수준의 강구가 요구된다.

유교는 누가 창시했는가? 우리는 유교의 창시자를 공자로 알고 있다. 孔子(BC. 551－479)는 魯나라의 사람으로 이름은 丘, 자는 仲尼이다. 유교는 공자 당대에 기본골격을 갖추었고, 시대변천에 따라 그 시대의 요구에 맞게 이론을 수정, 보완하여 중국 전통사상의 주류를 형성하였다. 중국으로부터 문화적 영향을 많이 받은 동아시아 특히 한국, 일본에 커다란 영향을 미쳤다고 할 수 있다.

유교의 핵심내용은 공자가 "옛것을 조술하였을 뿐 창작하지는 않았다."(述而不作)[1]고 한다. 즉, 유교 이전의 여러 사상들을 종합 정리한 것이다. 유교의 그 주된 내용은 은대의 宗教的 上帝觀念,[2] 주대의 천명사상,[3] 福善禍淫사상[4]과 조상숭배사상, 인륜질서의 예의제도 등 전통문화 계승, 인간의 도덕적 자각과 실천의 자율성의 관점에서 의미를 부여하여 교육을 통해 널리 알리고자 하였다.

유교는 종교인가 학문인가? 유학은 유교를 학문이라는 관점에서 붙인 말이다. 유교를 불교, 기독교와 같은 종교로 볼 것인가? 종교성이 없는 것은 아니지만 주안점이 종교와는 달리 철저히 현세의 윤리 도덕에 있다.[5] 공자를 중심으로 한 유학자의 가르침을 유교라고 하는 것이다.

공자는 무엇을 가르치려고 했는가? 공자는 인간의 자각에 기초하여 자기해결을 강조하고 있다. 자각은 인간성에 대한 믿음으로 보았으며, 자신이 남을 사랑하거나 남으로부터 사랑받는 일, 모두가 자신의 일, 즉 인간의 문제는 인간의 자각을 통해 스스로 해결해야 한다.

---

1) ≪論語≫ 述而篇.
2) 精一執中은 학문의 대법이며, 朱子의 中庸章句 序文 堯舜禹의 繼承의 心法을 찾을 수 있다. "人心惟危 道心惟微 惟精惟一 允執厥中"(≪書經≫ 大禹謨). 덕치주의 사상은 "爲政以德 譬如北辰 居其所 而衆星共之". "道之以政 齊之以刑 民免而無恥 道之以德 齊之以禮 有恥且格"(≪論語≫ 爲政篇).
3) 水旱不調하여 五穀이 不熟하면 왕을 죽이든지 바꾸어야 한다는 풍습이 있었다.
4) ≪周易≫坤卦, "積善之家 必有餘慶, 積不善之家 必有餘殃." 라고 하여 고유신앙의 현세주의를 나타내고 있다.
5) ≪論語≫ 先進篇 "季路問事貴神 子曰 '未能事人 焉能事鬼' 敢問死 曰 '未知生 焉知死'"

유교의 믿음이란? 그 믿음은 구도의 길로서 仁의 길이며 사람이 가야 할 길이다. 仁이란? 사람과 사람을 의미, 즉 인간의 개인적 각성과 관계 속에서 실천을 가리킨다. 그 핵심내용은 인간에 대한 사랑이다. "인이라는 것은 사랑의 원리이며, 마음의 덕이다"[6]고 한다.

공자께서 말씀하시기를 "배우고 그것을 때때로 익히면 기쁘지 않겠는가? 벗이 있어 멀리서 찾아오면 즐겁지 않겠는가? 사람들이 자기를 알아주지 않아도 서운해하지 않는다면 역시 군자가 아니겠는가?"[7]라고 하여 떳떳한 인간, 즉 군자가 가야 할 길을 강조하였다.

유자가 이르기를 "그 사람됨이 부모에 효도하고 어른을 공경하면서, 윗사람을 범하기를 좋아하는 자가 드무니, 윗사람을 범하기를 좋아하지 않고서 난을 일으키기를 좋아하는 자는 있지 않다. 군자는 근본에 힘써서 근본이 확립되면 인의 방법이 생겨난다. 효와 제는 그 인을 행하는 근본일 것이다."[8]라고 하였다

또한 공자께서 말씀하시기를 "말을 듣기 좋게 하고 얼굴빛을 곱게 하는 사람은 인한 자가 적다."[9]고 하셨다.

공자께서 말씀하시기를 "지자는 물을 좋아하고, 인자는 산을 좋아하니, 지자는 동적이고, 인자는 정적이며, 지자는 낙천적이고, 인자는 장수한다."고 하셨다.

유교에서 가르치는 인간관계의 기본은 부모와 자식의 관계, 즉 孝

---

6) 《論語》學而篇. "仁者 愛之理, 心之德也"
7) 《論語》學而篇. "子曰, 學而時習之 不亦說乎, 有朋自遠方來 不亦樂乎, 人不知而不慍 不亦君子乎"
8) 《論語》學而篇. "有子曰, 其爲人也 孝悌而好犯上者 鮮矣, 不好犯上而 好作亂者 未之有也. 君子 務本 本立而道生 孝悌也者 其爲仁之本與"
9) 《論語》學而篇. "子曰, 巧言令色 鮮矣仁"

Understanding of Korean Politics

를 강조하고 있으며, 孝란? 인간의 근원적인 정감, 중국 특유의 종족 관념과 당시 사회의 봉건신분질서유지를 위해 정치적으로 유효한 것, 즉 충효의 관념으로 확대하는 것이다. 그러한 仁의 실천과정이 禮이다. 예를 강조한 공자의 입장은 위정자의 도덕적 각성과 실천을 통해 각 개인을 교화시켜 도덕성을 제고한다는 것으로 나타난다. 도덕으로 가득하게 되면, 천하는 평화롭게 다스려진다는 것이다. 이것이 철인정치의 이상과 연결된다. 또한 이것이 덕치주의이다. 이 덕치주의는 나중에 맹자의 왕도정치로 이어진다.

유교정치의 기본철학은 덕치주의이다. 중국 봉건사회를 지지하고, 보편적 삶의 가치로서 생활 속의 실천윤리이다. 이와 같은 유학의 이론적 체계는 공자와 맹자 그리고 순자로 이어져 왔던 것이다. 孔子는 仁의 길, 禮를 닦는 일, 孝를 근본으로 함을 강조하였다. 孟子는 왕도정치, 민본사상, 성선설(사단지심, 본심, 양심양능)을 주장하였고, ≪맹자≫라는 책자는 사서로 지정되어 있다. 荀子는 욕망을 인간의 근본적인 본질로 규정하고 욕망을 무제한 추구한 결과 사회적으로 악이 되어 나타나기 때문에 인간의 본질인 성이 악하다고 하는 성악설을 주장한다. 이를 詩, 禮樂으로 교화하여야 한다고 주장한다. 공동체의 전체적 질서와 조화의 측면에서 유가의 학설을 발전시켰다.

2. 유학의 전개

먼저 秦대에는 천하통일에 법가적 전제질서, 漢대에서는 정치, 사회적 새로운 질서로서 유학을 정립[10], 한대 초기 유학자 董仲舒가 한의 정치지도이념, 인재선발기준으로 하였다. 陰陽五行說을 받아들여 天人感應說과 災異說을 주장하고, 專制王權을 絶對化하는 이론적 기초로 삼았다. 漢武帝가 五經博士를 둔 이후 한의 國敎化, 經學이 확립, 국가의 보호하에 전제권력을 이론적으로 뒷받침하는 상호공존관계를 중요시하였다. 魏晉南北朝와 隨唐에서는 訓詁學적 유학경전의 연구와 詞章學的 유학은 있었으나 佛敎와 道敎가 번성하고 유학은 침체하였다. 唐末과 宋初에는 문벌귀족 지배가 끝나고, 황제중심의 관료제적 중앙집권 체제구축의 변혁기를 맞이하게 되었다.

성리학의 성립은 송대의 지배계급인 사대부 관료들 중, 개인적으로는 학문과 수양을 통하여 성인의 경지에, 정치적으로는 왕도의 실현을 목표로 한 이들이 이룬 학문이다. 원시유학이 실천윤리적 입장을 견지하였고, 한당유학에서 훈고 사장학적 입장임에 비해, 송대 유학은 성리학을 중심으로 하는 사색적 철학적 입장이다.

신유학이란? 유학의 형이상학적 이론을 확립하고 인륜의 실천을 명확히 하고자 하였다. 불교와 도교는 비현실적임을 비판하나 유학적 관점에서 통합, 지향하고자 하였다. 유학의 이론을 보완, 형이상학적 근거를 마련, 새로운 해석을 내린 것이 곧 신유학이다.

---

10) 육가(장현근역), 2008, 『新語』, 서울: 지만지고전천줄.

Understanding of Korean Politics

주희의 사상의 핵심은 理氣論이다. 그는 태극을 理로 규정하고, 理를 인간과 자연의 보편적 근거로 삼았다. 즉, '性卽理'라고 보았다. 태극은 形而上의 理로서 주체와 존재의 근거, 形而下인 현실세계의 모든 운동과 현상은 氣의 움직임으로 설명, 이를 인간에 적용하면 심성론이다. 주희의 理氣心性論은 "우주만물을 성립, 생성시키는 理가 모든 인간에게 보편적으로 관통되어 흘러 때문에 사람이 사람다울 수 있다." 주희의 人性論은 "사람은 누구나 태어나면서부터 理(구체적으로 인의예지 등), 즉 도덕적 본성을 부여받고 있으며, 그 본성을 바르게 구현하는 것이 인간이 살아가야 할 길"이다. 이것이 도덕주의로 이어진 것이다. 주희의 주안점은 "사람은 누구나 성인이 될 수 있다."는 주체의 강렬한 도덕적 각성을 촉구한다.

주희 학문의 방법론은 "만물의 근원인 유일하고 보편적인 理는 지적 탐구와 개인적 수양을 통해서만 체득할 수 있다." 이를 '居敬窮理'라고 집약한다.

유학에서 주희가 한 역할로서는 四書를 확립, 새로운 경학을 완성, 자기의 사상체계 내에서 재구성하였다는 점이다.

이후 元대에는 성리학은 관리등용시험에 필수 교과서가 될 정도이었다. 明에서는 영락대전, 성리대전이 편집되어 관학으로서 확고한 지위를 수립, 理의 규명보다 實踐을 중시하여 王守仁을 중심으로 한 陽明學이 발전하였다. 양명학의 실천성은 자기 자신의 內的 覺性을 출발점으로 한다. 주자학의 '性卽理'에 대하여 양명학에서는 '心卽理'로 표현한다. 內的 修養 부분을 근본으로 삼고, 주자학의 知的探究, 즉 학문의 의의는 약화되었다. 양명학이 실천문제에서 주체를 강조하는 점은 주자학의 규범성에 질곡되어 있던 主體를 解放시킨다는 진보적 의미를 가진다.

淸대에 이르러서는 초기에 黃宗義, 顧炎武, 王夫之 등은 성리학의 관념적 이념적 성격을 비판하면서, 일방 경서의 의의를 밝히는 데에 힘쓰고, 타방 經世致用의 實學을 추구하였다. 그 후 청대 유학의 일반적 경향은 자료를 수집해서 정리하고 문자 용어의 古義나 古制 등을 규명하는 經學과 詞學 등 考證學이 주류를 형성하였다. 후기에는 서구의 침략이 노골화되면서 청의 통치가 약화되고 서구사상에 대처하고자 한 초기의 今文經學의 전통을 이어받은 公羊學이 나타났다.

중화민국에 와서는 5.4 신문화 운동을 거치면서 봉건체제의 이념으로 역할을 하던 유학은 철저한 비판의 대상이 되었다. 1960, 1970년대 중반에 걸쳐 문화대혁명 기간에 극치를 이루었다.[11] '비공', 즉 공자로 대표되는 유학에 대한 비판으로 시작하여, 모택동 사망 이후 유학은 다시 논의의 대상으로 부각하고 있다.

---

11) 모택동(김승일 역), 2004, 『矛盾論 外』 범무문고 117, 서울: 범우사.

Understanding of Korean Politics

Ⅱ. 신유학사상

1. 宋明儒學의 異稱

유학을 구분할 경우 구분하는 방법에 따라 시대적 구분과 사상적 구분으로 나누어 볼 수 있다. 시대적으로 구분할 경우는 한당유학, 선진유학과 같은 시대적 개념으로 북송시대에서부터 명대의 유학을 송명유학이라 한다. 다음으로 사상적 구분의 경우는 이념적, 내용적으로 한당, 선진 유학과 다른 특징을 가진 북송시대에서 명대에 이르는 시기의 유학으로서 주자학, 양명학, 도학, 이학, 심학 등으로 불리고 있다. 주자학, 양명학은 주창자의 사상을 강조한 신유학이라는 것을 쉽게 알 수 있다.

道學은 북송 초기 胡瑗, 孫復, 石介에서부터 송대의 朱熹, 명대의 王守仁에 이르는 '도리를 파악해서 몸소 실천하는 학문'을 가리킨다. 주자학, 양명학 등으로 불린다. 理學은 정이에 의해 구체화되고 주희가 계승한 정주학, 주자학 개념의 '이치를 통하여 세계를 파악한다.'는 입장의 性理學, 朱子學, 理學 등으로 불린다. 心學은 육구연이 선도하고 왕수인 계열의 사상적 특징을 가진 '心卽理'로 보는 입장의 陽明學이다.

2. 신유학의 형성

한당유학은 불교를 외래적, 이단적, 비중국적인 것으로 비판하여 이단에 대한 배척의식이 고조되었다. 그러나 이는 선언적 의미이고, 내용적으로 보면 더욱 철학적, 체계적으로 발전되어, 불교, 도교 등을 용해하여 새로운 유학으로 발전한다. 수당유학은 유학이 침체되고 불교와 도교가 활성화 되었다. 도교는 당의 국교로 정하기도 하였다. 송대유학은 특히 북송 초기 고문운동에서 정학운동에 이르러 본격화되어 신유학의 철학적 개념이 성립되었다.

3. 북송 초기 세 학파

道學파는 韓愈, 柳宗元 사상을 계승, 발전시킨 정치적 측면에서 전통적, 수구적, 점진적 개혁을 주장. "도덕이 사회의 治亂 與否를 결정한다."

新法파는 법가적 전통을 계승한 정치적으로 혁신적, 급진적 개혁을 주장한다. 王安石 新法은 대지주와 대상인을 억제하고, 소지주와 소상인을 보호하려는 것으로 사회의 치란을 도덕문제보다 실제적 측면을 강조한다.

蜀學파는 정치적으로 점진적 개혁을 주장, 蘇轍, 蘇軾의 문학, 禪學, 유학경전 해석에 도교와 불교를 원용, "군왕의 도덕적 마음이 도덕사회를 구현해 내는 바탕"이 된다고 한다.

4. 朱子學과 陽明學의 學文差異

구분	주자학	양명학
1. 주장자	정이, 주희	육구연, 왕수인
2. 핵심명제	性卽理	心卽理
3. 理致	객관적 사물 속에 있다.	마음이 사물을 인식하는 작용을 통하여 드러난다.
4. 학문방법	존덕성 공부와 지식 추구하는 도문학 공부	존덕성 공부만 중시
5. 지식과 행위	양자를 구분한 뒤 합일을 추구	애당초 분리되어 있는 것이 아니다.
6. 전성기	송대의 性理學	명대의 陽明學

5. 朱子學의 特性

첫째, 주자학의 명제는 性卽理, 즉 "세계는 이치와 기질의 오묘한 조화로 이루어졌다."고 본다. "마음은 이치와 기질의 오묘한 조합이다."

둘째, 程頤에 의해 시작되어 朱熹에 의해 완성된 송대의 신유학으로. 세계와 인성을 존재론적으로 설명한다. 주돈이, 소옹, 장재, 정호 등 "세계와 인성은 氣質로 이루어졌다." 정이는 "세계와 인성을 이루는 존재론적 개념으로서 氣質 이외에 理致가 있다."

셋째, 송명유학으로서 고전적 한당과 선진 유학의 혁신을 추구한다. 원래 일상적 삶 속에서 바른 행동과 실천을 추구하는 것이었으나 수당대에는 불교, 도교와 같은 사상이 번창하여 침체되었다. 이러한 불교와 도교 같은 사상적 敵을 이겨 낼 수 있는 무기인 웅대한 형이상학적 구조가 정밀한 논리적 체계를 갖출 필요성이 요구되었다. 세계의 존재방식을 해명으로 시작하여 周易에 대한 열정적 관심을 보임으로써 도덕을 존재화시키려고 했다. 이치를 세계 구성의 근본요소로 보고, 송대 초기 도학적 사상을 발전, 계승하여, 명대의 신유학인 양명학을 낳게 하는 바탕으로 기능하였다.

넷째, 인간을 이원적 구조로 바라보는 태도를 보인다. 인간의 마음을 理致와 氣質 두 요소의 복합으로 본다. 이성주의적 사고, 즉 '인욕을 버리고 천리를 보존한다.'

다섯째, 지식론적 흐름의 새로운 입장을 표명한다. 객관적 사물에 대한 지식론적 탐구를 한다. ≪대학≫ 해석을 통해 이를 구체화한다. 大學經句는 明明德, 新民, 止於至善, 格物致知, 誠意, 正心, 修身, 齊家, 治國, 平天下로 구성되어 있다.

여섯째, 더욱 강력한 이념으로 무장되어 있는 전투적 유학이다. 불교와 도교에 대한 비판과 내부의 陸九淵과 津梁에 대한 비판도 격렬하다. 기존 유학에 비해 훨씬 체계화, 이념화하여 유학의 도덕주의를 적극적으로 강화한 사상이다.

▌참고문헌 ▌

김만규, 1999, 『한국의 정치사상』, 서울: 현문사.
모택동(김승일 역), 2004, 『모순론 외』, 서울: 범무사.

육가 (장현근 옮김), 2008,『신어』, 서울: 지만지고전천줄.
중국철학연구회, 1994,『논쟁으로 보는 중국철학』, 서울: 예문서원.
한국동양철학회, 1982,『동양철학의 본체론과 인성론』, 연세대학교 출판부.
한국철학사상연구회, 2005,『강좌 한국철학』, 서울: 예문서원.
勞思光 (정인재 옮김), 1988,『중국철학사』, 서울: 탐구당.
島田虔次 (김석근 외 옮김), 1986,『주자학과 양명학』, 서울: 까치.
張岱年 (양재혁 옮김), 1988,『중국철학사방법론』, 서울: 이론과 실천.
周桂鈿 (문재곤 외 옮김), 1993,『강좌중국철학』, 서울: 예문서원.
최근덕 외, 1992,『원대성리학』, 서울: 포은사상연구원.
夏乃儒 主編 (황희경, 황성만 옮김), 1991,『중국철학문답』, 서울: 한울.
한국방송대학교, 2007,『동서양고전』, 서울: 한국방송대학교출판부.
候外廬 (박완식 옮김), 1995,『송명이학사』, 서울: 이론과 실천.

유학사상과 한국정치의 전개

Ⅰ. 유학의 한국적 전개

1. 漢四郡시대

이 시대에는 경학중심의 한대유학이 전래되어 성행하였다.

2. 三國시대

고구려, 신라, 백제에는 원시유학, 효제충신의 윤리, 經學, 典章制度로 기능화된 한대유학이 정치이념 및 교육에 제도화가 이루어졌다.

1) 신라

민족고유의 정신, 원시유학의 도덕실천 정신, 불교, 도교 등을 접목시켜 花郎道 精神[1]을 탄생시켰다.

2) 후기신라

원시유학의 仁義, 孝悌, 忠信 등 도덕정신. 중국 한대 이후의 경학사상, 당대의 사장학 등의 유학적 도덕이념이 國學과 讀書三品科 설치로 국가이념의 바탕이 되었다.

3. 高麗시대

1) 초기

유학이 국가의 기틀을 세우는 데에 작용하여 소위 왕도정치의 근본정신이 되었다. 고려태조의 訓要十條는 불교, 유교, 도교, 토속신앙을 모두 조화하고 10조 중에 5개조가 유교적 정치이념을 담고 있다.

광종에서 성종에 이르는 기간 중에는 유학이 고려의 정치, 사회적 틀을 마련하게 되어 유학의 경전을 중심으로 하는 과거제가 실시되었다. 崔承老의 '時務28條'는 유교적 정치이념을 구현하는 근간을 이루고 있다.

---

1) 화랑도 정신은 원광이 隨나라에서 求法을 하여 신라에 돌아오자 화랑 중에서 귀산, 추항(貴山, 帚項) 등이 귀감이 될 가르침을 요청하여 받은 것으로 이것이 화랑을 교육하는 정신적 교육이념이 되었다. 五戒는 事君以忠, 事親以孝, 交友以信, 臨戰無退, 殺生有擇 등이다.

2) 중기

崔沖 등 '私學12도'가 나와 유학경전 위주로 학생교육을 실시하였다. 그 이후 사학이 쇠퇴하고 관학이 흥성(예종, 인종, 의종)하게 되었다. 金富軾의 '三國史記'가 간행되고 의종 때 '武臣의 亂'으로 침체를 맞았다.

3) 말기

忠烈王 때 元으로부터 安珦이 전래한 주자학이 등장할 무렵 불교의 말폐로 사회가 혼란과 침체로 국가적 차원의 새로운 학풍진작이 요구되었다. 白頤正, 權溥, 李穡, 鄭夢周, 吉再와 같은 유학자가 주자학을 차원 높게 연구하였고 불교는 현실의 인간윤리를 도외시하는 약점이 있다고 지적하여 도외시하였다.

4. 朝鮮시대

1) 초기

조선 초기에는 배불숭유정책으로 불교를 비판하고 유학을 숭상하는 정치적 기초를 닦고 있었다.

<개혁파와 정통파의 비교>

	개혁파	정통파
1	신왕조 창업에 참여세력	구왕조 중흥세력
2	혁명론	의리론
3	정도전(경국대전), 권근(입학도설, 시경천견록)	포은 정몽주(丹心歌[2]),야은 길재(회고가), 목은 이색
4	훈구파	도학파, 의리파(성종)
5	유불논쟁: 조선개국이념으로 과정적 수단 - 주자학적 질서로 사회 재편 - 태조-성종 정치적 안정	도학정치: 성종 때 중앙에 진출한 사림파가 주자학적 순수성 주창 - 정몽주의 의리정신과 연결 - 사육신과 생육신의 출현

<주> 死六臣: 李塏, 河緯地, 柳誠源, 兪應孚, 成三問, 朴彭年
　　　生六臣: 李孟專, 趙旅, 元昊, 金時習, 成聃壽, 南孝溫

　그리고 조선의 건국과 그 통치이념을 권장 육성하던 儒佛論爭이
성행하였다. 이 부분은 뒤에서 상술하기로 한다.

　2) 중기 - 성종 이후 주자학의 심화

　조선주자학의 특징으로는 ① 자연이나 우주의 문제보다는 인간 내
면의 성장과 도덕적 가치를 추구하였다. ② 주자학의 내면적 도덕원
리를 탐구하는 인성론 연구가 중심이었으며, 鄭逑, 金長生, 朴世采,
許穆 등 유학의 행위규범인 예를 학문적으로 발전시켰다. ③ 자주적
유학 경전을 실천적 경세론을 펼치는 실학사상의 경향이 尹鑴, 朴世

---

2) 丹心歌 "此身死了死了, 一百番更死了, 白骨爲塵土, 魂魄有也無, 向主一
　片丹心, 寧有改理也歟"

堂에 의해 발전하였다.

성종조 이후에 주로 성리학의 이론적 연구에 주력하여 이언적과 조한보를 중심으로 한 太極論爭, 이황과 기대승을 중심으로 펼쳐진 四端七情論爭 그리고 이이와 성혼을 추종하는 학파들 간에 전개한 人物性同異論 등 심도 있는 연구가 성행하였다.

3) 중후기

(1) 17-19세기 초기에 實學의 대두

주자학이 강조하는 내적 수양이나 도덕 이념보다 현실의 구체적인 민생문제에 관심을 집중시켰다. 주자학의 교조주의적 이념추구보다 원시유학의 도덕과 민주주의의 실천이라는 경제적 측면에 관심을 갖게 되었다.

(2) 양명학의 등장

실학이나 주자학의 권위주의에서 벗어나 鄭齊斗가 이 분야 연구에 집중하였다.

(3) 기타 다양한 서학, 고증학 등이 개방되고, 주자학은 또 다른 이론적 심화가 행해졌다. 理中心에는 李玄逸, 李恒老, 奇正鎭 등이 氣中心에는 任聖周가 연구의 중심에 있었다.

4) 말기

개화기를 전후하여 衛正斥邪론이 대두하고, 朴殷植의 儒敎 구신 運動은 양명학을 바탕으로 주자학 이념에 반대하는 운동이었다.

5. 현대유학의 기능

1) 인류의 이상은 '인간이 인간다운 삶을 누리는 것이다.'
2) 도덕이란 '인간다운 삶을 만드는 데 가장 중요한 것 가운데 하나이고, 사람들 사이의 관계를 아름답게 맺어주는 끈이다.'
3) 현대에 적합한 도덕적 인간 사랑이라는 유학의 보편적 의의를 새롭게 정립할 것이 요구된다.

Ⅱ. 한국정치의 철학적 논쟁

1. 유불논쟁

	鄭道傳의 排佛論	己和의 擁護論
1. 불교의 異端性	중국 중심주의 〈정도전 道通觀〉 불교의 인륜경시 또는 이단성을 비난 - 堯舜의 四凶 誅罰을 闢異端의 원류, 湯王과 武王이 桀紂를 친 것은 異端排斥의 當爲性3) - 孟子의 楊朱의 爲我說과 墨翟의 兼愛說을 사람을 미혹시킨다고 배척4)	보편주의 〈己和의 顯正論〉 - 오직 그 도가 따를 만한 것인가 아닌가를 보아야지 그것이 나온 바에 구애되어서는 안 된다. - 유학자들의 이단성의 판별기준이 유학의 도에 있기 때문에 외래사상인 불교를 이단으로 본다는 것은 잘못이다.

	立世間주의	出世間주의
2. 불교의 滅人 倫性	- 불교가 출가에 의해 일상적인 윤리, 효와 충의 도리를 저버려 인륜을 부정하고 나라에 해를 끼치는 가르침 - 유학의 道 개념은 日用事物之道라야 하는데 불교의 출세간은 어버이도 모르고 임금도 모르는 멸인륜성이라고 비판	- 인간이 도를 추구하는 방식으로 經(유학)과 權(불교)을 제시 - 세간의 일상생활 속에서 직접 부모를 봉양하고 임금을 섬기고 죽어서 제사 지내는 것은 살아서 애욕을 끊지 못하여 죽어서 윤회의 굴레에서 벗어날 수 없는 근본적 한계를 지니는 것을 극복하기 위해 출세간하는 것이다.
3. 불교의 敎理	합리성과 윤리주의 - 기의 모임과 흩어짐으로 생사를 설명, 불교의 영혼불멸설을 비합리적이라 비판	현세초월적 종교주의 - 사람의 육체는 음양이 흩어짐과 함께 사라져도 정신은 불멸하며 지은 업보에 따라 보응을 받으며 삼세를 윤회한다.
4. 儒佛調 和 가능성	유학의 독존주의 - 행정중심의 현실정치에 장점	유불조화주의 - 인과의 업보를 주로 하는 교화에 장점

---

3) 堯舜의 四凶≪書經≫ 舜典: 流共工于幽洲, 放驩兜于崇山, 竄三苗于三危, 殛鯀于羽山. 이들 사흉을 誅罰한 것을 벽이단의 원류로 본다. 共工은 고요할 때는 말을 잘하나 등용하면 위배되고 외모만 공손하다는 이유에서, 驩兜는 대대로 벼슬을 해 온 공을 내세워 자기 일에 소홀한 이유로, 三苗는 지역의 험함을 믿고 난을 일으킨 이유로, 禹의 아버지인 鯀은 명령을 거역하여 族類를 패망시켰다는 이유로 각각 幽洲, 崇山, 三危, 羽山으로 유방찬극(流放竄殛)에 처하여졌다. 불초한 자식을 버리고 천명을 전할 수 있는 올바른 사람을 왕위의 계승자로 정한 것이다.

4) ≪孟子≫ 盡心章句上, 楊朱의 爲我說: "拔一毛而利天下不爲也" 義를 강조하는 것 같으나 無君하며, 利己主義적이다.
墨翟의 兼愛說: "摩頂放踵利天下爲也" 仁을 강조하는 것 같으나 無父하며, 無差等愛, 薄葬 등을 강조한다. 禹임금의 '腓無胈 脛無毛' 정신을 중요시한다. (≪孟子≫ 滕文公章句上).

2. 太極論爭

1) 논쟁의 제기: 손숙돈(육구연설)과 조한보(주돈이설)의 태극도설에 대한 해석

논쟁의 주제	조한보의 견해 (노장과 불교 세계)	이언적의 견해 (주자학적 세계관)
'太極而無極'	1. '太極而無極의 무극과 태극을 유무와 내외로 나눌 수 없다.' 2. '큰 근본이자 통달한 도로서 나눌 수 없는 한 덩어리이기 때문에 그 근본만 깨달으면 모든 사물의 이치를 다 갖추게 된다.'	1. 주돈이는 '사물이 생겨나기 이전의 형체가 없는 존재' 또 '실제 모든 사물의 뿌리'가 된다는 뜻. 그 근본 자리를 둘로 나눌 수는 없지만 體用, 動靜, 先後를 구별하지 않을 수 없다. 曹漢輔처럼 본다면 눈금 없는 저울이나 자와 같다. 그러므로 그 이치가 극히 미묘하여 모든 사물의 변화가 다 여기서 나오지만 실제형상을 말할 수 있는 것이 아님을 표현한 것이다. 2. 조한보가 '無極太虛의 본체를 내 마음의 본체로 삼으면 모든 만물이 내게 막힘이 없이 쓰일 수 있게 된다.'고 한 것은 '바다를 건너려고 하면서 다리가 없음을 헤아리지 못하는 생각이며, 하늘을 오르려고 하면서도 사다리가 없다는 사실을 알지 못하는 견해.' 3. 잘못의 원인은 '합쳐 보려고만 하고 나누어 보기를 싫어하기 때문이다. 태극을 태허처럼 이해하여 태허의 본체를 적멸한 존재로 이해하는 바로 그 '멸' 자 때문이다. 그 본체가 만물 속에 드러나기 때문에 '멸'이라고 할 수 없다.' 寂而感

2) 논쟁의 전개

논쟁	조한보	이언적
첫째 존재론	1. 존재론(태극을 적멸로 보아야 한다)에 대한 이해와 수양론(존양상달 공부를 통해 태극의 본체를 터득한다)을 말하였다. 2. '무극이태극'을 유무로 이해할 때 무라고 하더라도 없는 것이 아니어서 마음 속에 신령스러운 근원으로 존재하는 것이며, 유라고 하더라도 정말 있는 것이 아니어서 마침내 점점 줄어들어 없어진다. 3. 본체의 체득은 무극의 참 세상에서 마음을 노닐게 하고 허령한 본체를 내 마음의 주체로 삼는다는 존심양성을 통한 형이상학적 공부만을 강조	1. 조한보의 견해를 노자가 '무에서 나와 유로 들어간다' 한 것과 불교의 '공'과 같다고 전제하고, 이 이치는 지극히 높고 지극히 묘하지만 우리 주변의 구체적인 것들 속에 원리로서 들어 있다. 그래서 없는 것 같으면서도 지극히 있는 것이기 때문에 '무극이태극'이라고 한 것이다. 2. 그 본체가 점점 줄어들어 없어진다고 한 것은 이를 기처럼 보기 때문이며, 그 이는 만물이 생겨나기 전에도 있었으며 만물이 다 없어지더라도 없어지지 않는 '영원불멸의 존재'라고 하였다. 3. 조한보의 본체의 체득을 위한 존심양성은 무극태극을 마음 밖에 있는 것으로 보고 그 사이에 노닌 뒤에 주체로 받아들이는 것이기 때문에 옳지 못하다. 형이하학적인 것을 토대로 형이상학으로 가는 하학이상달 공부를 주장하는 것은 유학의 이론과 불교의 이치를 하나로 뒤섞는 것이다.
둘째 절대의 체득	1. 이언적의 견해를 받아들여 '무극에서 마음을 노닐게 한다.'는 주장에서 '마음을 노닐게 한다'는 표현을 빼 버렸으며, 본체를 적멸이라고 한 데서도 '멸' 자를 뺀 답서를 보내 왔다. 그러나 '허령한 무극의 본체는 허무가 바로 적멸이며 적멸이 바로 허무다.'	1. 조한보의 견해에 대해 노장이나 불교의 허는 빈 듯하면서 정말 아무것도 없는 것이지만, 유학의 허는 빈 듯하면서도 있는 것이며 고요한 듯하면서도 감응하는 것이다.

논쟁	조한보	이언적
둘째 절대의 체득	2. 경을 주로 삼아 마음을 보존, 위로 천리에 이른다.	2. 경에 대해서는 사람이 해야 할 일(형이상학적인 것)을 배우면 저절로 천리에 이르게 된다. 그런 점에서 궁리가 앎의 문제만이 아니라 몸으로 체득하여 실천으로 나오는 것이다.
셋째 수양	1. 여전히 위로 천리에 이르는 공부를 강조하면서 敬으로 내면을 곧게 할 것을 강조한다. 2. 자신이 寂滅이라고 한 까닭은 사람들이 현실이 헛된 환망임을 알지 못하고 집착하는 것을 부수기 위해서라고 한다.	1. 아직 마음이 밖의 사물에 대해 움직이지 않았을 때의 공부로는 좋지만 그렇다고 하학 공부를 소홀히 하면 직접 몸으로 체험하고 되돌아 살피는 실천이 부족하게 되어 일상생활이 人慾에 빠질 수도 있으므로 義로써 밖을 절제할 것을 강조한다. 2. 형체를 떠나 이치가 있는 것이 아니며 형기를 떠나 도가 있는 것이 아님을 강조하고 그 같은 견해는 불교의 頓悟와 같으므로 잘못을 깨닫고 유학의 설로 돌아오라 하였다.
넷째 실천	1. 이언적의 견해를 받아들여 寂滅이라는 표현을 빼 버렸고, '上達天理' 아래 '下學人事'를 덧붙였다. 그러나 '物我無間'이라고 하면서 '主敬存心' 공부를 통해 본체를 먼저 확립한 후에 下學人事를 해야 한다고 한다.	1. 이러한 조한보의 논리는 그물의 위 줄만을 보고 그 아래에 펼쳐져 있는 그물의 눈들을 따지지 않는 것이며, 피부를 빼놓고 뼈만 가지고 사람이라고 하는 것과 같다. 이것과 저것, 취한 것과 버릴 것, 좋은 것과 나쁜 것, 옳은 것과 그른 것의 구별이 없을 수 없다.

3) 태극논쟁의 의의

첫째, 한국 유학사에 최초의 논쟁으로 조선조 주자학 정립에 결정적 기여를 했다.

둘째, 주자학의 한국적 특성을 이루는 기초가 되었다. 중국의 아호논쟁(鵝湖論爭)과는 달리 인간의 심성에 대한 이해와 실천의 문제로 집약되었다.

셋째, 당시 조선조의 사회 내의 구조적 문제를 드러내고 있는 훈구세력들에 대해 도덕적 정당성에 대한 근거를 제시함으로써 그 대안이 되었다.

넷째, 도덕성을 봉건왕조의 특성과 관련지어 임금을 바로잡아 그 임금의 바른 통치를 통해 사회와 국가의 도덕성을 회복하려고 노력하였다(格君論과 民本論).

3. 四端七情論爭(奇大升 渾淪說과 李滉 分開說)

1) 사칠의 개념

四端은 孟子가 性善說로 제시한 심리현상으로서 惻隱之心, 羞惡之心, 辭讓之心, 是非之心을 각각 仁義禮智의 단서로 설명한 데서 비롯된 것이다.[5]

七情은 本來 ≪禮記≫에서 인간의 감정을 통칭한 喜怒哀懼愛惡慾으로 지칭한 데서 비롯한 것이지만 朱子學에서 문제 삼은 것은 中庸에서 언급한 喜怒哀樂의 네 가지 감정을 의미한다.

주희는 인간의 심리현상을 성과 정으로 나누어 설명한다. 성이 정의 근거가 되고 성이 움직이면 그것이 정으로 바뀐다. 맹자는 사단

---

5) ≪孟子≫ 告子章句 上.

은 정이고 사덕은 성이라고 했다. 주희는 칠정은 정이고 아직 발동하지 않은 것(인의예지)을 성이라고 했다. 사단은 順善無惡한 것이고, 칠정은 발동하여 중절한 경우는 선이지만 그렇지 않은 경우는 악이므로 有善有惡하다고 본다.

2) 논쟁의 전개

가. 논쟁의 발단

추만 정지운의 '천명도'를 이황이 수정하면서 '천명도'에서 정지운이 "사단은 리에서 발한 것이고, 칠정은 기에서 발한 것이다."(四端發於理, 七情發於氣)라고 작성했던 부분을, 이황이 "사단은 이가 발한 것이고, 칠정은 기가 발한 것이다."(四端理之發, 七情氣之發)로 고치도록 정지운에게 권했던 것이다. 그런데 이에 대해 세간의 학자들 사이에서 논란이 일어났고, 그로부터 6년이 지난 뒤에 이황은 기대승에게 짤막한 편지를 보내 자신의 입장을 설명하기에 이르렀다. 이황의 편지를 받은 기대승은 사단칠정에 대한 자신의 견해를 정리하여 이황에게 편지를 보내게 되었고, 이황이 다시 화답하는 글을 보내면서 본격적인 논쟁으로 접어들게 되었다.

나. 기대승이 이황에게 보낸 제1서

기대승은 사단과 칠정이 다 같이 정이라고 규정함으로써, 사단도 정이므로 칠정을 벗어날 수 없다고 주장하였다. 곧 이황과 같이 사단과 칠정을 이발, 기발로 나누면 이와 기를 두 가지로 나누는 오류를 범하게 된다는 것이었다. 더 나아가 그는 사단은 칠정 속에 포함된 것이므로 사단과 칠정을 상대적 개념으로 대응하여 논할 수 없다고 하였다. 곧 칠정은 인간의 심리 현상을 통칭한 것이며, 그중에서 선한 것이 사단이라는 것이다.

또 기대승은 이와 기의 관계를 정리하면서 현상 세계에서는 이와 기를 나눌 수 없다고 규정했다. 그뿐만 아니라 이는 약하고 실질적인 모습이 없다고 말함으로써 이를 기 속에 부속된 내재 원인 정도로 보고 있다. 만약 기대승이 이 입장을 그대로 지킨다면 당연히 이의 무작용성을 강조함으로써 이황의 전제 자체를 부정하는 데까지 이를 수 있었다.

다. 이황은 이에 화답하면서

자신의 입설에 무리가 있음을 인정하면서도 장문의 편지를 통해 자신의 주장이 타당함을 설명하고, 아울러 기대승의 주장을 일부는 수긍하는 한편 자신의 의견과 다른 점을 반박하기 시작하였다.

우선 이황도 사단과 칠정이 다 같은 정이라는 점에는 동의했다. 그러나 그는 다 같은 정이라 하더라도 나아가서 말하는 바가 다르기 때문에 당연히 구별해야 한다고 주장했다.

이황은 또 자신이 理發, 氣發로 사단칠정을 설명하는 것이 타당하다는 것을 증명하기 위해서 本然之性과 氣質之性을 근거로 내세웠다. 주자학에서 성은 이가 기 속에 타재할 때만 성립하는 개념이다. 그럼에도 불구하고 주자학에서는 본연지성과 기질지성을 구분하여 각각 이와 기로 나누어 설명해 왔다. 따라서 정도 그렇게 나누지 못할 것이 없다는 것이다.

이황은 또 사단은 仁義禮智에서 발생하지만, 七情은 외물에 감촉

되어 발출된다고 주장했다. 이를 보면 그가 사단과 칠정의 발생 내원을 구분함으로써 이 둘을 완전히 나누려 시도했음을 짐작할 수 있다. 그의 이러한 생각은 사단과 칠정의 所從來를 구분함으로써 구체화되는 것이다.

마지막으로 그는 주희도 사단과 칠정을 각각 이가 발하고 기가 발한 것으로 말했다는 점을 들어 자신의 입설에 무리가 없다고 자신하였다. 아마도 그는 이 부분을 제시하면서 논쟁에 종지부를 찍으려 했던 듯하다. 특히 자신이 제대로 설명하지 못한 부분은 주희의 본설로 대신하자는 데서도 그의 이러한 생각을 엿볼 수 있다.

라. 이황의 편지를 받은 기대승은 당초 자신이 제기했던 문제점이 해결되기는커녕 도리어 강한 반박을 받게 되자, 다시 논점을 정리하여 훨씬 구체적으로 이황의 입장에 무리가 있음을 지적하기 시작했다.

기대승은 먼저 사단과 칠정이 서로 대응하는 개념이 아니라 칠정 중에서 중절한 것이 사단이라고 주장하였다. 그의 입장에 따르면 칠정이라는 인간의 심리 현상은 선한 경향을 지니는 사단과 그렇지 않은 비사단으로 구분된다. 그의 심성론은 사단과 비사단이 그보다 상위 범주인 칠정 속에 포함되는 구조를 지니고 있는 것이다. 이렇게 보면, 사단과 칠정을 대거 호언하여 도식의 위치를 달리하면 설명하기는 좋지만 두 개의 정과 두 개의 선이 있는 것이므로 의심하게 되므로 옳지 않다는 그의 지적이 타당성을 얻을 수 있다. 왜냐하면 이황과 같이 사단과 칠정을 각각 다른 그림으로 표기하여 대응시킨다면 범주를 잘못 적용시킬 뿐만 아니라, 칠정 속의 선 곧 사단을 둘로 나누는 오류를 범하게 되기 때문이다. 이황도 칠정 속의 선을 인정하고 있다. 그렇다면 사단의 선과 칠정의 선이 어떻게 다른가 하는 의문을 피할 수 없고, 결국 기대승의 지적처럼 두 개의 정과 두 개의 선을 인정할 수밖에 없다.

또 기대승은 이황이 본연지성과 기질지성을 들어 사단과 칠정을 이발과 기발로 나누어 보는 것이 정당하다는 주장에 반박하고 있다. 즉 주희를 비롯한 선유들이 성을 기질과 본연으로 나눈 것은 성이 있는 곳을 따라 말하는 것이므로, 실제로는 이와 기를 별개의 사물로 나누어 본 것이 아니라는 말이다. 특히 성의 경우는 이런 식으로 본연지성과 기질지성으로 나누어도 무리가 없지만, 정의 경우는 성이 기질에 타재한 뒤에 말할 수 있는 것으로 이미 이와 기를 겸하여 선악이 있는 것이므로 나누어서는 안 된다는 것이다.

아울러 그는 "주자어류"에서도 사단에도 부중절한 경우가 있다고 한 구절을 들어서 사단도 순선무악한 것이 아니라고 주장하였다. 이는 사단과 칠정이 동일한 정이라는 자신의 입설을 강화시키는 한편으로, 사단이 순선무악하기 때문에 이발로 설명할 수 있다는 이황의 입장을 반박한 것이다.

마. 이황은 제2서에서도 여전히 기대승이 주장한 사단과 칠정의 개념 규정을 받아들이면서도 이들을 나누어 설명할 수 없다는 주장에는 반대하였다.

이를 중심으로 말한 것이 사단이고 기를 중심으로 말한 것이 칠정이라는 입장이다. 또 천지지성이라고 해도 사실상 기가 없는 상태라고 할 수는 없다는 점을 들어 마치 기 없는 이가 없다는 주자학의 기본 입장을 긍정하는 듯하면서도 도리어 그것을 근거로 이와 기를 나누어 이해하는 자신의 입장을 강화하고 있다. "사단은 이가 발해서 기가 따르고, 칠정은 기가 발해서 이가 탄다."(四端理發而氣隨之, 七情氣發而理乘之)

또 맹자가 말한 사단은 주리적 측면에서 말한 것이라 규정하고, 사단에도 부중절한 경우가 있다는 것을 인정하지 않고 있다.

바. 마지막인 제3서에서 기대승은 좀 더 강한 어조로 이황에게 입장을 반박하는 한편 새로운 수정안까지 제시하였다.

먼저 기대승은 사단을 이가 발한 것으로 보는 것은 괜찮지만, 칠정을 기가 발한 것으로 볼 수는 없다고 주장한다. 또 사단이든 칠정이든 다 같은 근원을 가졌음을 비유를 통해서 설명함으로써 각각을 이발, 기발로 나눌 수 없는 근거를 제시하였다. 이울러 칠정 중에서 중절한 것은 사단과 마찬가지로 이에서 발한 것이라고 하여 사단은 칠정 중의 중절한 것이라는 자신의 입장을 재확인하고 있다.

기대승은 이 편지에서 "정이 발하는 것은 혹은 이가 움직임에 기가 갖추어지고, 혹은 기가 감응함에 이가 탄다."고 하여 이황의 입설에 대한 수정안을 제시하고 있다. 이것은 사단과 칠정을 다 같은 정으로 보는 자신의 심성론 구조는 그대로 두고 이황의 입장을 일부분 수용한 것이다. 결국 정의 움직임을 사단과 비사단으로 구분함으로써 사단의 경우는 이가 움직임에 기가 갖추어지는 것으로 보고, 사단이 아닌 경우는 기가 외물에 감응하여 움직임에 이가 타는 것으로 보았다. 이는 다 같은 정이 어떤 경우는 선이 되고 어떤 경우는 악이 되는 현상을 합리적으로 설명하기 위한 것이었다. 이는 사단을 이가 발한 것으로 보았다는 점에서는 이황의 입장에 가까워진 것이기는 하지만, 기본적으로 사단과 칠정의 관계를 상대적인 것으로 보지 않고 있다는 점에서 논쟁은 다시 원점으로 되돌아간 것이나 다름이 없었다.

▌참고문헌 ▌

島田虔次 (김석근 외 옮김), 1986, 『주자학과 양명학』, 서울: 까치.

민족과사상연구회, 1992, 『사단칠정론』, 서울: 서광사.

삼봉선생기념사업회, 1992, 『삼봉정도전연구』, 삼봉선생기념사업회.

송석구, 1993, 『불교와 유교』 서울: 역경원.

윤사순, 1980, 『퇴계철학의 연구』, 서울: 고려대학교출판부.

윤사순, 1987, 『한국의 성리학과 실학』, 서울: 열음사.

주홍성 외 (김문용 외 옮김), 1993, 『한국철학사상사』, 서울: 예문서원.

중국철학연구회, 1994, 『논쟁으로 보는 중국철학』, 서울: 예문서원.

夏乃儒 主編 (황희경, 황성만 옮김), 1991, 『중국철학문답』, 서울: 한울.

한국동양철학회, 1982, 『동양철학의 본체론과 인성론』, 서울: 연세대학교출판부.

한국철학회, 1982, 『한국철학연구』, 서울: 동명사.

제3장
새로운 정치생활원리의 탐색

Ⅰ. 실학사상

1. 실학(實事求是之學)의 발생배경

1) 동아시아의 변화: 실용성과 객관성 제고를 주장

중국은 명대 중기에 이르면서 수공업이 발전하고, 고용노동이 증대하여 상업이 발전하고, 고리대업이 흥기하는 등 자본주의의 맹아가 자라나기 시작하였다. 결과적으로 전통적인 자연경제적 체제가 와해될 기미를 보이기 시작하였다.

조선은 임진, 병자 양란으로 인한 피폐를 극복하면서, 18세기에 이르러서 농업 부문의 생산력 발달을 바탕으로, 수공업과 상업 부문의 사영화가 진행되었다. 그 결과 사회신분의 변동이 발생하여 신분제가 동요하기 시작하였다.

일본은 각 지역마다 정치적, 경제적 독립성이 비교적 강한 독특한 체제를 형성하였다. 상업이 발달하고 상업자본이 출현하여 산업발전을 선도하였다.

2) 동아시아의 외재적 충격

16세기 말 서양 기독교 선교사들의 출현으로 종교적 사명 이외에 유럽 각국의 경제적, 문화적 팽창 의지를 반영한 서양문물의 전달, 과학기술과 세계지리에 관한 정보를 제공해 주었다.

일본은 17세기 중엽 네덜란드와의 교역을 공식화하여, 18세기 말에는 난학이 성립하였다.

2. 주자학 비판과 새로운 학풍의 태동

동아시아에서는 주자학의 핵심인 사회문제를 도덕문제 위주로 파악하고 이러한 도덕주의적, 내면주의적 사고방식은 사회가 새로운 변동에 직면하자 주자학을 대체하는 유학의 새로운 갱신이 진행되었다.

1) 중국: 명대의 양명학은 주자학에 대한 비판을 제기하였다. 그러나 양명학 역시 도학적 내면주의적 성격이나 근본적 본질을 벗어날 수 없었다. 도학적 전통을 부정하거나 약화시키고 사회현실의 실질적인 문제에 학문적 관심을 쏟았다.

　－黃宗羲: 양명학의 폐단의 시정과 사회적 실천을 학문의 목표로 삼았다. **구세제민**을 위주로 하는 역사학, 경학, 천문학, 역법 등 광범

위한 영역에 걸쳐 연구를 진행하였다. 그 결과 **군대 전제를 비판하고 군민공치를 제기**하는 등 초기적 계몽사상의 면모를 갖추었다.

－顧炎武: 양명학의 범람이 명조 멸망의 근본원인으로 파악하고 경전을 객관적 준거로 삼아 거기에서 치세의 방법을 찾으려고 노력하였다. 음운학, 경학, 역사지리학 등의 영역으로 확장시켜 **고증학**이라는 새로운 청대 학술을 개창하였다.

－王夫之: 기일원론을 집대성한 그는 경학, 사학, 천문학, 역법 등에 연구를 집중하여 명청 교체기의 학풍을 **철학 이론적 측면**에서 뒷받침하였다.

2) 조선: 17세기 이후 사회현실의 변화에 사상을 조응시키기 위한 모색은 경세치용이나 이용후생 등 유학의 전통적 교의에 입각하여 새로운 방법으로 이루어졌다.

남인계열의 經世致用學派(星湖學派): 이익으로부터 정약용에 이어지는 성호학파는 경전에 대한 재해석을 주자학 비판의 무기로 삼는 등 비교적 경학적 전통을 유지하고 있었다.

노론계열의 利用厚生學派(北學派): 홍대용과 박지원으로부터 비롯하는 북학파는 이기론과 경학적 전통에서 벗어나 자연과학적, 문학적 소양을 새로운 학문 형성의 유력한 것으로 삼는 경향이 있었다.

이러한 차이에도 불구하고 서양의 자연과학 등 새로운 지식에 개방적이고 성리학으로 상징되는 낡은 사고에 비판적이었다.

3) 일본: 17세기 초에 도쿠가와 막부는 주자학을 관학으로 제정하고 장려하였지만 곧 이에 대한 반발이 발생하였다. 그 반발의 세 갈래

－국학파: 일본 전통적 신도를 선양하였다.

－양명학파: 실용성을 주장하였다.

－고학파: 공맹유학의 회복을 주장하였다. 자연경제와 화폐경제의
발달을 보이게 된다.

이들은 19세기 중엽에 이르러 개국론을 비롯한 근대적인 제도 개
혁론으로 이어졌다.

Ⅱ. 불교사상

1. 불교의 중심사상

1) 석가의 새로운 가르침

－ 전래된 관념: 윤회설, 업설, 해탈을 목표로 삼고 있는 인생관

－ 새로운 주장: 불평등한 계급적 인간관을 평등한 인간관, 신중
심의 세계관을 인간중심의 연기의 세계관, 고행을 중심으로 하는 수
행관을 중도의 수행관, 내세적 해탈관을 현세적 해탈관으로 전환

2) 緣起觀: 석가의 깨달음, 인과응보

－ 불교의 목표인 해탈에 직결되어 나타나는 연기적 인간관과 수

행관

- 궁극적으로는 해탈에 연결되지만 직접적으로는 세계의 존재를 규명하는 연기적 세계관(혹은 연기적 존재론)

3) 연기적 인간관과 수행관: 12지연기설

해탈을 시급한 과제로 삼는 삶의 문제에서 나타난 것, 즉 현실의 인간이 본래적 삶에서 벗어나 있다는 소외론적 인간관을 그리고 있다(**연기적 인간관**).

소외된 삶으로부터 본래적 삶으로 환원해 가는 수행의 방법을 인간의 생래적 틀과 관련지어 체계적으로 제시하는 것이다(**연기적 수행관**).

4) 연기적 세계관과 존재론

근본불교에서는 개체의 실체성을 부정하는 '諸法無我'로 표현되다가, 대승불교에 들어와서는 더욱 강하게 부각된 '공' 개념으로 재해석하여 세계관 자체를 확대 심화시킨다.

특히 대승불교에서는 생명의 재탄생(해탈)이 순간의 질적 전환(깨달음)에서 오는 것이지 양적인 시공간의 축적(생을 거듭한 수행 결과)에서 오는 것이 아니다.

5) 연기적 세계관에 기초한 업설

인도의 전통적 인간관: 사람은 자기 삶의 주체가 될 수 없었다. 한

개체로서의 인간은 그를 에워싼 거대한 자연의 힘이나 그것을 관리하는 신의 힘에 비하면 보잘것없는 것이다. 따라서 인간은 그의 삶에 나타나는 문제를 자신의 결정과 의지와 노력보다는 신의 힘에 의존하여 해결할 수밖에 없었다.

연기적 세계관에 기초한 불교의 업설은 이러한 전통적 인간관을 부정한다. 인간의 삶에서 일어나는 모든 현상은 당사자가 행한 것에 정확히 상응하여 결과를 얻을 뿐이라는 것이다. 거대한 위력 앞에 인간의 한계를 냉엄한 논리로 철저하게 인식시켜 인간을 왜소하게 만들어 버린다. 이러한 왜소한 문제를 해결할 힘은 어떠한 외부의 힘도 아니며 오직 인간만이 그 문제를 해결할 능력을 가지고 있다 (唯我獨尊)고 탄성을 했다고 한다.

6) 근본불교의 중도사상

비록 정신적 부문과 육체적 부문이 유기체적으로 인간 안에서 상응하면서 일어나는 현상이라 하더라도 깨달음이라는 정신적 성취는 결코 육체적인 변화의 연장선에 존재하는 것이 아니라는 사실을 알았던 것이다. 석가는 대립적 현상이란 대립하고 있는 대상 그 자체의 성격에서 비롯된 것이 아니라 대상에 대한 인간의 마음의 작용양식에서 비롯된다는 것을 깨달았다. 인간의 마음은 대상을 향해 언제나 극단까지 치달으며, 또 그러는 동안에 자기의 노선에 강력하게 집착되어 버린다는 점을 간과했던 것이다. 즉 깨달음이란 마음의 문제이기에 극단화된 마음의 작용에서는 불가능하다.

불교의 중도사상이란 이와 같은 양극단의 적절한 균형을 지향하는

것이 아니라 극단으로 치닫지 않는 안정된 마음을 유지하는 데서 깨
달음이 올 수 있다는 것이다.

2. 한국불교의 자주적 모색

1) 한국불교의 주요 특징

－ 회통불교: 한국불교는 각 교파의 대립(교선)을 한 단계 지양시
켜 하나의 불교를 추구하려고 한 불교 내부의 통일을 선행해야 했다.
－ 호국적 성격: 국란극복의 정신적 구심력으로서 국가적 차원의
통합적 이데올로기로서의 기능을 다해 왔다.

2) 불교선각자들의 노력: 한국불교의 자신감과 자주성

－삼국을 통일한 신라
　: 의상의 화엄종의 개창－민중적 지향성을 가진 정토론적 화엄종
　: 원효의 통일국가지향에 대한 새로운 지침－① 중관학파와 유식
　　학파의 이론적 대립을 극복할 대안 '대승기신론소'를 선도적 제
　　시 ② 국가적 불교를 민중의 구체적 삶에서 구현해 내려고 노력
　: 원측의 유식이론－대립적 입장에 있던 중관학파의 입장을 긍
　　정적으로 받아들여 중관학적 유식이론을 모색

- 고려시대
  : 의천의 선종과 교종의 연결
  : 지눌: 돈오점수설과 정혜쌍수설

- 조선시대
  : 조선불교의 특징 - 현실적 압박에 밀려 자기존립유지문제, 주
    자학적 이념 공세에 대해 존재 이유를 변호하는 입장
  : 휴정(서산대사) 호국입장

- 근대
  : 한용운 - 한국불교의 정신적 맥을 이어 준 사상가

- 현대
  : 성철의 돈오돈수설

Ⅲ. 도교사상

1. 도교란?

첫째, 도교는 고대의 민간신앙을 기반으로 한 신성설을 중심에 두고 있다.

둘째, 도가, 역리, 음향, 오행, 참위, 의술, 점성 등의 논법 또는 이론과 무술적인 신앙을 보탰으며

셋째, 불로장생을 주요한 목적으로 삼아 불교의 체제와 조직을 흉내 내어 뭉뚱그렸고

넷째, 현세의 이익을 추구하는 것을 특징으로 한 자연발생적인 종교로서 매우 복잡한 내용을 가지고 있다.

막스 베버는 "도교는 유교와 마찬가지로 중국 및 중국사회의 문화복합체로서 거기에는 철학, 사상, 미신, 종교, 민중생활, 관행, 도덕, 문학, 예술, 과학 등의 요소가 포함되어 있다."고 본다.

2. 도교의 한국적 전개

1) 전래

우리나라에 정식으로 들어온 것은 당대 초기. 고구려 영류왕 7년 (624)에는 당의 고조가 보내온 도사가 "노자"를 강론하였고, 보장왕 2년(643)에는 당태종이 "도덕경"을 왕에게 보내왔다. 이 두 가지 일은 모두 도교의 전래와 동시에 이루어진 것이다. 우리 나라에서 역사서에 기록된 도가서를 강해한 최초의 사례는 고려 예종 3년(1118)에 한안인에게 "노자"를 강론하게 한 것이다.

2) 수용 부문

① 조선 시대 유학자들은 불교 사상은 綱常倫理를 철저하게 부정한다는 점에서 전혀 용납하지 않았지만, 노장 사상은 강상윤리를 완전히 부정하지 않을 뿐 아니라 수기치인이라든지 수기치국의 측면을 말하고 있다는 점에서 약간의 예외를 인정하고 있다.

② 조선 초기 정도전, 권근 등이 노장 사상을 이단으로 여겨 학문적으로 비판을 가하였지만, 李珥가 ≪醇言≫이라는 "노자" 주석서를 낸 이후부터는 학자에 따라 노자 사상을 이해하기 시작하였다. 이후 박세당, 서명응, 홍석주 등도 "노자"를 수기치인의 책이라 본 이이와 같은 맥락에서 "노자"를 주석하게 되었다.

③ "장자"의 경우 한원진은 부분적으로는 부정하고 부분적으로는 긍정하는 모습을 보이지만, 박세당은 매우 긍정적으로 이해하였다.

④ 문학적인 측면에서 삼국 시대부터 조선 시대에 이르기까지 학자들에게 많은 영향을 끼쳤다. 시인 묵객 치고 노장을 읽어 보지 않은 사람이 없을 정도라 해도 지나친 말이 아니다. 유학자의 경우도 문학에 관심이 있는 사람은 이 점에서 예외가 아니었다. 노장 사상을 문학에 이용해 시대를 비판한 학자도 나타나는데, 허균이나 박지원 등이 그 대표적인 학자이다.

3) 도교의 평가

- 부정적 평가

① 비록 유학을 바탕으로 한 위정자들에게 때로는 혹세무민하는 위험한 사상

② 때로는 개인의 안위만을 꾀하는 사상으로 여겨져 비판을 받기도 하였다.

- 긍정적 평가
① 도교가 백성들에게는 자신의 한과 억울함을 풀어 주는 심리적 기제로 작용
② 때로는 그것이 강한 응집력을 보여 기존의 체제를 부정하는 사상으로 표출되었다. 그 한 예로서 중국의 五斗米道를 바탕으로 한 황건적이나 조선 후기 일제의 침탈에 눈에 보이지 않는 저항을 하게 만든 원동력이 된 점은 크게 긍정적으로 평가하고 있다.

▌참고문헌 ▌

김충열, 1995, 『김충열교수의 노장철학강의』, 서울: 예문서원.
문영오, 1994, 『연암소설의 도교철학적 연구』, 서울: 태학사.
송항룡, 1987, 『한국도교철학사』, 서울: 성균관대학교대동문화연구원.
역사학회, 1973, 『실학연구입문』, 서울: 일조각.
유사순, 1987, 『한국의 성리학과 실학』, 서울: 열음사.
이강수, 1990, 『도가사상의 연구』, 서울: 고려대학교민족문화연구원.
이능화 (이종은 역주), 1977, 『조선도교사』, 서울: 보함문화사.
정성철, 1989, 『실학파의 철학사상과 사회정치적 견해』, 서울: 한마당.
차주환, 1978, 『한국도교사상연구』, 서울: 한국문화연구소.

최익한, 1989,『실학파와 정다산』, 서울: 청년사.
한국도교사상학회, 1988,『한국도교와 도가사상』, 서울: 범양사.
한국도교사상학회, 1992,『한국도교와 도가사상』, 서울: 아세아문화사.
한국도교사상학회, 1995,『도교의 한국적 수용과 전이』, 서울: 아세아문
　　　화사.
한국도교사상학회, 1995,『노장사상과 동양문화』, 서울: 아세아문화사.

金岡秀友 (안중철 옮김), 1993,『대승불교총설』, 서울: 불교시대사.
金子大榮 (고명석 옮김), 1993,『불교교리개론』, 서울: 불교시대사.
酒井忠夫 외 (최준식 옮김), 1993,『도교란 무엇인가』, 서울: 민족사.
平川彰 외 (정승석 옮김), 1993,『대승불교개설』, 서울: 김영사.
上山雄一 외 (정호영 옮김), 1989,『아비달마의 철학』, 서울: 민족사.
梶山雄一 외 (정호영 옮김), 1989,『중관사상』, 서울: 민족사.
E. 후라오봐르너 (박태섭 옮김), 1991,『원시불교』, 서울: 고려원.
칼루파하나 (최유진 옮김), 1992,『불교철학』, 서울: 천지.
E. 콘즈 (한형조 옮김), 1992,『한글세대를 위한 불교』, 서울: 세계사.

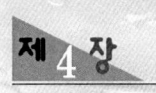

제4장 · 한국의 전통적 평화사상

Ⅰ. 서언

1. 오늘날의 국민의식과 생활기저에 융합되어 있는 전통사상
- 고유사상(Shamanism) − 유불도 − 기독교 내지 유럽사상

2. 1910 − 1945.8.15. 일제식민통치 기간
- 독립성 상실로 한국전통사상이 말살이 강요된 시기이다.

3. 서양인의 시각으로 동양에 대한 성격규정
1st, 정체성과 예속성을 특징으로 규정
- Montesquieu 정체성과 예속성을 지적
- 일제하 일인들이 반도적 성격이나 사대주의 정체성과 전근대성으로 규정하였다.
2nd, 정체성과 예속성을 부정하는 견해

- 평화사상을 한민족의 정통성으로 파악
- 서양인과 일인들의 동양(한국)에 대한 성격규정의 오류를 지적하고 있다.

Ⅱ. 한국의 전통사상의 본질

1. 전통적인 것의 인식방법과 평가문제

1) 동양의 국가기반에 대한 성격규정

(1) Montesquieu의 인식: 隷屬性과 祖上崇拜
- 〈페르시아인의 편지〉(1721) 『법의 정신』에서 아시아의 전제정치 규정

"반자연적, 반인도적"－유럽의 자유제에 대비하여 아시아의 隷屬制를 지적

"예속제의 정신이 계속 지배하여 소멸할 때가 없는 사회"

"역사를 통하여 자유로운 정신의 흔적이 없는 사회"

"아시아의 대제국 출현은 지리적으로 분할되기 어려운 대평원과 같은 자연 풍토에서 유래한다."

- 祖上崇拜 사상

"제국의 평온은 정치의 주요한 목적이며 이 평온의 유지는 복종이다. 지극한 조상숭배는 이 평온을 유지하려는 사상에서 유래하였으며 죽은 조상을 이렇게 존경하는 이상 그 생존 중에 존경하는 것은 지극히 당연하며, 죽은 조상에 대한 의식은 종교에 관련되고, 생존 중의 조부에 대한 존경은 오히려 법과 풍습과 그리고 생활양식에 관련되며, 조상에 대한 존경은 황제와 관련된다."

(2) Hegel은 停滯性과 隷屬性을 지적
- "일체는 하나의 주관에 속하고 개별적인 주관적인 자유는 없다. 주관적 자유의 면목은 자기 자신에게 있지 않고 절대적인 대상 안에 있어 역사 없는 역사의 면이 있고, 산문적인 나라이며, 각국의 대립과 끊임없는 항쟁이 있고 몰락이 있다."
- "객관적인 존재가 그것에 대한 주관적인 운동과의 사이에 대립이 아직 없었기 때문에 변화라는 것은 일체 없고 동일한 것이 되풀이하여 나타나고 있다."고 정체성을 지적
- 중국의 국가구조를 '가족주의의 연장체' 내지 '가족의 확대체'로 파악하고, 가족의 중요성을 절대적인 것으로 보고 '밑에서부터 위로의 의무는 있지만 위에서 아래로의 의무는 원래부터가 없다.'고 예속성을 지적

(3) Karl Marx 〈아시아적 生産樣式〉 & K. Wittfogel 〈東洋社會의 理論〉에서 동양세계를 정치적으로 파악하고 있다.

(4) Max Weber 儒教的 從屬關係
- 효제의 경애심이 도덕의 기준: 군주에 대한 관리, 고급관리에 대한 하급관리의 관계
- 서구합리주의 중 근대적 서구합리주의와 같은 특징은 중국에서는 거의 찾아볼 수가 없다. 합리적 생활태도 형성의 내적 저해요인으로서 마술적, 종교적 여러 가지 힘과 이에 대한 신앙에 입각한 윤리적 의무의 관념이 있을 뿐이다.

(5) 일인학자들의 한국통치를 합리화와 정당화를 위한 植民地史觀: 한국정치, 사회, 문화의 타율적 성격을 목적의식적으로 왜곡, 강조한 것, 우리 역사의 후진성과 정체성을 지적하는 이론이다.
- 일선동조론, -만선사관, -반도적 성격론, -사대주의론

2) 동양, 한국사상의 인식과 평가기준

(1) 헤겔의 戰爭必至論 혹은 戰爭擁護論
- "파도가 정지해 있는 바와 같은 평화상태의 지속은 아니 영구평화는 국민을 타락시키는 것이다."
- 〈국가철학〉에서 "국가이념이 주관적인 개별성으로서는 최고의 인륜체이지만, 같은 국가이념이 세계사에서 활약할 때에는 전쟁을 통한 한 국가의 타 국가 정복을 그리고 보다 높은 사상이 보다 낮은 사상을 정복하는 것"이며 이때 사상의 고저를 규정하는 표준은 自由意識의 進步 程度

(2) Bertrand Russell 헤겔의 국가론 비판

- "헤겔에게 의무라는 것은 오로지 개인의 자기 국가에 대한 관계이기 때문에 국가간의 관계를 도덕화하는 원리가 남지 않게 된다."

- "헤겔은 개별 국가의 독립을 제약할 어떤 종류의 국가연합에도 반론을 펴고, 시민의 의무는 자유의 실체적 개체성과 독립, 주관을 옹호하는 데에 국한되어 있는 것이다."

(3) Max Weber

- "동양에 있어서 세계제국형성에 의한 평화 도래 이후 유럽의 근대적인 합리적인 전쟁은 없었다."

- "정치적 사회적 제도에 영향을 미치는 데 중요한 역할을 한 것은 전쟁수행과정의 군대로서 군대규율이 규율 일반의 모태가 되었으며, 근대자본주의적 경영에 대한 이론적 규범이 되었다."

- "국가에 관한 한 적어도 유럽의 근대국가가 직접, 간접으로 인식관점과 평가기준 속에 함유되어 있다는 것은 불가피한 일이었다."

- "국가란 합법적인 강제력이라는 수단에 의한 지배관계로서 정치나 국가현상을 정복지배의 현상으로 본다. 근대국가가 정복지배설을 입증해 주고 있다."

(4) Machiavelli 국가현상설 국가론

- "국가안전이 危急存亡之秋에 처해 있을 경우는 무엇이 정의와 부정의, 자비와 잔인, 명예와 치욕인가를 고려할 필요가 없이

오로지 국가의 생명을 구하고 국가독립을 유지하는 행위 이외의 것은 무시하지 않으면 안 된다."

(5) Clausewitz 전쟁론(On War)
- "전쟁은 정치의 연장이며 수단이 다른 정치이다."

(6) 서양인의 시각에서 동양을 보는 인식관점
- 溫故而知新[1]에서 정체성과 조상숭배에서 예속성이 그 핵심으로 파악되고 있었다.
- 서양식 군사국가로서의 근대주의적 의식으로서는 동양의 내적 의미와 본질의 파악이 왜곡될 수밖에 없다.
- 유교정치권에 있어서 일본의 지위는 동양 삼국 중에서 변방에 위치하기 때문에 華外之民으로서 그 국제적 지위가 매우 낮았다. 유교정치권에서는 현실의 정치관계의 親疏에 대응해서 내외를 구별하고 天子의 德化와 禮法이 미치는 단계에 따라서 각각 租貢에 관한 處遇의 體制가 정해져 있었다.

3) 한국에 대한 외세의 통상요구

(1) 병인양요(1866, 고종 3년): 프랑스의 침공
- 천주교 박해가 원인, 프랑스인 선교사 학살에 대한 보복
- 상품시장개방 요구가 직접적인 동기가 아니다.
(2) 신미양요(1871. 고종 8년): 미국의 접근
- 미국이 한국에 대해 상품시장 개방 요구

---

1) ≪論語≫ 爲政篇.

- 해외 상품시장 개방요구가 1차적 대상이 아니었다.
(3) 결과적으로
- 유럽열강의 한국에 대한 태도는 한국을 상품시장의 직접적인 대상이 아니라 점령을 위한 투쟁의 장으로 보는 것이다.
- 근대화를 지향하는 민족적 역량(갑신정변과 갑오경장 등)은 재대로 발휘하지 못하고 열강의 제국주의 투쟁에 휩쓸려 결국 급속히 군사적으로 근대화한 일본에 의해 식민화되고 마는 비극을 초래하게 된 것이다.

2. 현대에 작용하는 전통적 사상의 원천

1) 샤머니즘(Shamanism)

(1) 샤머니즘이란
- 外延의 변화에 비합리적인 사상적 內包로서 多靈的 包容性을 가진 민간에 전해져 오는 전통적인 신앙 내지 사상
(2) 샤머니즘의 특징
- 다영적 포용성에 의해 외래 신앙과 사상에 대해 흡수, 융화하려는 특징을 가진다.
- 지극한 조상숭배 사상으로서 職業的 巫俗, 主婦의 家神, 産神에 呪言을 하거나 客鬼 들렸다고 呪術 풀이하는 家族巫의 殘影은 아직도 시골 지방에 남아 있다.

2) 佛敎

- 한국의 고유사상의 바탕 위에 도입되어 융화된 것으로 볼 수 있다.
- 현재에 볼 수 있는 寺院入口의 將星과 돌무더기와 서낭당 그리고 사찰 境內에 자리 잡고 있는 山神閣, 巫堂들의 長衫과 고깔, 三佛扇, 경쇠, 念佛後誦, 巫歌의 佛敎化 등이 있다.

3) 道敎

(1) 민간사례
- 불교 사찰에 있는 七星閣
- 巫堂의 祭衣와 巫歌 속에 역시 習合
- 火食을 피하고 草根木皮로 生食하며 도를 닦는 사람
- 借力을 한다고 산중에서 武藝를 수련하는 사람
- 縮地法을 믿는 사람
(2) 道術信仰으로 關羽信仰, 四溟堂崇拜, 鄭鑑錄의 讖緯說 등

4) 儒敎

(1) 유교의 전래
- 한자문화의 수입과 함께 수입
- 주자학은 1289년 安裕가 원나라 사신으로 갔다가 전해 옴
- 그 이후 80여 년간 圃隱 鄭夢周에 의해 개화
(2) 주 핵심사상: 祖上崇拜와 天命思想, 즉 福善禍淫說

- 조상숭배사상은 샤머니즘의 家神崇拜와 결합
- 천명사상은 水旱不調하여 五穀이 不熟하면 王을 죽이든지 바꾸어야 한다는 풍습
- 福善禍淫으로 "積善之家 必有餘慶 積不善之家 必有餘殃"(周易 坤卦)은 고유신앙의 현세주의 또는 불교의 因果應報와 결합

5) 기독교와 서양사상

- 한말 이후에 전래되어 전통적인 샤머니즘, 불교, 도교, 유교와 함께 그 사상이 민간에 전파가 활발하게 전개되고 있다.

3. 한국정치사의 인식방법

1) 傳統漢學者들의 朝鮮政治史 인식

전통적 조선한학자들의 조선사 인식 방법에는 두 갈래가 있었다. 그 한 가지는 소론계 명문출신의 李建昌의 『黨議通略』식의 인식론이고, 다른 하나는 한말의 정치사를 조선시대의 붕당론과 결부하여 살핀 김돈의 『東國朋黨源流』의 분석에 나타난 조선정치사 인식이 그것이다.[2]

먼저 소론계 명문출신 이건창은 『黨議通略』을 통해서 조선의 당파의식을 떠나 公心公眼에 의해 정쟁의 내력을 객관적으로 정리하

---

2) 鄭萬祚, 1997, "朝鮮時代의 士林政治" 李鍾旭 외, 『韓國史上의 政治形態』, 서울: 일조각, p. 198.

는 데에 성공한 저술로 평가된다. 그는 붕당자체에 대해 철저하게
비판하면서 道學太重, 名義太嚴, 文詞太繁 등 모두 8가지 요인을
들어 조선 붕당정치의 폐해를 통렬하게 비판한 것은 조선의 양반정
치를 청산하여야 할 대상으로 보는 시각을 보여 주었다. 이러한 그
의 비판의식은 당시의 조선사회의 위기적 상황에 대처하여 새로운
대응방안을 모색하는 과정에서 전시대의 정치에 대한 비판과 개혁의
입장을 취하는 그의 집안의 양명학적 분위기와 또한 그가 교류하였
던 중인층의 계층적 입장을 대변하는 의미가 있었던 것이다. 붕당과
세도정치가 타파의 대상으로 여겨졌던 탕평의 시대는 물론이고 세도
정치 이래 분위기가 이건창의 인식에 자리하게 된 것으로 보인다.

다음으로는 이건창의 이러한 인식에 대해 부정적인 입장에 선 붕
당정치를 『東國朋黨源流』를 분석한 金敦은 歐陽脩와 朱子의 君子
小人辨에 기초한 양반주자학들의 긍정적인 붕당론을 논하기도 하였
다. 그의 붕당을 보는 견해가 정치사와 한국사 이해에 대한 방향에
큰 영향을 미쳤다.[3]

2) 日人 御用史家들의 인식

1910년 이후 일본이 조선 반도를 식민통치하면서 전개한 것은 한
결같이 일제의 조선진출과 식민지배에 기인한다는 학문적 목적을 가
지고 있었다. 일인으로서 처음으로 조선 정치사를 다룬 『韓國政爭志』

---

3) 金敦, 1986, "朝鮮後期黨爭史 研究의 現況과 國史敎科書의 敍述方式"
  『歷史敎育』, p.39.

Understanding of Korean Politics

에서 幣原坦은 이 책의 개론에서 "韓人의 今日의 상태를 이해하려면 史實의 痼疾인 당쟁에서 그 원인을 찾아야 하며, 韓國政爭의 원인 규명은 정쟁의 문제를 규명하는 데에 가장 편리하고 國政의 審査에 가장 유익하기 때문에"[4] 政爭史를 연구하게 된 것이라고 한 것이 그 예이다. 이러한 조선 정치사의 연구에 선도적 역할을 한 幣原坦은 "한국의 정치는 원래 이권의 쟁탈"이었다는 전제하에서 조선의 정파를 "主義를 가지고 相立하는 公黨이 아닌 私利를 가지고 相互 排除하는 私黨"이라고 단정하고 그들의 대립상을 당쟁이라고 규정 하였다. 이러한 그의 당쟁이란 용어의 규정은 조선정치를 개인간의 감정적 충돌과 사리추구에서 비롯된 분파와 파쟁을 되풀이 하는 정 쟁의 연속과정을 뜻하는 부정하는 의미로 평가하려는 뜻이 담겨 있 었다고 한다.[5] 그 후 幣原을 추종하는 일인 어용학자들, 河合弘民, 細 井肇, 朝鮮史編修會 계통의 小田省吾, 瀨野馬熊 등이 그의 주장을 더욱 강화 시켰던 것이다. 특히 이들은 "조선의 혈액에 특이한 검푸른 피가 섞여 있는 것에 뿌리가 있다."[6]는 식의 體質論으로 설명하다가 급기야 분파적 민족성에 귀착시키는 당파성 이론을 창출하기에 이르렀다.

3) 民族主義史家들의 인식

朴殷植은 양반유생들의 小中華思想과 사실을 결여한 朱子學的 儒 學의 허위를 신랄하게 비판하였다.[7] 申采浩는 妙淸의 亂 이후 역사

---

4) 幣原坦, 1907, 『韓國政爭志』의 제1편 개론 및 범례 참조.
5) 李泰鎭, 1987, "黨派性論 批判" 『韓國史市民講座』 제1권, p. 53.
6) 細井肇, 1921, 『朋黨士禍의 檢討』, 자유토론사.
7) 愼鏞廈, 1982, 『朴殷植의 社會思想硏究』, 서울대, pp. 236-239.

가 文弱으로 흘러 쇠망의 길을 걷게 되었다고 하는 역사의 부정적 인식관이 작용하고 있었다. 1910년의 國權喪失의 책임이 바로 앞선 시대의 분열과 대립의 양상을 심하게 드러내었던 조선시대의 정치가 망국의 요인으로 손꼽히게 되었기 때문이다. 한말에 도입된 社會進化論은 지식층에 영향을 크게 미치게 되어 박은식, 신채호 등의 구시대를 부정하고 근대적인 새로운 역사관의 인식을 심어주게 되었다.

박은식은 사회진화론에 의거하여 조선의 사림사회를 民族史上의 最大, 最好의 형태로 높이 평가하였던 것으로 보아 그는 정치에 대한 전면 부정하는 입장이 아니라 정치의 토대와 원리에 대해서는 긍정하는 측면이 많았던 것이다. 민족의 進路打開라는 입장에서 부정적 태도를 취한 것과 중인적 입장에서 비판한 이건창이나, 당쟁이나 당파성으로 부정하는 일인학자들의 입장과는 근본적으로 차이가 있는 것이다.

4) 自山 安廓과 石井壽夫의 인식

자산 안확은 1923년에 저술한 그의 『朝鮮文明史』에서 조선시대의 정치사를 자치제의 발달이란 측면에서 이해하고 한말의 사회진화론의 영향으로 진보사관을 가지게 된 그는 고대에서부터 있어 온 자치제가 조선시대에 이르러 村會, 鄕會, 儒會 등을 중심으로 가장 발달하였다고 보았다.8) 이러한 자치제에 기초한 조선의 정치가 결코 그

---

8) 안외순, 2008, "植民地近代知識人의 代議制的朝鮮政治史認識: 安廓의 『朝鮮文明史』를 중심으로" 한국정치사상학회 월간포럼. 이 포럼에서 안외순은

에게서 부정적으로 인식될 수는 없었다. 조선의 정치를 君主獨裁政治라고 하였으나 그것은 새로운 정체로서 立憲君主制로 넘어가는 과정에서 계몽적인 정치의 단계로 파악하였던 것이다. 그는 당쟁을 정파에 의한 정치로 보고 그것을 지방의 향회에서 수렴된 민중의 소리가 당론의 형태로 표출되는 논쟁을 벌이게 된 일종의 討議政治라 하였다.

> "당파가 相爭相奪함으로 인하여 정치는 무리한 파란을 일으켜 요란함이 많으나 정치의 운행은 弊害를 구제하여 가부를 서로 토론하는 중에서 '中正의 道'를 얻어 결국 초월적인 진보를 이루게 된다."9)

안확은 당파를 주의, 주장을 가진 일종의 정파로 간주하고, 노론과 북인을 당시의 주자학적 유교주의에서 실학적 사상을 가진 자유주의자들로 보고 진보세력으로 간주하였다. 그리고 소론, 남인은 수구적 보수세력으로 규정하게 되었다. 그는 조선정치의 파탄을 당쟁이나 정파정치가 아니라 당론을 절멸시키고 정파정치를 종식시킨 勢道政治에 있다고 보았다.

石井壽夫는 1940년에 발표한 그의 『後期李朝黨爭에 관한 一考察』이라는 논문을 통해서 16세기 이후 조선시대의 정치과정을 士禍政治(16세기), 朋黨政治(17세기), 蕩平政治(18세기), 戚族政治(19세기)라는 네 단계로 나누어 붕당정치를 당파성과 분당정치로 보지 않고, 理學

安廓이 自治制가 아니라 代議制的 인식을 강조하고 있다.
9) 安廓, 1923, 『朝鮮文明史』, 匯東書館 (1983년 中央新書로 109로 재간).

至上主義로 보고 조선의 정치의 변화과정을 구분하였다.[10]

Ⅲ. 결론

정치를 바라보는 시각이 입장에 따라 달리 해석되어 왔다. 서양인
들은 서양인들의 시각으로, 중국인들은 중국인의 시각으로, 일본인들
은 일본인들의 시각으로, 한국인은 한국인의 시각으로 자기네들의
통치방식이나, 정책구상에 유리한 방향으로 해석되어 왔다. 특히 우
리가 제대로 살펴보지 못한 중국의 역사상 정치형태를 서구 정치사
상과 비교적으로 설명하고 있는 錢穆은 서구와 동양적인 정치생활
의 바탕의 차이에서 발생한 문제를 제대로 파악하지 않고 몽테스키
외, 막스 베버 등이 동양의 전제적, 억압적인 것을 정치형태의 전부
인양 설명하는 것을 비판하면서, 동양정치의 전통은 권력의 분립현
상을 역시 권력은 민중에게 있고, 기능은 정부에게 있다고 한다. 민
심을 천심이라고 한 동양정치의 전통적 권력론에 입각하여 현인을
등용하여 그들에게 나라의 통치를 맡기려는 정신이나, 정부를 諸葛
亮과 같은 이를 등용하여 인민들에게 일체의 일을 정부에 맡겨서
처리하는 정치형태를 중국전통의 정치형태로 강조한다. 권력의 분립
이론을 권력의 신탁이론으로 설명하면서 중국특유의 정치형태의 이

---

10) 石井壽夫, 1940, "後期李朝黨爭史에 관한 一考察", 『社會經濟史學』 제
　　10권, pp. 6-7.

해 없이 서구인의 시각으로 판단하는 위험성을 경고하고 있다.[11]

　한국의 정치를 바라보는 시각 또한 다양하게 전개되어 왔다. 입장에 따라 자기에게 유리하게 전개하려는 입장을 취하면서 일인들은 그들의 식민통치에 편리하게 전개하여 왔다. 그러나 그 속에서도 우리민족은 긴 역사 속에서 평화의 전통을 간직하고 있다. 그 같은 우리민족의 평화사상은 민족의 기원이념인 홍익인간의 이념과 함께 기미독립운동에 계승되어, 해방 이후에 대한민국 국가수립의 이념이 되었고, 전통적 국가기반인 부락공동생활의 이념이 되어 있다. 그리고 민주화 이후에 와서는 시민정신으로 이어져 오고 있는 것이다. 월드컵 때 보여준 대한민국을 애국하는 시민정신, 효순미선사건 때 보여 준 촛불시위, 서해안 기름유출사건에서 보여준 협동하는 정신, 숭례문 화제사건 때에 보여준 전통 문화재를 아끼는 정신, 그리고 거리의 촛불축제에서 질서유지를 해나가는 정신 등에서 우리민족의 평화사상을 그대로 보여주고 있는 것이다.

---

11) 전목, 1951, 『중국의 역사정신』, 추헌수역, 1972, 연세대학교출판부. pp. 40-71.

▌참고문헌 ▌

姜學錫, 1927, 『韓國戰亂史』, 漢陽書院.

金 敦, 1986, "朝鮮後期黨爭史研究의 現況과 國史教科書의 敍述方式"
    『歷史教育』

金得榥, 1963, 改正增補 『韓國思想史』, 南山堂.

石井壽夫, 1940, "後期李朝黨爭史에 관한 一考察", 『社會經濟史學』 제
    10권

細井肇, 1921, 『朋黨士禍의 檢討』, 자유토론사.

愼鏞廈, 1982, 『朴殷植의 社會思想研究』, 서울대.

안외순, 2008, "植民地近代知識人의 代議制的朝鮮政治史認識: 安廓의『朝
    鮮文明史』를 중심으로" 한국정치사상학회 월간포럼.

安 廓, 1923, 『朝鮮文明史』, 匯東書館 (1983년 中央新書로 109로 재간).

李東歡, 譯註, 1975, 『東國兵鑑』, 三中堂文庫.

李泰鎭, 1987, "黨派性論批判" 『韓國史市民講座』 제1권.

錢穆, 1951, 『中國의 歷史精神』, 秋憲樹 역, 1972, 연세대학교출판부.

鄭萬祚, 1997, "朝鮮時代의 士林政治" 李鍾旭 외, 『韓國史上의 政治形
    態』, 서울: 一潮閣.

崔旻洪, 1963, 『韓國哲學』, 星文社.

幣原坦, 1907, 『韓國政爭志』의 제1편 개론 및 범례.

韓國思想研究會, 1973, 『韓國思想叢書』 I, II, III 景仁文化社.

韓國思想研究會, 1974, 『韓國思想』 11輯.

Max Weber, 1922, *Gesammelte Aufsaetze zur Wissenscfaftlehre* Verlag
    von J.C.B. Mohr, Tubingen.

제5장
한국민주주의의 시원적 모델
-虎溪 李乙奎의 革新政治의 假說과 實踐 모델-

Ⅰ. 시작하는 말

　최근 한국정치학 연구에서 시민사회에 관한 연구가 활발해지고 있다. 특히 정부와 시민사회와의 합의 내지는 동의의 정치를 희구하는 측면이 강조되면서 거버넌스에 관한 연구가 활발히 전개되고 있다. 거버넌스는 지배구조에서 지배자와 피지배자 간의 어떤 문제에 관해 공통적인 요소를 발견하여 이를 공동으로 해결하려고 노력한다. 그러한 측면에서 단순한 지배질서구조로서 레짐과 치자와 피치자 사이에 타협에 의한 코포라티즘과는 달리 정치행위 주체 간의 협력적 통치의 측면이 강조되고 있다. 이러한 일면에서 거버넌스를 공치 또는 협치로 해석하고 있다.[1]

---

1) '거버넌스, 레짐, 코포라티즘의 정의와 그 차이'를 설명해 주는 글로서는 James N. Rosenau and Ernst Otto Czempiel, *Governance without Government* (Cambridge University Press, 1992) pp. 1-9 참조바람.

한국정치사상사에서 지배자와 피지배자 사이에서 공동으로 문제를 해결해 보고자 시도한 것은 최근 시민사회운동이나 이에 관한 학문적 연구에서 기원을 찾기에는 너무 일천한 감이 없지 않다. 여기에서 한국민주주의의 전통을 가로질러 자생적 요소로서 치자와 피치자 사이에서 공치 또는 협치를 이룩하려는 노력을 찾아보려고 시도하였다. 이러한 점에 초점을 맞추어 한국정치에서 거버넌스의 자생적 요소를 찾는 데에 이 글의 목적이 있다. 이러한 목적에서 한국정치의 전통적 거버넌스의 자생적 요소로서 우리 민족의 전통적 평화사상이 백성을 통치하는 데에 치자와 피치자 사이에서 하나의 거버넌스로서의 기능을 하고 있고, 또한 하나의 민주주의적 시원으로서 이조 초기의 군신공치제도에서의 양자 간 거버넌스를 살펴보았다.2)

그런데 이러한 이조 초기의 군신 간의 공치의 정치제도는 고려 말에 성리학의 이념구현에 따른 정도전의 개혁정치론에서부터 이조의 건국을 주도한 이념을 이끌고 있었고, 이러한 사상은 선조 대에 율곡의 정치사상에 이르기까지 펼쳐지고 있었다. 이조 초기의 양반제도를 바탕으로 한 유교적 이념이 어느 정도의 시간이 흐름에 따라 기득권 계급의 가렴주구와 횡포의 전횡이 펼쳐지면서 정암 조광조를 비롯하여 영남의 사림을 중심으로 하는 중종반정 이후의 개혁론은 더욱 거세게 요구되고 있었다. 이때에 율곡 이이보다 약 한 세대 정도 앞선 젊은 성리학자 호계 이을규의 연구에서부터 그 기원을 찾을

---

2) 한국민주주의의 기원을 1945년 해방 이후의 서구민주주의를 도입한 대한민국건국 이전으로 그 시기를 보는 연구입장으로는 柳永烈, "開化期의 民主主義政治運動" 李鍾旭 외, 1993 『韓國史上의 政治形態』, 서울: 일조각. 그리고 서구학자로는 James Palais, "Political Participation in Traditional Korea, 1876-1910," *Journal of Korean Studies*, Vol. 1.

수 있다. 이조 초기 누구보다 앞선 개혁정치가로서 호계 이을규의 사상, 즉 염공근민사상의 실천에서 군신공치를 통한 민주주의의 한 시원적 거버넌스 모델을 제시하는 것을 우리는 본 연구의 연구가설로 설정하였다.

이러한 본 연구의 가설을 검증하기 위해 1차 자료와 2차 자료를 포함한 문헌연구를 통해서 본 연구를 수행하고자 한다. 이 연구에서 주로 활용한 1차 자료로서『虎溪先生實紀』卷之上, 下는 고종조(1864 – 1907)의 말기인 1906년에 이을규의 12대손인 이완집이 목판본으로 편집한 것이다. 이 글의 서문에는 前行義禁府都事聞詔金道和先生이 序文을 謹書하였다. 또한『慶州李氏虎溪公 門中家事便覽』도 사용하였다. 이는 가장 최근 2005년 5월에 호계 문중에서 출간한 자료를 활용하였다.

이 연구의 구성은 다음과 같다. 제II장에서는 학계에서는 아직 별로 잘 알려져 있지 않은 이 젊은 학자 호계 이을규의 짧은 생애와 그와 같이 공유한 혁신정치의 거버넌스 유형을 연구한다. 그리고 제III장에서는 그가 설정하고 있는 공치와 협치의 정치가설을 그의 글에서 찾아본다. 제IV장에서는 그의 협치의 정치가설을 실행한 치정들을 탐색하여 실천적 거버너스 모델을 설정해 본다. 제V장에서는 결론으로서 우리의 가설은 문헌을 통해서 검증이 되고 있는가를 확인하고, 오늘을 살아가는 우리들에게 주는 함의를 정리한다.

Ⅱ. 호계의 생애와 혁신정치 거버넌스들

　이 장에서는 우선 호계가 살아온 시대와 같은 시대에 살아간 개혁정치 사상가들이 주장하는 바를 간단히 살펴봄으로써 그의 정치사상을 전제할 수 있는 가설을 다음 장에서 설정해 보고자 한다.

　한국정치사상사에서 국민생활에 가장 큰 영향력을 미친 사상이라면 홍익인간의 이념과 토속신앙 그리고 유불선과 서구종교로서 기독교사상이 제일 압도적인 것으로 생각된다.[3] 그중에서도 조선시대에는 유교적 이념을 바탕으로 한 도덕정치가 그 정치사상의 기반을 이루고 있다. 이 유교적 이념을 바탕으로 하여 조선 초기 양반관료제가 성립되었다. 이 양반관료제가 당시의 정치적 기반을 이루었다. 이처럼 정치적 기반의 안정화를 이룬 양반관료들의 훈구파가 조선을 건국한 지 100년이 채 안 되는 성종조(1470 - 1494)에 들면서 수구세력들의 퇴폐현상을 보이기 시작한 것이다. 양반지배층의 가렴주구의 형국이 벌어지는 등 조선왕조 건국이념으로서 주자학적 통치사상과 맞지 않는 괴리현상과 정치세력 내부의 갈등현상이 나타나기 시작했다. 이러한 시기에 나타난 정치사상이 바로 이 부패한 정치에 대한 수정불가피론을 주장하는 도학정치사상을 바탕으로 하는 새로운 거버넌스의 유형들이다. 이때가 성종조로서 길재의 후학들인 김종직의 제자들을 중심으로 하는 신진세력을 등용하게 된 것이다.[4] 이들 신진

---

3) 금종우, 1976, "한국의 전통적 평화사상," 『평화연구』 제1집 1호 및 조지훈, 1968, 『한국문화사서설』, 서울: 탐구당.
4) 김만규. 1999. 『한국의 정치사상』 서울: 현문사. 182쪽. 사림파의 형성은

유생들은 재야의 문인학 사람들이 모인 훈구세력을 대신하는 사림으로서, 그리고 새로운 양반계급으로서 정치세력으로 등장하게 되었다.

1. 虎溪生涯

호계 이을규(1508 - 1546)가 생존한 시기는, 정권유지 차원에서의 초기의 양반체제의 관료정치제도가 확립되면서부터 건국이념으로 삼았던 유교사상이 기성의 훈구세력들에 의한 가렴주구와 빈번한 정치제도권 내에서의 갈등현상을 빚기 시작하던 시기였다. 이러한 시기에 정치사회는 기성정치제도의 지속적인 주장을 하는 기존 양반세력인 소위 훈구세력들과 이에 대해 구제도의 부패현상을 타도하고 새로운 정치세력을 전면에 내세우려고 하는 사림세력들이 갈등을 빚고 있었다. 이러한 시대에 태어나 산 호계는 廉公勤敏[5]의 정치사상을 실천하였다. 공교롭게도 호계는 사림세력이 등장하려고 하는 초기인 중종 3년에 태어나서 중종(39년 재위)의 두 아들인 인종(1년 재위)과 명종(22년 재위) 원년에까지 걸쳐 생존하였다. 그는 중종 14년(1519) 기묘사화로 영남의 신진사림이 일대타격을 받고 참화를 당한 정쟁을

이미 고려말부터 정치일선에서 밀려난 세력들이다. 이들 사림 중에서도 영남사림은 고려말 조선조 초기 수정보수파의 거두 이색의 제자 길재로부터 비롯한다. 길재의 학문은 그의 제자 김숙자로 이어지고, 다시 김숙자의 아들인 김종직에게로, 그리고 김종직의 제자 김굉필을 거쳐 조광조에게 전하여졌다.

5) 『虎溪先生實紀』 卷之下 〈遺事〉 虎溪 七代孫 達三이 쓴 謹書로서 이글에서 廉公勤敏의 정신이 잘 설명되고 있다.

목격한 피 끓는 한 젊은 성리학의 실천가였다.

호계는 중종 26년(1531) 24세의 나이에 진사시에 등과하여 14명 중 3등으로 합격하였다. 이어 중종 30년(1535) 3월 성균관에 입학하여 그해 9월에 28세의 나이로 별시문과에 장원 급제하여 관직에 입문한 청백리의 한 사람이다. 그는 초기에 지금의 외교통상부에 해당하는 承文院의 校理(정5품)로서 지금의 부이사관급에 해당하는 상당히 높은 지위로부터 관직을 시작하였다. 과거에 합격하여 성균관에 가기 전에는 주자학의 영남사림인 회재 이언적과 옥산계정에서 강론을 한 많은 기록을 가지고 있다. 하여 그는 당대의 대학자인 晦齋 李彦迪과 退溪 李滉과 같은 맥락의 성리학의 주리론을 주장한 총명한 젊은 학자였다. 그래서 회재 李彦迪이 자기보다 나이 17세나 어린 호계의 총명함에 반하여 자신의 三不及을 한탄하기까지 하였다.[6] 또한 회재는 호계가 진사로서 성균관에 입학하기 위해 서울로 떠날 때 그를 보내는 아쉬움을 시로 남겼는데 그 시 속에서 호계의 성품과 재주를 크게 칭찬하고 있다.[7] 그는 39세라는 젊은 나이에 세상을

---

6) 1546년 (명종 원년) 3월 회재 이언적이 사직하고 환향하여 옥산계정에서 論道講學할 때에 호계 이을규에게 三不及을 언급하였다고 한다. 그 세 가지는 다음과 같다 (晦齋文集: 虎溪實紀).

첫째, 공의 총명한 재주로 壯元登科한 일이다.

둘째, 명나라에 사신으로 三入中原한 일이다. 호계는 1536년 丙午 29歲 11月 특별히 사신의 명을 입어 명나라에 까지 초빙되었다(特蒙專對之命 聘于上國). 1539년 己亥 32歲 명나라 중찬회 의전사로 특별히 중종의 사신에 청하는 명을 입었다(皇朝有重纂會典事 特蒙奏請之命使于), 1541년 辛丑 34歲 7月 명나라 종묘에 재앙이 있어 서울 사신과 같이 나아가 위로했다(皇朝有太廟災又 帶進慰使如京師).

셋째, 회재는 적자가 없었는데 호계는 有子五人한 점이다. 五子는 弘儉 忠順衛, 弘淨 萬戶, 弘懲 察訪, 弘魯 引儀, 弘淳 參議를 말한다.

하직한, 그리고 초계군수라는 벼슬로 관직을 끝마친 약관의 선비이지만 그의 영특함과 지혜로움은 당대의 대학자인 이언적으로 하여금 부러워하게끔 만들었다.

　오늘날 정치인이나 세인들의 청렴함과 겸손함이 없고 갖가지의 비리에 휘말린 정치인들, 부정한 선거자금과 같은 부적절한 금권정치에 얽힌 정치인, 근면하게 일하여 정직한 삶을 살아가는 가치를 잊어버리고 허황된 일확천금을 노리는 부동산 투기나 부정한 방법으로 자기 배를 채우려는 졸부들, 부지런함이 없이 게으름을 피우는 복지부동의 관리들, 이러한 타락한 작금의 세상에 던져 주는 그의 가르침이 너무나 크다.

　조광조를 필두로 하는 이들 새로운 정치세력들은 모름지기 '修己治人'을 내세워 스스로의 도덕적 수양과 공도의 실현에 깊은 관심을

---

7) 『晦齋先生文集』第一冊 卷之二.〈律詩 送 李進士 乙奎 向洛〉二首. (『虎溪先生實紀』卷之下 附錄)
　　(一)
　　春深回首碧江頭 (봄빛 깊어 고개를 돌려 바라보는 푸른 강 머리)
　　浩氣聊同大化流 (호연의 기운이 크게 조화되어 함께 흐름이라)
　　萬物得時皆自樂 (만물이 때를 만나 스스로 즐거워함이요)
　　一身隨分亦無憂 (내 한 몸 분수에 따라 역시 없어진 걱정이라)
　　愛君溫雅才超衆 (사랑하는 그대 온화하며 재주도 무리 중에 뛰어남이요)
　　愧我摧頹鬢滿秋 (초라한 내 모양 깎인 수염에 서리 가득한 가을이라)
　　獨抱瑤琴相識少 (홀로 안은 거문고는 서로 아는 이 별로 없으니)
　　別來誰與共尋幽 (보내고 돌아 와 누구와 함께 찾아 그윽 하리요)
　　(二)
　　君歸遊泮謁先師 (그대 반궁으로 돌아가 먼저 스승을 만나면)
　　忠敬應須好自持 (아마도 공경을 다하여 몸가짐을 잘하리라)
　　軒冕如雲道義重 (벼슬은 구름과 같고 도의는 중하니)
　　只求心得不求知 (오직 심득을 구함이요 지식을 구함이 아님이라)

가진 채 정치일선에 나타날 기회를 기대해 왔던 것이다. 이들 새로운 정치세력들이 정치 전면에 등장하는 것은 기존질서를 형성하고 있는 수구세력들의 많은 저항을 받게 마련이었다. 이들 훈구세력들이 새로 등장한 사림세력들을 제거하기 위한 사건들이 일련의 士禍政變이다. 이들 사화정변은 무오사화(1498), 갑자사화(1504), 기묘사화(1519), 을사사화(1545)로 이어지면서 마침내 선조(1567-1608)조에 와서는 새로운 사림세력들이 정치를 주도하게 된다.8) 이들 사림세력들이 펼치는 일련의 혁신정치 운동에 대한 탄압정치가 바로 세도정치이다. 포악한 연산군을 권좌에서 몰아내고 진성대군을 왕위에 옹립한 중종반정과 이를 계기로 한 기묘사화가 가장 큰 정치정변이다.

이 기묘사화를 전후하여 호계가 정치사상에 영향을 주고, 또 그가 영향을 받을 만한 당대의 정치적 거버넌스의 유형으로 주자학의 개혁주의 집단에 속하는 학풍으로는 매월당 김시습(1435-1493)의 重民思想, 정암 조광조(1482-1519)의 道學衡平論, 회재 이언적(1491-1553)의 道學中和論, 화담 서경덕(1489-1546)의 反朱子學的自然主義思想, 퇴계 이황(1501-1570)의 差別倫理强化論(主理論), 이에 대립하여 민생을 중심으로 하는 율곡 이이(1536-1584)의 生財活民論(主氣論) 등이 있다. 이들 중에서 호계 이을규와 가장 동시대에 산 혁신정치의 핵심에 서 있다가 기묘사화 때에 타도의 대상이 되었던 조광조 그리고 또한 호계와 같은 고향에서 학문을 같이 강론하고 답

---

8) 흔히 이들 사화를 사대 사화라고 한다. 무오사화(1498)는 연산군 4년, 갑자사화(1504)는 연산군10년, 기묘사화(1519)는 중종 14년, 을사사화(1545) 명종 원년에 일어났던 것으로서 훈구세력들이 기득권 보호를 위해 새로 등장한 사림세력에 일대타격을 입힌 일련의 정치적 사건들이다.

문토론식 강론을 자주 하였다고 하는 이언적의 정치사상을 중심으로 살펴보기로 한다.

2. 虎溪와 共有한 革新政治 거버넌스들

1) 趙光祖(1482 – 1519)의 道學衡平論的 거버넌스

정암 조광조는 정치변혁의 근본으로 도학을 존숭하고 인심을 바르게 하고, 성현을 본받음으로써 至治를 일으킬 것을 통치의 근본으로 강조하고 있다. 이것이 조광조의 도학정치적 거버넌스이다. 그의 도학정치적 거버넌스는 다음과 같은 몇 가지의 특징을 가지고 있다.

첫째, 다스림의 근본인 왕의 마음이 바르지 못하면 바람직한 정치가 이루어질 수 없다고 한다. 도학형평사상은 치자와 피지자 간의 관계는 유학의 신분적 차별의 균형으로 보았다. 그는 치자와 피지자의 관계가 화합하면 정치가 제대로 이루어질 수 있다는 것을 다음과 같이 밝히고 있다.[9]

> "아랫사람이 윗사람을 지성으로 섬기면 윗사람 또한 지성으로 아랫사람을 대할 것이다. 상하가 화합하면 정치가 제대로 이루어질 수 있다."(而能以至誠事其上 上亦以至誠待之. 上下和同 則治可出矣)

따라서 왕이 성현을 본받아 수양에 힘써야 한다는 점을 간곡히

---

9) 『靜菴先生文集』 卷之三. 〈侍讀官時啓十五〉

주장한다. 주변의 대신들은 임금에게 성현이 되는 군왕의 길을 인도하여야 한다고 한다.[10] 그런데 당시의 대신들은 수구세력들로 구성되어 있어 자기네들의 정치기반의 존속과 유지에 정치력을 쏟고 있었다. 이러한 당시의 신진사림과 훈구세력 간의 지배계급 권력투쟁을 막기 위해 세력균형을 도모하려고 한 것이다. 이러한 세력균형론이 그의 도학형평사상이다(김만규 1999, 187). 그는 군왕의 덕은 엄숙하고 경건한 것보다 더 큰 것이 없다고 본다. 정암 조광조는 이와 같은 그의 개혁의지를 다음과 같이 〈經筵〉을 통해 임금에게 밝히고 있다.[11]

"훌륭한 군왕의 덕은 敬보다 큰 것이 없습니다. 안으로 실천하는 것이 있은 연후에 아랫사람이 이것을 보고 느끼어 일어나게 됩니다. 일을 제작하고 생활에 응하는 것이 마치 빈 거울과 평평한 저울같이 하여야 가합니다. 군왕의 용모와 자세가 단정하고 근엄하면 환관과 궁녀들이 스스로 가까이 하지 못할 것입니다(人君之德 莫大於敬 內有實薦而後 下人觀感而興起焉. 制事應物 如鑑空秤平可也. 人君容色端嚴 宦官宮妾 自不得近焉).

---

10) 『靜菴先生文集』卷之三.〈檢討官時啓一〉
"上下若不交修加勉 則天心無常 終必敗亡而已 可不懼哉." (상하가 서로 화합에 힘쓰지 않는다면 천심이 가만히 있지 않아 마침내 패망할 것이므로 어떻게 두려워하지 않을 수 있겠는가.)
〈檢討官時啓二〉"夫君臣上下 須以至誠相孚 通暢無間 然後可以爲治. 待大臣臺諫 當用是道也." (군신상하가 지성으로 서로 믿고 화목하여 간격이 없어야 정치를 할 수 있다. 임금이 대신과 대간을 대할 때도 이도를 취하여야 한다.)
11) 『靜菴先生文集』卷之三.〈侍讀官時啓十六〉

둘째, 인심을 바르게 하기 위해서는 본격적인 교화사업을 벌이지 않으면 안 된다는 취지에서 鄕約을 실시하였다. 이 향약은 주희가 모든 학문의 기초로서 중요성을 강조한 소학의 실천운동으로서의 성격을 띠고 있다. 조광조가 정치유신을 위해 이때 처음으로 일부 지방에서 향약을 실행하였고, 이는 향촌사회를 안정시키고 성리학의 이념을 지방에 확산시키는 의미를 가지는 계기가 되었던 것이었다.

조광조는 앞서 논의한 사대사화 중에서 기묘사화의 타도대상이 된 인물이다. 기묘사화는 조광조 일파를 몰락시킨 훈구세력이 사림세력에게 가한 또 다른 일대 타격이었다. 이와 같은 지위에 있었던 조광조는 중종반정 이후 사림세력이 등장하여 종전의 폐정에 가름하여 유신정치를 시도한 핵심인물이다. 그는 도학정치의 실현과 관련하여 개혁의 필요성을 강조한다. 조정의 구법을 갑자기 고칠 수는 없지만 만약 현실에 맞지 않는 것이 있다면 역시 변통이 있어야 한다고 주장한다. 그래서 그는 구체적인 유교적 도덕국가의 건설을 목표로 하는 유신정치를 위해 다음과 같은 몇 가지 개혁을 주도하였다.

첫째, 미신과 같은 昭格署 혁파를 주도하였다.[12]

둘째, 성리학의 이념을 지방 곳곳에 확산시키는 의미에서 鄕約의 실시를 강조한다.

셋째, 과거제도의 변혁으로서 賢良科의 설치를 주장한다.

---

12) 『靜菴先生文集』 卷之二 〈弘文館 請罷昭格署疏〉 (戊寅七月 副提學時) 에 잘 나타나 있다. 昭格署란 三淸星辰(玉淸, 上淸, 太淸으로 三府星辰)에 대한 設壇, 祝祀에 관한 사무를 관장하는 從五品의 衙門. 태조는 소격서를 국가기관으로 존치하여 국사에 관계되는 기도행사를 관장하는 곳으로 하였다.

조광조는 도학정치론을 주장하면서 영남사림의 학풍을 이어받은 신진유신세력의 우두머리로서 훈구세력의 퇴진을 강하게 요구하고 정치적 혁신을 주장하였다가 기묘사화를 당해 화를 입었다. 이와 같은 그의 일련의 도학적 정치사상은 공자의 예악정치와 맹자의 왕도정치와 맥을 같이하고 있다. 공맹의 정치사상은 모두가 위정자가 성인이나 군자인 것을 기대하는 데에 그 목적을 두고 있다. 이러한 공맹사상은 순자에게서도 마찬가지이다. 순자도 인간의 본성은 악하므로 이것을 단속하고 선도하기 위해서는 예의와 음악을 기초로 하는 교화가 무엇보다도 필요하다고 역설하였다.[13] 민중을 교도하는 것이 유일한 정치방법론이며 그렇게 하기 위해서는 성인이나 현자만이 군왕이 되어야 한다는 것이다. 즉 성현이 군왕이 되어 백성을 위한 민중교화를 이루어 냄으로써 양반지배계급과 피지배계급 간 유학의 신분적 차별의 도학형평론적 거버넌스를 창출해 내고자 한 것이다.

호계와 당대에 같이 살아간 정암 조광조와 다음 장에서 논의할 호계의 정치가설은 이와 같은 유신정치운동과 그 정치사상적 맥락을 같이하고 있다. 그리고 이들 도학정치사상은 후일 율곡 이이의 민본주의와 의사소통적 공론정치로 발전하게 된다.[14]

---

13) 이민수 편저. 1994. 『四書五經入門』. 서울: 홍신문화사. 126쪽.
14) 율곡은 도학정치의 구현과 관련하여 언론의 자유를 중시하며 언론과 열린 언로를 통해 신민의 의견과 방책이 수렴되어야 한다고 주장한다. 그는 시대가 달라지면 법도 달라질 수밖에 없다고 하면서 개혁변법주의를 주장하고 그렇게 하기 위해서는 生財와 活民을 급선무로 하는 정치를 주장한다.

2) 李彦迪(1491 - 1553)의 道學中和論的 거버넌스

회재 이언적은 성종 22년(1491)에 태어나 명종 8년(1553)에 이르기까지 생존한 인물이다. 중종 9년(1514)에 과거에 급제하여 김종직의 제자인 外叔 孫仲暾에게서 수학하였다. 그는 기묘사화 뒤에 발탁되어 명종 원년(1545)에 의정부 좌찬성에까지 이르렀다.[15] 을사사화 (1545)의 여파인 양재역벽서사건에 무고하게 연루되어 강개로 유배되어 그곳에서 7년 만에 63세의 일기로 세상을 하직하였다. 1530년 (중종 25년)에 司諫이 되었을 적에 金安老 등의 등용을 반대하다가 관직에서 쫓겨났다가 경주의 자옥산에서 성리학 연구에 전념하고 있을 즈음에 김안로 일당이 물러난 뒤 1537년에 복직되어 전주 부윤으로 나아가 선정을 베풀었다. 이때 그의 정치논리를 편 〈一綱十目疏〉[16]를 상소하여 도학적 수양론을 경세의 근본으로 삼아야 한다는 통치유형을 강력히 주장한다. 외숙 손중돈이 훈구파에 속하여 있었고 그의 영향력하에서 이언적도 훈구파에 동조적 입장을 취할 수밖에 없었다. 따라서 그의 정치적 시각과 태도는 조광조보다 훨씬 더 정통유학사상에 철저하였다. 이러한 정치관에 입각하여 이언적은 제

---

15) 『中宗實錄』〈卷二十三, 十年 六·八月〉
16) 『晦齋先生文集』第三冊 卷之七 〈一綱十目疏〉는 당시의 정치에 대한 상소문으로 '人主之心術'을 강(綱)으로 삼을 것, 첫째, 嚴家政(가정을 엄히 할 것), 둘째, 養國本(나라의 근본을 기를 것), 셋째, 正朝廷(조정을 올바로 할 것), 넷째, 愼用舍(용사를 신중히 할 것), 다섯째, 順天道 (천도에 따를 것), 여섯째, 正人心(인심을 바로 할 것), 일곱째, 廣言路 (언로를 넓힐 것), 여덟째, 戒侈欲(사치를 금할 것), 아홉째, 修軍政(군정을 잘 다스릴 것), 열번째, 審幾微(기미를 살필 것). 등 10目을 강조하고 있다. 그 내용이 중종의 마음에 들어 가선대부(嘉善大夫)로 승진되었다.

왕권에 절대 복종하는 한나라 초기의 강력한 중앙집권적 제왕권체제를 뒷받침하였던 중용사상을 원용하였다. 이것이 그의 도학중화론적 거버넌스이다.

이러한 그의 도학중화론적 거버넌스는 그의 중용 해설서인 〈中庸九經衍義〉에 집약되어 있다.[17] 이언적은 강력한 제왕권의 확립만이 사회적으로 불안한 질서를 혼란으로부터 막을 수 있을 것으로 보았다. 그렇게 강력한 제왕권을 확립하기 위해서는 양반귀족은 물론 서민대중에게도 군신과 상하 간의 신분의 차별윤리를 천리로 규정하고 서민대중의 순종을 요구하였다. 아울러 양반계급에게는 수양론을 주장하여 인간의 욕심을 억제하고 지나친 權力과 理財追求를 삼갈 것을 요구하였다. 피지배계급에게는 지배계급에 대한 절대복종을, 그리고 지배계급에게는 권력과 이재추구억제를 주장하는 상호 양보와 계급 간의 화합을 바탕으로 하는 거버넌스의 유형을 주장했다(김만규 1999, 191).

그는 道란 인간생활의 기본원리라고 생각하였다. 이때의 도란 차별의 윤리를 준수하는 실천행위의 길을 말한다. 인간관계를 지배하는 일반원리인 천리, 즉 차별의 원리를 인간생활에서 분리시킬 수 없다고 하였다.[18] 그는 하늘이 모든 백성을 낳아서 생활과 법칙을 부여했으니 생활이란 인간이 지켜야 할 도리이고, 법칙이란 천리를 말한다. 모든 인간은 지켜야 할 도리, 즉 차별의 원리를 어기면서 홀로

---

17) 『晦齋先生文集』 第四,冊 卷之十一 〈中庸九經衍義〉 九經은 修身, 尊賢, 親親, 敬大臣, 體群臣, 子庶民, 來百工, 柔遠人, 懷諸侯 등에 대한 구체적인 사례를 적고 상소한 것이나 미완성 작품으로 알려져 있다.

18) 『晦齋先生文集』 第二冊 卷之五 〈答忘機堂 第一書〉 "天理不離於人事"

편안함을 얻어 살 수 없다는 것이다.[19] 이것은 인간은 우주원리인 봉건적 군신윤리를 위반해서는 안 된다는 중용의 제왕권강화론을 재해석한 것이다. 회재는 이러한 강력한 제왕권을 옹호하는 중용의 천도사상을 원용하여 양반과 서민대중 간의 차별윤리의 확립은 반상간에 양보와 조화를 통해서만이 달성될 수 있다고 하는 도학중화사상을 제시하였다. 특히 회재는 하늘이 부여한 이 차별의 원리는 모든 정치, 사회의 어디에나 작용한다. 인간에게 있어서 크게는 군신, 부자, 부부, 장유 사이의 윤리질서로 나타나고, 작게는 활동과 정지, 식사와 휴식, 진퇴행위, 승강의 일체의 행동과 생활을 지배한다. 언어와 행위에서도 이 차별의 원리를 떠날 수 없고 조금의 어김도 없어야 하는 것은 이러한 원리가 작용하지 않는 때가 없기 때문이라고 한다.[20] 임금을 정점으로 하는 사농공상의 계급질서를 확립할 때에 정치적, 사회적 안정을 기할 수 있다고 보았다. 이러한 안정을 기하기 위한 방법론으로 도학중화론적 거버넌스를 설정하고 있다. 이와 같은 도학중화론적 거버넌스는 가부장과 종가를 정점으로 한 男女, 妻妾, 夫婦, 嫡庶 간의 엄격한 신분적 사회질서를 확립할 수 있어야 한다고 했다(김만규 1999, 192).

---

19) 『晦齋先生文集』 第二冊 卷之五 〈答忘機堂 第一書〉 "天生烝民 有物有則 物者人事也 則者天理也. 人在天地之間 不能違物而獨立安得." (하늘이 모든 백성을 낳아서 생활과 법칙을 부여했으니 생활이란 인간이 지켜야 할 도리이고, 법칙이란 천리를 말한다. 천지지간의 모든 인간은 지켜야 할 도리를 어기면서 홀로 편안하게 살 수 없다.)

20) 『晦齋先生文集』 第二冊 卷之五 〈答忘機堂 第四書〉 "在人者則 大而君臣父子夫婦長幼 倫, 小而 動靜 食息 進退 昇降之節而 至一言一默 一嚬一笑之際 各有所當然而 不可須臾離亦不可"

3) 趙光祖의 衡平論的 거버넌스와 李彦迪의 中和論的 거번너스의 差異

조광조와 이언적의 정치사상의 차이점은 조광조는 맹자의 왕도정치사상에, 이언적은 중용의 천도사상에 더 많은 관심을 기울였던 것이다. 두 사람은 양반관료정치체제의 존속을 위해 윤리질서를 바로잡으려는 점에서 같은 입장에 서 있었다. 조광조는 군도인 왕도를 이언적은 신도인 천도의 성향이 더 짙은 도학정치론이란 점에서 사상적 수정에 있어서 차이가 있다. 그 방법론상에서도 차이가 있다. 조광조는 왕과 귀족 등 지배계급의 정치적 반성과 이들 상호간의 형평론적 거버넌스를 요구함에 반해, 이언적은 피지배계급인 서민들도 윤리질서의 문란에 대한 책임과 반성을 촉구하는 중화론적 거버넌스를 주장하고 있다. 즉 양반과 상민 간의 상호 양보를 주장하는 화합의 중화사상을 제기하였다.

Ⅲ. 호계의 정치가설

호계 이을규는 조광조와 이언적과 동시대를 살면서 그들과 정치적 이념을 같이하고 있다. 특히 회재 이언적과는 같은 고향의 이웃 마을에 살면서 옥산계정이라는 같은 서원에서 동학한 사이이다. 영남유림학파에 속한 호계 이을규의 정치가설은 그가 과거에 등과할 때의 답안지에 잘 나타나 있다. 그 주제는 〈擬虞伯益請任賢勿貳〉이다.21) 이는 『書經』에서 이르는 대우모(大禹謨)의 한 구절을 인용하여 과거의 시험문제의 주제로 한 데에 대한 답안지 〈表〉(임금님에게 올리는 서장)에서 제시된 것이다. 이 과제에 대해 호계 이을규는 화려한 문장으로 답안지를 작성하여 중종 임금을 감동시켜 장원급제를 하였다. 그 내용인즉, 순제(舜帝)의 신하인 익(益)의 정치적 이론을 표본으로 "군주가 취하여야 할 도리와 왕도적인 治道理念의 구현을 위하여 현량인(賢良人)을 尊崇하여 기용하여야 국가의 융성과 발전에 추누(樞紐)가 될 것이다."22)라고 그의 정치적 거버넌스 모델을 가설로 설정한 것이다.

호계는 〈表. 擬虞伯益 請任賢勿貳〉에서 두 가지로 현량정치를 정치적 지배유형으로 제시하고 있다. 그 하나는 賢君政治이다. 임금이 신하를 믿고 직무를 맡기라는 것이다. 그는 임금에게 "엎드려 바라옵건대 신하의 마음을 살피시고, 적절히 인도하여 품으시고, 신하의 정성을 허락하여 간곡히 진언하는 계획이면 간사한 자 반드시 물러

---

21) 『虎溪先生實紀』 卷之上 逸稿의 〈表. 擬虞伯益 請任賢勿貳〉에서 호계의 장원급제한 답안지가 쓰여져 있다. 의미인즉, "청하옵건데 현인에게 벼슬을 맡기심에 의심치 마옵소서." (請任賢勿貳)라는 뜻이다.
　　『書經』의 虞書 〈大禹謨〉에서 舜宰의 臣下 益은 말하기를 "益曰 吁 戒哉 儆戒無虞 罔失法度 罔遊于逸 罔淫于樂 任賢勿貳 去邪勿疑 疑 謀勿成 百志惟熙" (아! 경계하십시오. 사전에 경계하여 법도를 잃지 않게 하시며, 안락을 구하지 마시며, 지나치게 즐기지 마시며, 어진 이를 임명하심에 두 가지 생각을 갖지 마시며, 사악한 자를 물리치심에 주저하지 마시며, 의심스러운 계획을 세우지 않으시면 모든 뜻이 다 이루어질 것입니다.)

22) 한국정신문화연구원. 1996. 『한국민족문화대백과사전』 24권. 서울: 한국민족문화대백과사전편찬부. 855쪽 〈虎溪實紀〉

날 것임을 의심치 마시고, 어진 이에게 반드시 직분을 맡기심이 유일한 계책일 것입니다."23)라고 고한다. 또 다른 하나는 賢臣政治이다. 국사를 맡은 정치인은 현인으로서 임금을 대신하여 훌륭한 정치를 펼쳐야 한다는 이치이다. 호계는 이를 "삼가 어진 이에게 벼슬을 내리시면 그 소임을 받은 정치인은 오래도록 받들어 정성을 다하고 평온하게 노력하여 세상을 도우는 마음"24)을 가져야 한다고 한다. 호계가 주장하는 정치적 가설은 다음과 같이 세 가지 거버넌스 유형으로 요약할 수 있다.

첫째, 賢良政治 사상이다. 대전제로서 정치가설은 현량정치를 목표로 한다. 정치인은 임금뿐만 아니라 정치를 임금으로부터 임명받고 부초되는 관원들은 모두 공직자로서 현명하고, 정직하고, 업무에 신중하게 현량으로서, 즉 엘리트로서 업무에 임할 것을 말한다.

둘째, 賢君政治 사상이다. 현군으로서 임금은 정치를 행하여야 한다. 임금이 성군이나 현군이 되기 위해서는 대신과 대간들의 진언을 받아들일 줄 알아야 한다는 점을 강조하고 그렇게 되도록 임금의 주변 신하들은 항상 임금을 교화할 수 있도록 하여야 한다는 점을 강조한다.

셋째, 賢臣政治 사상이다. 임금으로부터 믿고 정사를 제수받은 신하는 철인과 같은 정신으로 치정에 임하여야 한다. 그렇게 되기 위해서는 항상 정리학25)을 열심하게 공부하여 인간이 근본적으로 지켜

---

23) 『虎溪先生實紀』 卷之上 逸稿의 〈表. 擬虞伯益 請任賢勿貳〉에서 "伏望 察臣心 切納誨 許臣誠 懇陳謨 邪必退以 勿疑 賢必任而 惟一"
24) 『虎溪先生實紀』 卷之上 逸稿의 〈表. 擬虞伯益 請任賢勿貳〉에서 "謹當永奉任賢之誠 拍勵補世之志"
25) 精理學은 주자학을 호계가 기틀을 마련하여 이룬 새로운 한 학풍(저자 독자적 해석)으로서 인간의 정신을 닦는 일로 이치의 근본으로 이해되

Understanding of Korean Politics

야 할 이치를 수양으로 닦아야 한다는 것을 강조한다.

Ⅳ. 호계의 정치가설검증

1. 廉公勤敏의 政治

그의 현량인의 정치사상을 군신이 백성과 함께 펴는 공치의 거버 넌스를 실행한 정치가로서의 행적은 정유년(1537) 경산현령(慶山縣令)에 부임하였을 때에 다스린 정사의 원리로서 청렴하고(廉), 공정하고(公), 근면하고(勤), 민첩하게(敏) 우선 업무에 임하니 백성들이 그 일을 기념하여 돌을 세워서 칭송하였다[26]고 한다. 그리고 다음 해 (1538)에 초계군(草溪郡)에 전근하여 보니 십여 년이 넘게 미결된 의혹의 옥사(獄事)가 있었다고 한다. 이를 부임 초에 백성들에게 한 번 물어 청해서 듣고는 정상을 살펴본 뒤에 죄인을 석방하니 백성들이 신의가 밝음에 감복하여 청덕비(淸德碑)를 세워 그 일을 기렸다[27]

는 것이다. 그러나 임진왜란과 여러 차례의 전란을 겪으면서 분실되어 지금은 남아 있지 않아 구체적인 학풍의 내용을 전부 파악할 수 없음이 안타깝다. 精理學의 출처는 『虎溪先生實紀』 卷之下에 호계의 七代孫 達三의 謹書인 〈遺事〉에 기록되어 있다.

26) 『虎溪先生實紀』 卷之下 〈遺事〉 (虎溪公 七代孫 達三 謹書)
  "丁酉 除慶山縣令 治政 廉公勤敏 爲先務 民立石頌".
27) 『虎溪先生實紀』 卷之下 〈遺事〉 (虎溪公 七代孫 達三 謹書)

고 한다. 이러한 그의 정치적 실천가로서의 행적은 그가 中宗朝에 과거를 볼 때 답안지에 쓴 현량인(賢良人)을 백성들 중에서 많이 선발하여 국사를 맡기면 이것이 곧 현량인정치의 실행이라고 믿고 행한 것이다.[28] 현량정치는 임금뿐만 아니라 정치를 하는 사람이라면 다 같이 행해야 하는 현명한 군주와 현명한 정치인이 청백리의 정신으로서 위민하는 사상에서 유래하고 있는 것이다. 이른바 "전하 현명한 군주가 되십시오" 혹은 "전하 성은이 망극하옵니다"라고 하는 충정의 정신이 백성으로부터 우러나게 하는 백성을 다스리는 원리로 삼았던 것이다. 이것이 곧 그의 賢君정치와 賢臣정치 사상을 현실정치에 실천하는 거버넌스의 한 유형이다.

2. 士林派中心의 革新政治 거버너스

호계의 서한 중 〈書 上柳松菴〉이 있다.[29] 이 글은 당시 영의정이 된 스승인 송암 유관(松菴 柳灌)에게 보낸 서한으로서 기묘사화(己卯士禍, 1519) 때 수구세력의 가렴주구와 퇴폐한 양반정치제도의 타

"翌年 又移宰于草溪郡 郡有疑獄 十餘年 未決 位官初 鞫一問得情而釋之 時人感服其神明 有淸德碑".

28) 『虎溪先生實紀』 卷之上 〈書 上松菴 柳灌〉에서도 "聖聰以扶士氣之 沮喪復見賢俊之 登庸至仰至仰"라는 글을 스승 영의정 유관에게 올렸다.

29) 松庵 柳灌(1484-1545)은 1507년 중종2년에 생원시에 합격하고 동년 증광문과에 병과로 급제하여 인종이 즉위하자 우의정을 거쳐 좌의정에 승진하였다. 명종이 즉위하면서 일어난 乙巳士禍에서 宗社를 謀危하였다는 죄목으로 처벌을 받게 된다. 그는 兵曹參判 및 同知成均館事를 겸하고 있을 때 호계의 스승이다.

Understanding of Korean Politics

도를 주창하고 있다. 또한 그는 훈구세력에 의해 사림들이 일망타진
된 것을 강하게 비판하고 있다. 신진학자들의 아름다운 좋은 글이
헐뜯음을 당하니 마치 송대의 간험한 태사 한탁주(太師 韓侂胄)가
聖學인 주자학을 위선적인 학문(僞學)이라고 모함하여 주자에게 화
를 미치게 한 데에 비유하여 통석한 일이라고 진언한다.[30] 호계는
당대의 훈구세력의 정치현상을 퇴폐사상(頹廢思想)이라고 신랄하게
비판하고 있다. 또한 이 글을 통해 영의정에 오른 스승 송암 유관에
게 훈구파의 퇴폐한 정치행태를 비판함과 동시에 신진 士林들을 賢
良으로 보고 이들 현량들이 시골에 묻혀 사는 이가 없도록 하여 閣
下 柳灌이 성인과 같은 賢臣정치를 펼쳐 줄 것을 간곡히 호소하고
있다. 여기에서 호계는 현량의 올바른 지식을 썩히지 말고 모두 발
굴하여 국가에 등용하여 올바르게 사용할 것을 주장하고 있다.[31] 이
러한 점에서 이언적의 훈구세력을 옹호하는 입장에 서 있던 것과는

---

30) 『虎溪先生實紀』 卷之上 〈書 上松菴 柳灌〉 "聖朝無葉物感 不省仰瀆也
吾東小學之敎得之 己卯士而 多有所觀感矣 妻娿一織 打盡士林 竝與其
書而 詆毁之 如宋朝僞學之禁 豈不爲之痛惜哉"라고 한다.
31) 『虎溪先生實紀』 卷之上 〈書 上松菴 柳灌〉 "聖聰以扶士氣之 沮喪復見
賢俊之 登庸至仰至仰 辛生百齡 平日心契者而今聞薦升于銓望孫陽一顧
將使馬群遂空爲 國家得人之賀 豈有量哉" 라고 하였다. 이 부분에 관
해서 『靜菴先生文集附錄』 卷之三 康惟善이 올린 伸寃疎에서는 "尹世
貞, 黃季沃 등 무뢰한 두어 사람을 몰래 사주하여 글을 올려 모함하여
논하면서 선비들의 공론이라고 칭탁하여 중죄로 처벌하였으니 진실로
余喆이 글을 올려 朱熹를 참소한 것과 다름이 없는 당시의 간인 중에
는 謝深甫처럼 글을 땅에 버린 자도 없었으니 그 괴팍하고 잔인한 것
이 심하였습니다."(數人上書誣論, 托以爲布衣公論而置之, 重典 世貞季
沃之希世論疏, 固無異於余喆之上書, 乞斬朱熹, 而當時之奸人, 斌有如
謝深甫之抵栖于地, 則其悁復殘忍, 亦已甚矣)고 적고 있다.

또 다른 강한 개혁을 주장하고 있는 것으로 보인다.

3. 虎溪의 革新政治, 그 假設과 實踐的 거버넌스 모델

아래의 〈표 1〉은 이상의 제Ⅲ장과 제Ⅳ장에서 살펴본 호계의 정치
가설과 그 구체적인 실천방법론을 일목 정리하여 설명해 주고 있다.

〈표 1〉 호계의 혁신정치 가설과 실천적 거버넌스 모델

호계의 정치	군신의 구분	구체적인 방안과 내용
1. 정치가설		철인과 같은 현군과 현신의 현량인 정치 (임금님께 올리는 '表'에서 밝힘)
2. 현실정치에 구체적 작동 메커니즘	1. 현군정치	1. 철인과 같은 올바른 임금의 치도를 닦아야 한다. 2. 임금은 신하를 믿고 정치를 맡겨야 한다.
	2. 현신정치	1. 청렴성(cleanliness): 청렴한 정신 2. 공정성(fairness): 공정한 판단력 3. 근면성(diligence): 근면한 자세 4. 민첩성(quickness): 민첩한 업무처리
3. 실천방법론	1. 현군정치	– 사림들이 항상 군주가 철인이 되도록 교화시켜서 현군이나 성군이 되게 인도하여야 한다.
	2. 현신정치	– 사림들은 정치의 치도를 올바르게 하기 위해서 청렴성, 공정성, 근면성, 민첩성을 바탕으로 업무처리를 함으로써 관직을 제수받은 관료들은 자기 직분을 다하여야 한다는 것이다. – 이러한 치도를 닦기 위한 인격 수련으로서 精理學을 부지런히 익혀야 한다고 주장한다.

이상에서 살펴본 호계의 정치가설과 그 실천방법론에서 나타나는 그의 거버넌스의 모델은 중종반정으로 정치개혁의 중심에 선 조광조의 영향을 크게 받았다. 그는 또한 동시대에 산 주리론을 중심으로 하는 도덕중화론적 거버넌스를 펼친 회재 이언적(1491-1553)과 회재의 주리론에서 班常의 차별윤리사상을 더욱 강화시킨 퇴계 이황(1501-1570)과도 사상적 공유를 같이하고 있다. 그리고 한 세대 정도 뒤에 등장하는 율곡 이이(1536-1584)의 도학정치론인 君道政治와 臣道政治에 크게 영향을 미친 것으로 이해할 수 있다.32) 지금에 와서 보면 한 세대 뒤에 등장한 율곡 이이의 君道와 臣道는 호계의 정치가설과 실천방법론을 그대로 존속 발전시킨 거버넌스의 한 유형으로 보인다.33) 다만 차이가 있다면 호계가 회재와 퇴계에 가까운 차별의 윤리를 강조하고 있으며, 율곡은 백성을 으뜸으로 생각하고 경험적 현실주의적인 접근을 강조하는 공론적 민본정치를 치도의 이념으로 삼는 거버넌스를 주장하고 있는 점이다.

이러한 점에서 17세기 조선 중기의 붕당정치를 한국정치에 있어

---

32) 오문환. 1996. "율곡의 '군자'론과 그 정치철학적 의미." 『한국정치학회보』 제30집 2호. 25-38쪽.
　栗谷의 民本政治는 그 실천방법론으로서 첫째, 君道政治를 들고 있다. 군도정치는 백성을 어버이처럼 사랑하여 의의의 도를 행하고 천리의 올바름을 지극히 크게 하는 왕도가 최선이며, 이를 위해서 왕을 哲人으로 인도하여 그 절대 권력을 理性의 힘으로 제한해야 한다고 한다. 둘째, 臣道政治이다. 신도정치는 도덕이 몸에 가득하여 자기를 미루어 남에게 미치게 하여 임금섬기는 일과 자기 행동을 한결같이 正道로써 하는 大臣이 가장 바람직한 것으로 본다. 이 군도와 신도 양자를 결합하는 것이 가장 이상적인 정치라고 생각한다.
33) 『栗谷全書』 卷二 疏箚一. 〈諫院陳時事疏〉 (丙寅: 明宗 20年, 1565)

서 공론정치의 시원적 민주주의(proto-democracy)의 한 거버넌스 유형으로 보는 계기를 율곡 이이가 제공하고 있다(김용직 1998, 73-74). 이와 같은 율곡의 민본정치 이념은 그가 실증주의적인 철학적 기반 위에 주기론을 주장하고, 퇴계 이황이 이에 대해 반상의 질서를 존중하는 차별주의적 기반 위에 주리론을 주장한 것과 함께 당쟁이 학파를 중심으로 동인과 서인으로 나뉜 붕당정치체제로 발전시켜 나갔다. 이와 같은 공론적 당쟁을 정파가 상쟁하면서 가부를 서로 토론하는 가운데 중용의 도를 발견하여 진보를 행하는 발전적이고 낙관적인 견해로 이해할 수 있다. 이조시대의 붕당정치를 일제가 분파적 민족성의 표현으로 왜곡시켰다고 보는 견해가 공론적 민본주의 입장에서 볼 때 더욱 타당성이 큰 것 같다(정만조 1993, 213).

V. 결론

이상의 호계 이을규의 문헌 연구를 통해서 율곡 이이의 혁신정치 거버넌스는 율곡보다 한 세대 정도 앞선 호계 이을규의 현량정치 거버넌스에서부터 기원하고 있다는 것을 우리는 확인할 수 있었다. 이러한 사상이 곧 율곡 이이의 도덕을 바탕으로 하는 질적 민주주의 거버넌스를 발전시켰다(정신문화연구원 1996a, 570: 오문환 1996, 37). 그리고 호계의 글과 연구를 통한 그의 거버넌스 유형에서 우리가 얻는 교훈과 그것이 갖는 함의는 거버넌스에 관한 국가적 차원의 거버넌스와 지방적 차원의 거버넌스에 관한 것으로 집약할 수 있다. 다음과 같은 몇 가지로 요약할 수 있을 것이다.

첫째, 국가적 거버넌스에 관한 것이다. 모름지기 정치를 하고 백성을 다스리는 자리에 있는 임금과 위정자는 철인과 같은 길을 갈고 닦아서 현군, 현인, 철인의 정신을 갖고 국가와 지방을 다스리라는 것이다. 그의 과제에서 답한 것처럼 임금은 한번 믿고 어진 이를 뽑아 국사를 맡겼으면 그를 의심하지 말고 믿고 권한을 그에게 위임하라는 것이다. 그래야만이 권한을 받아 일하는 관리나 정치인들이 소신껏 일할 수 있는 것이다. 오늘날의 지방정부에 대해 중앙정부가 갖고 있는 정치권력을 이양(empowerment)하는 일에 가르침을 주고 있는 말이다.

둘째, 지방적 거버넌스에 관한 것이다. 모름지기 정치권력을 위임받은 정치거나 지방정부는 국가와 백성을 위하여 廉公勤敏하라는 것이다. 즉 청렴하고, 공정하고, 근면하고, 민첩하게 업무를 행하라는 것이다. 그렇다. 옛사람들이 도덕의 기초로 삼은 명심보감 정기 편에서도 "절약하지 않아 집안이 망하고, 청렴하지 않아 지위를 잃는다.[34]"고 하였다. 이는 정치에서뿐만 아니라 우리가 살아가는 생활의 교훈이 될 만한 가르침이다. 청백리가 드문 오늘날의 정신적 가치에서 크게 일탈하여 부귀와 금전에 눈이 먼 세인들에게 가슴에 뭔가를 느끼게 감동을 주는 교훈이 되고 귀감이 되는 말이다.

이러한 로컬 거버넌스에 관한 구체적 내용은 다음과 같은 것을

---

34) 『明心寶鑑』〈正己篇〉, "爲不節而亡家, 因不廉而失位"

실천적인 것으로 보여주게 된다.

첫째, 至治의 道를 실천하는 정치인과 생활인이 되라는 가르침이다. 경산현령이나 초계군수를 제수 받아 부임하여 호계가 행한 치정에서 우리는 배울 수 있다. 그가 정유년에 경산현령에 제수되어 부임하여 펼친 치정이 염공근민으로 업무를 우선 처리하니 현의 백성들이 칭송비를 세웠고, 그 다음 해에는 초계군수로 전보되었을 때에는 초계군에는 십여 년의 세월을 끌어 오던 의혹의 옥사가 있어 부임초에 군의 백성들에게 물어 정황을 파악하여 그 옥에 갇혀있던 백성을 정상을 참작해 석방하니 백성들이 그의 신명(神明)함에 감복하여 맑고 깨끗한 덕(德)을 칭송하는 비를 세워 기렸다고 한다. 이는 그가 실천가로서의 헌신정치를 펼친 것으로 이해된다. 이와 같은 치정에서 그의 민의를 수렴하고 공론에 따라 직무를 수행한 것을 파악할 수 있다. 이와 같은 그의 치정은 이조 시대의 사림파들의 공론정치를 제일 먼저 선도하였다는 사실을 설명해 주고 있는 것으로 보인다.[35]

둘째, 기존의 질서가 오래되고 현실에 어울리지 않을 경우에는 과감하게 변혁을 꾀하는 정신이다. 이것은 오늘날의 숙의 민주정치

---

[35] 사림의 공론정치의 연구들은 최근에도 많이 이루어지고 있다. 그 같은 연구의 예로서 김돈(1993)의 "16세기 전반 정치권력의 변동과 유생층의 공론 형성."(서울대학교 박사학위 논문), 김대영(2005)의 『공론화의 정치평론: 닫힌 사회에서 광장으로』(서울: 책세상), 김용직(1998)의 "한국정치와 공론성(I): 유교적 공론정치와 공공영역." (『국제정치논총』제38집 3호), 김영수(2005)의 "조선공론정치의 이상과 현실(I): 당쟁발생기 율곡 이이의 공론정치론을 중심으로" (『한국정치학회보』제39집 5호), 오문환(1996)의 "율곡의 군자관과 그 정치철학적 의미" (『한국정치학회보』제30집 2호), 이현출(2002)의 "사림정치기의 공론정치 전통과 현대적 함의" (『한국정치학회보』제36집 3호) 등이 있다.

Understanding of Korean Politics

(deliberative democracy)36) 나 참여 민주정치 (participating democracy) 와 맥을 같이 하는 부분이 있다. 제도권 내에서 잘 못되거나 바르게 가지 못할 경우 오늘날 시민사회와 같은 단체가 있어 그 정책을 올바르게 설정되고, 집행될 수 있게 비정부조직으로서 객관적이며 이해관계에 얽히지 않는 시각으로 참여할 것을 권장한다. 그러나 참여의 의미는 현대적인 것과는 좀 다르다. 현대민주주의는 다수의 힘이라는 양의 대표성을 강조하는 것이나 호계가 추구하는 정치는 현명한 공직자와 현명한 임금이 주도하는 임금이나 양반계급에 의한 지배엘리트의 질적 합의정치를 지양하고 있다.

셋째, 분별력 있는 정치와 삶을 일깨워 주고 있다. 그의 군신간 뿐만 아니라 관민간의 차별정신은 분별력 있는 태도를 가리킨다. 오늘날에 因果와 前後를 분별없이 오직 자기중심으로 이기적인 발상에서 정치나 업무를 임하는 자세를 바로 잡는 전기를 제공해 준다. 그것이 차별과 분별의 차이이다. 그의 분별정신은 남녀의 평등, 신분의 평등과는 근본에서 다른 천부적인 인권을 가진 인간으로서 자기가 있는 처지에서 자기 분수를 지킬 줄 알라는 교훈이다. 오늘날의 각종 비리를 접할 때 우리는 이와 같은 그의 가르침에서 분별력 있는 자기 지위를 지킬 줄 아는 직분의 사람이 되라는 교훈을 얻는다.

---

36) Jürgen Habermas, 1996, "Three Normative Models of Democracy," S. Benhabib, ed., *Democracy and Difference*, Princeton: Princeton University Press. 하버마스는 자유주의와 공화주의의 민주주의론을 비판적으로 검토하면서 두 모델이 가지는 한계를 극복하기 위한 대안으로서 절차주의적 민주주의를 제시한다. 숙의적 민주주의는 자유주의적 공정성과 공화주의적 의사형성을 중요시한다.

▌참고문헌 ▌

〈1차 자료〉

『虎溪先生實紀』 卷之 上, 下.

『慶州李氏虎溪公門中家事便覽』 圖書出版 回想社.

『書經』, 『周易』

『栗谷全書』 卷二, 卷三, 卷四, 卷五, 卷七, 卷八, 卷十五, 卷二十四.

『晦齋先生文集』 第二冊 〈答忘機塘 第一書, 第三書〉. 〈中庸九經衍義〉

『靜菴先生文集』 卷二, 卷三. 卷五. 卷六.

『中宗實錄』 卷二十三, 十年 六－八月.

〈2차 자료〉

금종우. 1976, "한국의 전통적 평화사상", 평화문제연구소, 『평화연구』
      제1집 1호.

김 돈. 1993, "16세기 전반 정치권력의 변동과 유생층의 공론 형성",
      서울대학교 박사학위논문.

김대영. 2005, 『공론화의 정치평론: 닫힌 사회에서 광장으로』, 서울: 책
      세상.

김만규. 1999, 『한국의 정치사상』, 서울: 현문사.

김용직. 1998, "한국정치와 공론성(I): 유교적 공공정치와 공공영역", 『국
      제정치논총』 제38집 3호, 63－80.

김영수. 2005, "조선공론정치의 이상과 현실(I): 당쟁발생기 율곡 이이의
      공론정치론을 중심으로", 『한국정치학회보』 제39집 5호, 7－27.

오문환. 1996, "율곡의 군자관과 그 정치철학적 의미", 『한국정치학회보』
      제30집 2호, 25－38.

柳永烈, 1993, "開化期의 民主主義政治運動" 李鍾旭 외, 『韓國史上의 政治形態』, 서울: 일조각.

이민수 편저. 1994, 『사서오경입문』, 서울: 홍신문화사.

이현출. 2002, "사림정치기의 공론정치 전통과 현대적 함의", 『한국정치학회보』 제36집 3호, 115－134.

전세영. 2005, 『율곡의 군주론』, 서울: 집문당.

정만조. 1993, "조선시대의 사림정치: 17세기의 정치형태", 이종욱 외, 『韓國史上의 政治形態』, 서울: 일조각.

조지훈. 1968, 『한국문화사서설』, 서울: 탐구당.

한국정신문화연구원. 1996a, 『栗谷全書』(II)(疏箚, 啓, 議), 서울: 한국정신문화연구원 자료조사실.

한국정신문화연구원. 1996b, 『한국민족문화대백과사전』, 서울: 한국민족문화대백과사전편찬부.

Habermas, Jürgen, 1996, "Three Normative Models of Democracy," S. Benhabib, ed., *Democracy and Difference*, Princeton: Princeton University Press.

Palais, James, "Political Participation in Traditional Korea, 1876-1910," *Journal of Korean Studies*, Vol. 1.

Rosenau, James N. and Ernst－Otto Chempiel, 1992. *Governance Without Government: Order and Change in World Politics,* Cambridge University Press.

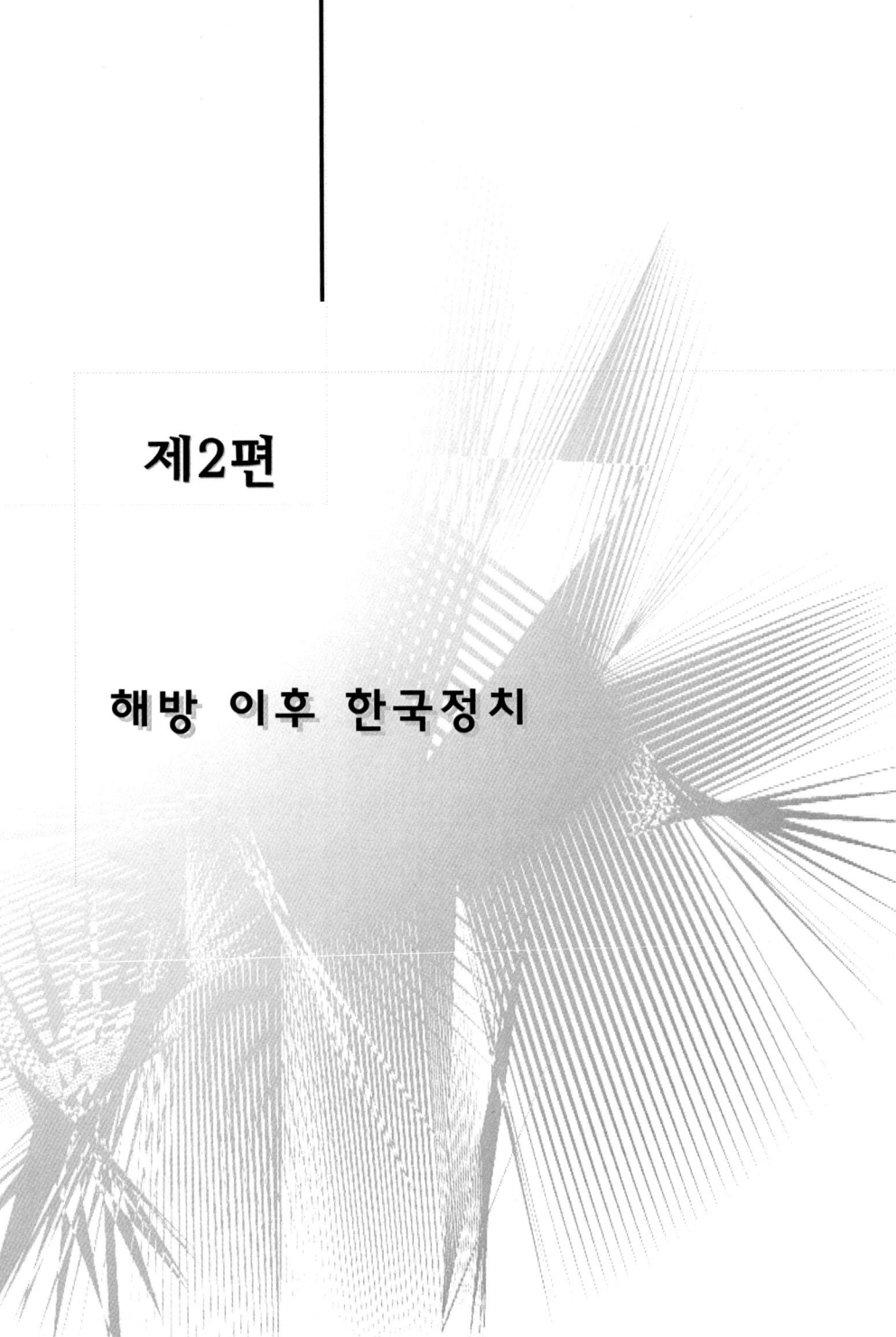

제2편

해방 이후 한국정치

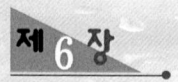

제 6 장

한국정치문화의 본질

Ⅰ. 서론

1. 한국정치문화란?

한국정치문화는 "한국인이 정치에 대해서 갖는 인식, 감정, 평가 등의 정신적 정향의 사회적 엉킴"[1]이라고 할 수 있다.

개인의 행동과 인생관의 기초는 신체적 구조(얼굴, 팔, 몸통, 다리 등 유기적 결합체인 육체)와 그 사람의 철학적 측면(행동양식, 가치관, 운명관 등)과 심리적 측면(감정, 성품, 정서 등)이 결합되어 나타난다.

---

1) Gabriel Almond & Sidney Verba, 1980, *The Civic Culture Revisited*, Boston: Little, Brown & Co., pp. 80-85.

Understanding of Korean Politics

2. 한국정치문화 설명방법

첫째, 전통적인 방법: 역사학적 설명방법, 즉 연역적 방법. 김운태, 최창규 교수 등[2]

둘째, 행태과학적 설명방법: 귀납적 방법, 윤천주, 이영호, 한배호, 어수영 교수 등[3]

셋째, 두 유형의 접근방법을 배합, 원용 방법: 이지훈 교수[4] 등의 연구가 있다.

정치체제와 현상이 가변적 요소가 있으나 정치문화도 시간과 공간에 따라 가변성을 띠게 되어 있다.

---

2) 김운태, 최창규, 1976, "한국정치문화의 전통적 특성," 김운태 외 『한국정치론』, 서울: 박영사. pp. 123-181.
3) 윤형섭, 2006, "한국정치문화를 보는 법," 김영래 외, 『한국정치 어떻게 볼 것인가』, 서울: 박영사. p. 26.
4) 이지훈, 1982, "한국정치문화의 기본요인," 『한국정치학회보』 제16집.

II. 한국의 정치전통과 문화구조

1. 정치풍토와 정치문화

(1) 윤천주 교수의 한국정치문화에의 공헌: 1960년대 도입[5]

- Samuel Beer, Adam Ulam의 *Patterns of Government* 정치문화를 정치체제 및 정치현상 설명의 주요 분석단위로 등장시키고 가치, 신념, 감정적 태도의 복합체로 설명한다.[6]

- Gabriel Almond, James Coleman 정치문화의 개념을 신생국정치론[7]에서 활용한 직후, 윤천주 교수가 이 같은 개념, 시각, 방법론을 도입하여 한국정치 설명에 활용

(2) 정치문화와 정치풍토

- 한국에서는 전통적으로는 정치문화라는 용어가 없었다. 대신 정치풍토라는 말이 있다. 정치문화는 분석적 능력을 가진 서양에서 도입한 것이고, 정치풍토는 서술적 능력을 가진 동양적 사고이다. 풍은 동적이고, 양의 이치인 데 비해 지는 정적이고 음의 이치이다. 土는 사람의 존재, 일정한 토지를 기반으로 한다. 風은 그 지역의 인간들이 빚어 내는 분위기, 그것은 그 사람들의 사고와 행동의 유

---

5) 윤천주, 1961, 『한국정치체계서설』, 서울: 문운당
6) Samuel Beer, et al. 1958, *Patterns of Government*, New York: Random House
7) Gabriel Almond & James Coleman, 1960, *Politics of Developing Areas*, Princeton, N. J.: Princeton University Press.

형 예) 家風, 校風, 社風 등이 그것이다.[8]

2. 역사와 문화구조

1) 문화란?

주민의 총체적 사고유형, 가치관, 행동양태의 덩어리

(1) Gregory Henderson: 조선조의 체제를 권력집중, 중앙집중의 특징으로 보고, 조선조의 위계적, 과두적, 권위주의적 문화를 지적한다.[9]

(2) 윤태림 교수: 한국의 조상, 풍토, 역사, 신앙, 유교의 복합적인 영향 속에서 한국인의 의식구조와 문화가 형성되어 왔다.[10]
  －"예술, 과학, 종교, 사상뿐만 아니라 어린이의 습성과 같은 일상생활에 이르기까지의 전부"

(3) 김한식 교수: 기독교를 통하여 소개되는 서구문화의 전래로 자연관의 변화와 개인단위의 주체성이 부각되는 민주적 문화의 바탕[11]

---

8) 윤형섭, 2006, "한국정치문화를 보는 법," 김영래 외, 『한국정치 어떻게 볼 것인가』, 서울: 박영사. p. 28.
9) Gregory Henderson, 1968, *Korea, The Politics of the Vortex*, Cambridge: Harvard University Press.
10) 윤태림, 1973, 『의식구조상으로 본 한국인』, 서울: 현암사.
11) 김한식, 1982, "우리나라 근대정치사상에 끼친 기독교의 영향," 『한국정치학회보』 제16집, pp. 45-59.

(4) 김학준 교수: 흑백논리의 특징, 분단체제가 냉전적 사고와 논리를 강화하여 국민정치의식의 흑백논리 경향이 커졌다. 이는 해방과 분단의 산물이라고 본다.[12]

(5) 김운태 교수: 한국정치문화의 굴절을 설명

① 식민통치로 입혀진 정치문화에 대한 역사적인 상처

② 민족분단으로 야기된 정치의식의 이질화

③ 민족사의 광복과 발전적 정치관 등의 순으로 상처 입은 민족사의 변천의 굴절을 설명한다.[13]

2) 한국정치문화의 구조

(1) 조선조의 권위주의화, 그것의 속성으로서의 예술문화적 특징

(2) 일제하에 형성된 민족주의, 권력불신, 이에 따르는 정치적 혐오와 무관심

(3) 미군정하에서의 도입된 서구민주주의

(4) 국토분단하에서 조성된 흑백논리

(5) 신유목적 시민사회[14]

---

12) 김학준, 1983, "해방과 분단의 정치문화," 『한국사회의 전통과 변화』, 서울: 법문사.

13) 김운태, 1988, "한국정치문화의 전통적 특성," 김운태 외, 『한국정치론』, 서울: 박영사. pp. 148-160.

14) 임혁백, 2005, "민주주의의 공고화와 민주적 거버넌스," 한국정치학회 춘계학술회의 발제문. 프랑스의 작크 아탈리(Jacques Attali)는 "디지털 혁명과 세계화에 의해 인류는 불과 2,30년 전에는 가져 보지도 못했던 새로운 장비인 노트북, 휴대폰, 인터넷, 팩스 등을 가지고 그들 스스로의 행복을 찾아 1,000년 동안의 정착생활을 끝내고 거주지와 장소, 환경, 국경, 가족을 가로질러 여행하는 유목적 인간으로 탈바꿈하고 있다."고 본다.

Ⅲ. 한국정치문화의 본질

1. 근본주의와 대동주의의 상호작용: 민족생존의 원리[15]

* 김운태 교수의 한국정치문화의 특색

1st, 민족적인 화의 원리와 인본주의 전통
 - 홍익인간의 이념과 민족위민사상
 - 국가이념과 공동체 의식이 고대조선 이래 민족의 정치전통 속에 면면히 이어져 내려오고 있다.

2nd, 근본주의와 대동정신을 공화정신의 한국적 전통
 - 민족의 순결정신과 친화사상

1) 근본주의적 측면: 한국의 정치적 전통 속에서 순결과 원칙을 강조
 - 민족의 정체성, 정치적 정의 및 순결로 민족의 외부적 모순을 극복
 - 명분주의적 맥락의 특징

2) 대동주의적 측면: 친화, 경애, 홍익, 공동체이념을 강조
 - 이기주의와 분화주의를 극복함으로써 민족의 내부적 모순에서 벗어나 한민족의 정치적 친화와 공화의 전통을 계승해 올 수 있었다.
 - 집단주의 내지 공동체성의 특징

---

15) 김운태, 1988, 전게서, pp. 148-172.

2. 권위주의와 소인네 문화: 민족사회 구성원 사이의 관계

1) Thedore Adorno(사회심리학자) 권위주의 성격[16]
  ① 권위에 대한 복종
  ② 국가에 대한 개인의 추종
  ③ 강력한 지도자를 바라는 열망
2) 한국정치문화의 권위주의적 성격[17]
  − 한국사회의 인간관계를 권위적인 지배복종관계
  − 윗사람과 아랫사람, 강한 자와 약한 자를 수직적, 종적 질서의
    사회
  − 종적 질서는 소속집단, 또는 소속 사회구조에의 귀속의식과
    심리적 안정감을 안겨 줌으로써 사회의 응결력과 공동체성
    을 높이는 데에 기여
3) 조선조의 유교문화[18]: ① 가부장적 지배체제와 남존여비, ② 관
    존민비와 중앙집권적 통치체제, ③ 왕권의 절대성, ④ 예민한
    연령의식
  (1) 유교가 끼친 긍정적 요인
    − 敬天愛人 − 天命德治 − 人本主義
  (2) 유교가 끼친 부정적 요인
    − 삼강오륜: 사회윤리실천요강의 역할

---

16) Thedore W. Adorno, et al., 1955, *The Authoritarian Personality*, New York: Harper & Row: Erich Fromm, 1941, *Escape from Freedom*, New York: Rinehart.
17) 윤형섭, 2006, 전게서, p. 33.
18) 상게서. pp. 33-35.

* 三綱: 君爲臣綱, 父爲子綱, 夫爲婦綱

五倫: 父子有親, 君臣有義, 夫婦有別, 長幼有序, 朋友有信

- 위반 시 가문과 마을에서 추방(징계)
- 상하관계의 질서규범 즉, 윗사람에 대한 아랫사람의 전적인 헌신과 순종

"在下者 有口無言"

(3) 고도의 비합리적 인간관계에 기초한 신분사회

- 권위주의적 행태에 숙달되는 일

① 조선조 500년의 대가족제도

② 가부장의 독단적 지배

③ 위계적인 사회구조의 유지

- 군사부 일체사상: 가족적 윤리가 국가적 윤리로 확대

(4) 소인네 문화

① 철저하게 위계적인 사회계층구조

소수의 양반이 정치, 경제, 사회적 가치를 독점하고, 80%에 이르는 중인, 상인, 천인 계층은 언제나 피치자로서의 정치적 소외의 대상

자기 비하적 칭호의 약음 "쇤네"

② 쇤네의 두 가지 어형: 정치적 무지, 무관심, 기피현상

1st, "쇤네가 뭘 압니까요?" → 재하자 유구무언

2nd, "쇤네야 하라시는 대로 합지요" → 상급자의 절대적 권위에 순종

- 권위주의 문화의 다른 표현
- Sidney Verba and Gabriel Almond 의 신민문화와 같다.

③ 한국정치문화의 전통적 단일성이론(monoistic theory) 즉, 권위주의 정치문화에서 복합성이론 즉, 다원주의적 정치문화(pluralistic theory)로 전환 (1987년 한배호, 어수영 정치문화 조사분석에서 증명)

3. 민주와 저항의 문화

1) 한배호 교수 "한국정치문화의 주요경향" 「한국사회론」(1980)

단일적 설명방식(monoistic explanation)에서 복합문화의 시작으로 설명한다.[19)]

① 이념적 단순성의 경향

② 대중과 엘리트 사이의 연속성의 희박

③ 파당에 대한 불안한 소속의식

④ 제도화되지 못한 정당단체들 사이의 정치적 경쟁

2) 이지훈 교수 1982, "한국정치문화의 기본요인"

- 시민성과 저항성 - 권위주의문화의 가학성, 피학성의 대립 - 반권위주의적 속성[20)]

(1) 시민성: - 민주성, 진보성, 높은 정치의식, 높은 정치적 효능감

(2) 저항성: - 반민주성, 결백성, 정치권위와 권위에 대한 부정적 의식, 정치인 공무원에 대한 불신감

---

19) 이들은 권위주의문화라는 용서 대신에 종속문화, 의인주의라는 용어를 사용하다가(한배호, 어수영, 1987,『한국정치문화』, 서울: 법문사. pp. 71-95), 1980년대에 와서 복합문화의 시각으로 설명한다(한배호, 1980, "한국정치문화의 주요경향," 한국사회과학연구소 편,『한국사회론』, 서울: 민음사).

20) 이지훈, 1982, "한국정치문화의 기본요인,"『한국정치학회보』, 제16집.

3) Alexander Inkels 시민성(참여적 시민으로서의 정향)[21]

 (1) 전통적 권위로부터 해방

 (2) 전국적(국가적 차원) 정치현상에 대한 관심

 (3) 정치정보의 소유와 정치참여

 (4) 법률, 규칙, 정책 등의 합리성을 요구하는 것

4) 한국의 정치풍토 속에서의 시민성[22]

 (1) 요소와 속성: 진보성, 혁신성, 높은 정치의식, 정치적 효능감,
     책임감, 자유평등사상, 실속주의, 개인주의적 윤리의식 등

 (2) 시민성 함양

   ① 조선조의 신문고, 상소 등의 언로정책

   ② 중진관료들 간의 집단토론

   ③ 조선조 후기의 천주교 전래에 따른 과학주의와 합리주의

   ④ 실학과 동학의 변혁사상, 평등사상, 인내천 사상

   ⑤ 개항 이후의 자유주의 이념의 도입

   ⑥ 8.15 이후의 민주주의 이념의 확산

   ⑦ 1960년대 이후의 사회경제적 발전과 국민의식의 근대화[23]

   ⑧ 1987.6.29. 민주화 선언 이후 실질적 민주주의 공고화[24]

---

21) Alexander Inkels, 1974, "Participant Citizenship in Six Developing Countries,"
    in Lewis Bowman & G. B. Boynton et al., *Political Be havior and Public
    Opinion*, Englewood Cliffs: Prentice-Hall. p. 218.
22) 윤형섭. 2006, "한국정치문화를 보는 법,"『한국정치 어떻게 볼 것인가』,
    서울: 박영사.
23) 이지훈, 전게서, pp. 118-119.
24) 1987년 민주화 이후의 시민정신으로 이어지고 있다.

5) 한국정치풍토 속의 저항성: 상대적 박탈감의 인지에서 출발[25]

 (1) Ted Gurr "당위와 존재와의 불일치로부터 유래되는 흥분 또
    는 고통"[26]

− 정당으로부터 이탈로 인식

− 상대적 박탈감은 당사자에게 좌절감을 안겨 주는 공격성향을 불
  러일으킨다. 저항

 (2) 이지훈 교수 한국저항성의 역사적 근거[27]

    ① 신라 화랑의 진충보국

    ② 수많은 외침에 대한 항거와 투쟁

    ③ 조정의 간언과 언로의 전통

    ④ 사림정신과 성균관 유생의 항소

    ⑤ 동학 등 민란의 대중항쟁

    ⑥ 반체제, 반정부 학생운동 등의 저항정신

 (3) 근본주의의 순백과 정의: 저항성의 바탕, 대동주의의 친화와
    자주의식: 시민성의 바탕

4. 극한문화와 죽음의 문화

1) 한국정치문화는 죽음을 불사하는 극한투쟁의 문화

− 투쟁의 목표는 대동정신에 입각한 친화와 경애의 자주적 공동

---

25) 이지훈, 전게서, pp. 117-118.
26) Ted Robert Gurr, 1970, *Why Men Rebel*, Princeton, N.J.: Princeton
    University Press. pp. 22-30.
27) 이지훈, 전게서,

체 구성

- 철학적 자세는 근본주의를 취하고 있다.

2) 中庸: 극한은 중용과 상치되는 개념

- 中은 불편불기 즉, 正道, 庸은 천하의 정리 즉, 평상과 떳떳함
- 때를 잘 판단하고 상황을 적절히 식별하여 이에 적응할 수 있는 유연성과 대응능력을 겸비하되 결코 넘고 처짐이 없어야 하고 그렇다고 적당주의나 기회주의와 맥이 통해서도 아니 된다.

3) G. Almond and Bingham Powell 두 가지 정치문화 유형[28]

(1) 분열국(Discordia): 이데올로기, 인종, 종교 그 밖의 쟁점에 대해서 사회가 양극으로 갈라지는 극한문화 유형

① 원색적인 입장과 극한적인 발언, 주장만이 높은 평가를 받게 되며 대중의 박수갈채를 받는다.

② 여기에서는 중도 지향자를 회색분자, 기회주의자, 비겁자, 판단능력이 결한 자로 평가한다.

③ 죽음을 건 극한 대결의 위인들: 고려 말 정몽주, 조선조의 성삼문, 근대의 민영환, 1970 – 80년대의 대학생 분신과 투신자살 등에서 서구에서는 볼 수 없는 죽음의 문화가 한국 정치문화의 저변에 도도히 흐르고 있다.

④ 완승, 완패의 zero – sum game과 피살의 극한정치문화

(2) 화합국(Concordia): 중도를 지향하는 중화문화 유형으로서 화합의 합의문화권 ① 정치사회세력의 핵이 좌우연속선(Continuum)상의 중간에 위치하고 중간 지향적 문화가 형성되며 사회는 통합과 안

---

28) Gabriel Almond & B. Powell, 1974, *Comparative Politics Today: A World View*, Boston: Little, Brown & Co., pp. 51-54 and pp. 109-112.

정을 얻게 된다.

② 여기에서는 극한적인 행태를 경멸하는 경향이 있는 반면, 중화 곧 중용을 존중.

③ 시장의 원리를 받아들여 대화와 타협으로 거리를 좁힌다. 전장은 극한문화의 상징 즉, 폭력이 중요하나, 시장은 흥정을 중시하고 합의과정을 중요시한다.

④ 화합과 중용을 중시하는 non zero-sum game의 형태를 취하는 통합의 정치문화를 지향한다. 예) 영국의 정치문화

Ⅳ. 한국정치문화의 구조적 특징

1. 한국정치문화의 구조적 복합성

- 순기능과 역기능 즉, 근대성과 전통성으로 구성

1) 이지훈 교수 "한국정치문화의 기본요인"[29] (1982)

　(1) 8개의 중추적 요인: 민족적 주체성, 권위주의, 공동체성(일차 집단), 분파성, 시민성, 소외성, 저항성, 형식주의

　(2) 정치발전에 순기능적 요인: 시민성, 저항성, 민족주체성, 민

---

29) 이지훈, 1982, 전게서. pp. 104-105.

족공동체성

(3) 정치발전에 역기능적 요인: 권위주의, 공동체성, 분파성, 소외성, 형식주의

2) 한배호, 어수영 교수 "한국정치문화의 구조적 요인"[30] (1987)
  - 행태학적 실증적 조사분석 방법 적용
  (1) 분석요인: 묵종성, 의인주의, 형식주의, 신뢰성, 행동주의, 관용성, 권리의식
  (2) 전통성; 묵종성, 의인주의, 형식주의
      근대성: 신뢰성, 평등주의, 관용성, 권리의식
  (3) 한국정치문화가 단순하고 일원적인 정향(권위주의적 정치문화)으로 구성되어 있는 것이 아니라 매우 복합적이고 다원적 정향(혼합정치문화)으로 되어 있다.

2. 한국정치문화의 구조적 가변성

1) 이남영 교수 "산업화와 정치문화-민주의식변화를 중심으로"[31] (1985)
  (1) 한국인의 민주적 태도 변화를 산업화에 의한 사회경제적 변동이 지속된다면 민주적 방향으로 성숙되어 나갈 것으로 지

---

30) 한배호, 어수영, 1987, 『한국정치문화』, 서울: 법문사.
31) 이남영, 1985, "산업화와 정치문화-민주의식변화를 중심으로: 1974년과 1984년의 비교분석", 『한국정치학회보』 제19집. pp. 77-95.

속적 가변성을 예언하였다.

(2) 참여, 평가적 시민문화로 이행연구(1974-1984)

	조사내용	1974(%)	1984(%)
1	정치인 간의 의견대립을 긍정적으로 평가	57	71
2	정당 간의 경쟁을 긍정적으로 평가	43	52
3	복수정당제를 주장하는 사람	73	89
4	반대의사를 표현할 자유에 대하여	42	65
5	탁월한 소수지도자보다 대중의사 중시	30	41
6	대중의 정치적 효능감	33	45

2) 신명순 교수[32](1987)
- 한국인구의 구조적 변동을 정치문화변동의 주요요인의 하나로 제시
- 한국정치문화는 인구적 요인이 겹쳐 더 빠른 속도로 변할 것으로 보았다.

3) 이영호 교수: 정치사회화에 작용하는 요인[33]

(1) 정치문화 변화 촉진요인: 외국의 영향, 국내정치의 영향, 사회경제적 영향
(2) 결과적인 한국정치문화의 변화: 권위주의적, 신민적, 참여적,

---

32) 신명순, 1987,『제3세계정치론』, 서울: 법문사, pp. 108-109.
33) 이영호, 1980, "한국의 사회경제적 변혁과 정치문화의 변화," 이화여대 『사회과학논집』 제1집.

자유주의적인 방향으로 변하고 있음을 설명

(3) 한국정치문화의 변화추세(하위문화개념)

	편협 (parochial)	예속 (subject)	참여 (participant)	시대의 변화
농촌	o	o	x	과거
중소도시	=	=	=	현재
대도시	x	o	o	미래

- 결론적으로 사회경제적 발전, 교육의 보급에 힘입어 참여문화, 시민문화의 방향으로 진행

4) 인식, 감정, 평가의 세 요소의 유동성의 배합[34](독일 / 한국)

	정치문화 유형	독일	한국
1	인지적 정치문화(cognitive)	Weimar 공화국 (1919 - 1933)	제2공화국 장면시대
2	정의적 정치문화(affective)	Hitler Nazis 체제	제1공화국 이승만시대
3	평가적 정치문화(evaluative)	2차대전 후의 독일연방 (특히 에르하르트 시대)	제3공화국 전반 박정희시대

- 정치문화는 순서를 달리하면서 변화하는 경향이 있다.

---

34) 윤형섭, 2006, 전게서, p.44.

3. 한국정치문화의 구조적 단편성

1) 연령별 단층화 현상

(1) 50-60대 세대: 엄격한 유교적 문화의 영향권 속에서 성장하여 가부장적 권위주의가 몸에 젖은 데다가 일본식민지 시대에 군국주의적 제도권 교육 속에서 청소년기를 지낸 세대

(2) 30-40대 세대: 모두 해방 후의 미국식 민주주의적 세계관 속에서 이질적인 사회화 과정을 거쳐 온 한국사회의 변동적 원동력을 갖고 있는 세대

2) 도시와 농촌 간의 문화적 단편화 현상[35)]

(1) 여촌야도현상: 농촌은 동양적 위계적 문화유형, 도시는 서양적 근대적 문화유형

(2) 농촌주민의 정치에 대한 관심과 의식이 대도시나 중소도시의 주민에 비해 상대적으로 저조함을 보여 주고 있다 (윤천주 교수).

(3) 날이 갈수록 도농 간의 정치문화의 평준화 현상이 일어나고 있는 것이 발견되고 있다 (길승흠, 이남영 교수).

---

35) 길승흠, 1985, "한국인의 정치의식구조변화: 1978년과 1986년," 한국정치학회, 한미합동학술회의 논문집, p. 310.

3) 계층 간의 단편화 현상[36]

(1) 신명순 교수, 지배엘리트와 피지배대중 사이의 이질화

① 권위주의적 정치문화는 피지배자계층보다는 정치엘리트계층에서 더 특징적으로 나타난다. ② 분파성도 마찬가지이며, ③ 소외성은 전적으로 국민대중의 속성으로서 정치적 무관심, 무지, 냉소주의 등은 국민들 자신에 의하여 극복되어야 할 요소다.

(2) 한국정치발전을 저해하는 요인

① 정치엘리트들의 권위주의적이고 독선적인 획일주의

② 정당의 분파주의

③ 극한대립과 흑백논리로 일관하는 정치엘리트의 정치문화

④ 대중의 격정성, 순종성, 동원적 참여, 불신과 소외, 일차집단 중심의 공동체성

4) 정치권위체와 정치체제[37]

(1) 무엇이 진정한 민주주의인가에 대한 기본적 인지에 있어서 민관군의 불일치 현상

(2) 가정, 학교, 군대, 직장, 동료집단, 매스컴, 정당, 정부 등을 거치면서 상반되는 내용으로 정치사회화를 당하면서 지속되고 있다.

(3) 정치문화를 세대 간에 극복해야 할 과제가 남아 있다.

---

36) 신명순, 1987, 『제3세계정치론』, 전게서, pp. 111-125.
37) 윤형섭, 전게서, p.46.

V. 결론

1. 정치문화와 정치발전은 함수관계에 있다.
2. 정치문화와 정치제도는 상합함이 바람직하다.
3. 정치문화와 정치제도의 상합 속에서 안정을 통한 경제성장과 정치발전을 약속 받을 수 있다.
4. 한국정치문화의 본질적 요소의 긍정적인 요소를 발전하고 부정적인 요소를 제거할 것인가? 그리고 한국정치문화의 복합성, 가변성, 단편성을 어떻게 동질적 화합문화로 전환, 지속할 수 있을까? 그것은 ① 민주시민교육의 보급확장 ② 상대주의 세계관의 확산 ③ 문화변혁과 제도변혁의 상합성을 발휘해야 지속발전이 가능할 것으로 본다.

▌참고문헌 ▌

길승흠, 1985, "한국인의 정치의식구조변화: 1978년과 1986년," 한국정치학회, 한미합동학술회의 논문집.

김운태, 1988, "한국정치문화의 전통적 특성," 김운태 외,『한국정치론』, 서울: 박영사.

김학준, 1983, "해방과 분단의 정치문화,"『한국사회의 전통과 변화』, 서울: 법문사.

김한식, 1982, "우리나라 근대정치사상에 끼친 기독교의 영향," 『한국정치학회보』 제16집.

신명순, 1987, 『제3세계정치론』, 서울: 법문사.

윤천주, 1961, 『한국정치체계서설』, 서울: 문운당.

윤태림, 1973, 『의식구조상으로 본 한국인』, 서울: 현암사.

윤형섭, 2006, "한국정치문화를 보는 법," 김영래 외, 『한국정치 어떻게 볼 것인가』, 서울: 박영사.

이남영, 1985, "산업화와 정치문화 - 민주의식변화를 중심으로: 1974년과 1984년의 비교분석", 『한국정치학회보』 제19집.

이영호, 1980, "한국의 사회경제적 변혁과 정치문화의 변화," 이화여대 『사회과학논집』 제1집.

이지훈, 1982, "한국정치문화의 기본요인," 『한국정치학회보』, 제16집.

임혁백, 2005, "민주주의의 공고화와 민주적 거버넌스," 한국정치학회 춘계학술회의 발제문.

한배호, 1980, "한국정치문화의 주요경향," 한국사회과학연구소 편, 『한국사회론』, 서울: 민음사).

한배호, 어수영, 1987, 『한국정치문화』, 서울: 법문사.

Adorno, Thedore W. et al., 1955, *The Authoritarian Personality*, New York: Harper & Row.

Almond Gabriel & James Coleman, 1960, *Politics of Developing Areas*, Princeton, N.J.: Princeton University Press.

Almond Gabriel & B. Powell, 1974, *Comparative Politics Today: A World View*, Boston: Little, Brown & Co..

Almond, Gabriel & Sidney Verba, 1980, *The Civic Culture Revisited*, Boston: Little, Brown & Co.

Beer, Samuel, et al. 1958, *Patterns of Government*, New York: Random House.

Fromm, Erich, 1941, *Escape from Freedom*, New York: Rinehart.

Gurr, Ted Robert, 1970, *Why Men Rebel*, Princeton, N. J.: Princeton University Press.

Henderson, Gregory, 1968, *Korea, The Politics of the Vortex*, Cambridge: Harvard University Press.

Inkels, Alexander, 1974, "Participant Citizenship in Six Developing Countries," in Lewis Bowman & G.B. Boynton et al., *Political Behavior and Public Opinion*, Englewood Cliffs: Prentice-Hall.

제7장 해방정국과 좌우 이념갈등

어떤 학자는 한국 해방정국이 한국정치의 유전자라고 규정하고 있다. 그리고 해방과 한국전쟁기간을 두고 이념적 논쟁과 무장투쟁을 전개한 것을 또 하나의 한국전쟁과 같은 전쟁으로 보고 있다.[1]

Ⅰ. 해방정국은 한국정치의 유전자

세 살 버릇 여든까지 가고 될성부른 나무는 떡잎부터 알아본다고 했다. 대한민국의 세 살은 아마도 해방정국에 해당하는 기간이 될 것이다. 그러니까 짧게 보면 45년부터 대한민국정부가 수립된 48년 까지이고, 길게 보면 한국전쟁이 끝난 53년까지일 텐데 상황의 전개 과정을 보자면 45년부터 53년까지로 보는 것이 효과적이다. 말하자면 이 시기에 대한민국의 미래를 결정할 떡잎이 돋아났다는 것이다.

---

1) 정대화, 2005, "또 하나의 한국전쟁" 강의교재(2005년 12월 검색).

과연 어떤 모양, 어떤 색깔의 떡잎이었을까?

1. 독립운동가의 귀국과 이념적 공존

해방과 더불어 국내외에서 활동하던 독립운동가들이 움직이기 시작했다. 누구보다도 신속하게 움직인 사람은 건국준비위원회의 여운형이었다. 좌파의 박헌영도 신속하게 조선공산당의 지도력을 장악했다. 그 밖에 남한의 김성수와 송진우, 북한의 조만식 등 우파 민족주의 지도자들도 활동을 재개했다. 해외에서도 주요 인사들이 속속 귀국했다. 미·소 양군에 의해 38선으로 분할 점령된 상황에서 김구와 이승만은 남한으로 들어왔다. 만주와 시베리아에서 활동하던 김일성, 김두봉, 김원봉, 무정 등 무장투쟁을 전개했던 좌파 지도자들은 북한으로 들어왔다. 소련공산당 소속인 허가이는 시간이 조금 지나 소련군을 따라 들어왔다.

적어도 45년 가을의 풍경만으로 보자면 한반도는 좌파와 우파가 서로 협력하는 이념적 공존의 무대였다. 당시만 하더라도 좌우파 간의 명시적인 이념적 갈등은 드러나지 않았다. 오히려 남북한 각각에서 점령군과의 갈등이 먼저 일어났다. 미국에서 활동했던 이승만은 미군이 제공해 준 비행기를 타고 여의도공항에 내렸다. 그러나 김구의 임시정부와 광복군은 미국에 의해 단체입국과 무장입국이 거부되었다. 김구는 하는 수 없이 개인적으로 입국해 한국독립당을 창설했다. 북한에서도 비슷한 상황이 발생했다. 40년대를 소련에서 지냈던

Understanding of Korean Politics

김일성은 무장한 채 소련군 배를 타고 원산으로 들어왔고 소련공산당에 소속되어 있던 허가이 등도 소련군을 지원하기 위해 북한에 왔지만, 중국과 만주에서 중국공산당과 함께 활동했던 김두봉과 김원봉, 무정 등 이른바 연안파의 무장입국은 압록강에서 철저하게 차단되었다.

2. 좌우 이념갈등

좌우파의 짧은 공존은 45년 말 모스크바 3상회의 직후 신탁통치 문제가 국내에서 부각되면서 끝나고 말았다. 이어 남한에서 미군과 조선공산당의 협력관계도 끝났다. 그 후 미군의 좌파정책과 소련군의 우파정책은 말살과 배제의 정책으로 일관되게 진행되었다. 모습을 드러내기 시작한 미·소냉전의 그림자 아래서 남북대결과 좌우대결이 시작된 것이다. 일본군의 무장해제를 명목으로 시작된 38선의 군사적 분할점령은 점차 정치군사적 분단으로 굳어지기 시작했고, 남북한 각각의 단독정부 수립과 한국전쟁을 거치면서 세상에서 가장 두꺼운 분단의 장벽으로 모습을 드러냈다. 한국전쟁을 거치면서 직선이었던 38선은 태극의 중심을 가르는 모양 그대로 휘어진 휴전선이 되었고, '비무장지대'(DMZ: Demilitarized Zone)라는 이름이 무색하게 이 지역은 전세계에서 가장 군사밀도가 높고 고도로 무장된 '중무장지대'(HMD: Heavily Militarized Zone)로 변해 버렸다.

이 과정에서 정부수립을 겨냥한 권력투쟁이 치열하게 전개되었다.

더욱이 권력투쟁이 치열할 수밖에 없었던 이유는 이것이 단순한 권력투쟁이 아니라 신탁통치 논쟁, 민족－반민족 논쟁, 좌우파 간 이념투쟁 등 하나하나가 모두 뜨거운 논쟁거리들일 수밖에 없는 격발성 기폭제들과 맞물려 짧은 기간에 폭발적으로 진행되었기 때문이다. 해방 직후의 불안정한 상황에서 격심한 권력투쟁은 경쟁하는 상대방을 물리적으로 제거하는 테러정치의 모습으로 등장했다. 우파의 송진우, 장덕수, 김구(49년 6월 26일)의 죽음이나 좌파의 여운형(47년 7월 19일)의 죽음은 테러정치의 산물이다. 조선공산당의 지도자 박헌영은 요행히도 미군정의 탄압을 피해 월북했지만, 그 역시 북한에서 제도화된 테러정치의 희생양으로 전락하고 말았다. 한국전쟁이 끝난 지 3년 후인 56년 그는 조선민주주의인민공화국의 재판정에서 자신이 과거 '미제스파이'였음을 시인한 다음 형장의 이슬로 사라져 갔다.

남북한의 대립과 좌우파 간의 대립은 남한에서는 좌파를, 북한에서는 우파를 제거하는 방향으로 진행되었다. 남한에서 우파가 득세하고 북한에서 좌파가 득세하고, 그 각각의 세력을 미국과 소련이 배타적으로 지원하는 상황에서 한반도를 아우르는 통일정부를 기대하는 것은 무리한 일인 것처럼 보였다. 미국과 이승만의 협력체계를 바탕으로 남한단독정부 수립을 위한 남한만의 단독선거가 임박한 상황에서 48년 제주도에서 4·3항쟁이 발발하고 김구를 중심으로 남한의 지도자들이 북한의 김일성과 남북협상을 진행했지만 단독선거와 단독정부 수립을 막지는 못했다.

Understanding of Korean Politics

3. 남북분단과 단정 수립

북한이 일찌감치 소련과 김일성의 정치적 연합체제로 안정화된 반면 남한에서는 좌우파 간 대립 외에도 우파의 두 거두인 김구와 이승만 사이의 대결이 예고되었다. 탁치논쟁에서 좌파에 대항해 반탁의 공동보조를 취했던 두 사람 사이는 남한단정을 시사한 이승만의 46년 정읍발언으로 벌어지기 시작했고, 김구의 남북협상으로 파국점에 도달했다. 남북협상은 한반도 차원에서는 단독정부를 막고 통일정부를 수립하기 위한 노력이었지만, 남한 차원에서는 지주계급과 친일파의 지원을 받는 이승만 세력과 이승만에 반대하는 민족주의 우파와 중간파를 규합한 김구 세력의 권력을 향한 건곤일척의 승부수였다. 이 싸움은 미국의 지원을 받은 이승만의 승리로 끝났다. 그러나 이승만은 정치적 경쟁자인 김구의 목숨까지 요구했다.

이 싸움에서 이승만의 승리는 대한민국이 몇몇 우파 민족주의자를 상징으로 내세운 지주계급과 친일파가 주도하는 나라가 될 것임을 예고하는 것이었다. 따라서 좌파와 중간파 및 임시정부의 자리는 대한민국에 준비되어 있지 않았다. 사실상 이 과정에서 좌파의 다수는 월북했으며 남아 있던 좌파는 제헌의회선거인 48년 5·10선거에 참여하지 않았다. 남북협상에 참가했던 민족주의자들이나 중간파의 다수도 그대로 북한에 눌러앉아 버렸다. 다시 남한으로 돌아온 중간파들도 선거에는 참여하지 않았다. 따라서 우리나라 최초의 근대적 선거인 48년 5·10선거는 이승만 세력과 지주계급과 친일파가 참가한 반쪽짜리 선거에 불과한 것이다.

자연스럽게 대한민국 정부도 이들을 중심으로 구성되었다. 그러나 미국에서 평생을 활동했던 이승만이나 지주계급의 정당인 한민당의 세력은 소수인 만큼 이들만으로 정부를 구성할 수는 없었다. 그 결과 일본제국주의로부터 해방된 조국 대한민국은 다시 조선총독부 시절의 친일파들로 가득 채워졌다. 일제시대의 관료가 그대로 관료를 하고, 검판사가 그대로 검판사를 하고, 일본군 순사가 대한민국의 경찰이 되고, 일본군 장교와 하사관이 그대로 대한민국의 국군이 되는 역사의 반동적 부활이 일어났다. 일본과 결탁해서 치부했던 기업가와 지주들은 여전히 떵떵거리며 살았다. 유일하게 바뀐 것이 있다면 일본군의 모습 대신 미군의 모습이 보인다는 정도였다. 사실관계로 보더라도 미군은 45년 9월 인천항을 통해 한반도 남쪽에 '진주'했고, 해방군이 아닌 '점령군'으로 활동했으며, 48년까지 3년 동안 미군정을 통해 지배했다. 따라서 45년부터 48년까지의 미군정 기간을 최고 권력의 측면에서 보자면 미국의 식민지 지배라 할 수 있고, 실질적인 관계로 보자면 미국과 친일파의 연합지배라 할 수 있다. 물론 이 시기에 친일파는 신속하게 친미파의 옷으로 갈아입었다.

그러니 해방과 대한민국의 수립은 좌파의 몰락과 우파의 득세를, 그중에서도 친일파의 부활을 의미하는 것이었다. 해방된 한반도가 남북으로 갈린 상황에서 그 남단이 친일과 친미로 넘쳐 나는 상황이 발생한 것이다. 북한에서 좌파 해방세력이 소련과 협력하여 권력을 장악한 것과는 달리 남한에서는 해방세력이 철저하게 배제되었다. 북한이 해방 직후에 완벽하게 친일파를 청산한 반면 남한에서 반민특위 활동이 좌절되는 등 친일파 청산이 실패하게 된 이유가 여기에 있다. 친일파 문제는 20세기를 넘어 21세기로 접어든 오늘날까지도

대한민국의 정통성을 훼손하는 근본적인 문제의 하나로 남아 있다. 최근에 국회의원들로 구성된 '민족정기를 생각하는 의원모임'에서 708명의 친일파 명단을 발표하고 민족문학작가회의에서 42명의 친일작가 명단을 발표하게 된 것도 일제청산이 지연된 결과이다.

남한에서 친일파가 부활하게 된 배경에는 친일파들이 유일하게 지주계급의 우파정당인 한민당을 피난처로 삼아 몰려들었기 때문이기도 하지만, 근본적으로 국내에 지지기반이 없는 이승만이 좌파나 중간파 및 김구와 대결하기 위한 세력기반으로 지주계급과 친일파를 조건 없이 동원했기 때문이다. 지주계급이 이승만의 물적 토대였다면 친일파는 그의 인적, 조직적, 행정적 토대 역할을 한 셈이다. 이승만과 한민당이 결탁하게 된 것도 비슷한 배경이다. 이승만은 대중적 지명도를 가지고 있는 반면 국내기반이 약했고, 한민당은 국내기반과 물적 토대가 탄탄했지만 자신들을 대표할 정치적 지도자가 없었기 때문이다. 이런 점에서 이승만과 한민당은 정치공학적 관점에서 잘 어울리는 파트너였던 셈이다.

남한에서 지주계급과 친일파를 주성분으로 하는 우파의 득세는 좌파의 몰락을 의미하는 것이었고, 그것은 남북대결의 격화를 예고하는 것이었다. 미국과 친일파의 공세에 의해 좌파가 몰락하게 되는 과정은 해방정국의 비극을 상징한다. 그것은 사실상 한국전쟁 이전의 또 하나의 전쟁이었다. 이 대결적 상황은 남북한에 두 개의 단독정부가 들어서면서 일시적으로 소강상태를 겪었지만 결국 3년간의 한국전쟁을 통해서 가장 극단적이고 가장 치열한 방식으로 표출되었다. 남한과 북한 내부의 갈등이 잦아드는 시점에서 남북한 사이의 전면적인 갈등으로 표출된 한국전쟁은 우리 민족사에서 두 번 다시 그 유례를 찾아보기 어려운 가혹한 전쟁이었으며, 이 전쟁을 계기로 남북관계는 민족의 관계라고 부르기 어려울 정도로 지구 상에서 가장 적대적인 관계로 변모되었다. 전쟁으로 북한은 '김일성 괴뢰도당'일 뿐이었으며, 남한 또한 '미제의 앞잡이'에 불과한 괴뢰집단으로 간주되었다.

4. 한국전쟁의 발생

한국전쟁은 단계적으로 공고화 과정을 밟고 있던 한반도 분단을 최종적으로 봉인하는 국제적 봉인식이 되었다. 전쟁은 한반도의 분단 상황을 국내적으로 각인시키고 국제적으로 확인시켜 주었다. 이제 분단은 우연히 시작된 편의적인 상황의 산물이 아니라 분단 쌍방의 적대감에 의해 스스로 인식되고 세계 모든 나라들에 의해 확인된 공식적인 관계가 되었다. 이 관계를 바탕으로 분단 쌍방은 서로에 대한 적대감을 부추기고, 적대감에 기초해서 대결 수위를 높여 나갔다. 남북한 내부의 이념적 경직성의 심화와 상대방에 대한 이념적 대립의 극단화, 내부 지배체제의 독재적 공고화, 군비확충 등 유구한 5천 년 역사의 단일민족으로서는 눈뜨고 볼 수 없는 상황이 전개되었다. 이승만의 무리한 장기집권이 이러한 배경에서 시작되었다는 것을 깨닫는 것은 어렵지 않다.

5. 한국전쟁 그 이후

그러나 이승만의 장기집권으로만 끝났더라면 차라리 좋았을 것이다. 후진적 사회에서 대결구도의 강화와 이를 뒷받침하는 군사력의 비정상적인 팽창은 결국 군사쿠데타로 이어졌다. 한국전쟁 이후 군부는 정치권력을 장악할 수 있는 객관적인 조건을 갖추었다. 전쟁을 통해 수많은 친일파 군인들이 친일의 굴레에서 벗어나 애국의 영웅으로 거듭났다. 이들은 전쟁을 통해서 단련되었으며, 내부적으로도 잘 훈련되고 무장되었다. 60만 명을 넘는 정예의 군사력은 대한민국에서 가장 잘 조직화된 세력이며, 군의 조직화와 지휘체계는 민간영역을 압도했다. 따라서 이들이 대외적으로 비난한 "부패하고 무능하고 비효율적인 민간정권"을 전복하고 권력을 찬탈하는 데는 약간의 환경적 조건과 적절한 계기만 있으면 충분했다.

38선 획정과 미·소 양군의 분할점령은 우리 민족의 장래를 결정한 가장 근원적인 규정력이었다. 여기서 남북분단과 한국전쟁이 잉태되었다. 이것은 다시 독재와 부정부패를 낳았고, 뒤이어 군사쿠데타와 군사독재를 낳았다. 이 과정에서 민족주의자와 독립운동가들은 배제되고 친일파가 득세하면서 남한에는 경직된 반공우파 일색의 이념만이 존재하게 되었다. 이 맥락에서 군사쿠데타로 군사독재정권이 등장했고 두 차례의 쿠데타를 통해 30년간의 암울한 군사독재를 겪어야 했다. 국가주의와 반공주의, 정치실종과 행정만능주의, 개발독재와 재벌체제, 정경유착과 부정부패가 그 산물이라는 사실을 어렵지 않게 이해할 수 있으며, 사당화된 정당정치와 전근대적인 정치현실은 지극히 자연스러운 산물인 것이다. 이념과 정책의 차이가 없고 국민들을 두려워할 필요가 없으니 선거부정과 지역주의와 연고주의가 판을 치게 된 것이다.

결국 이 모든 것의 단초를 해방정국이 제공했다. 그러니 우리의 정치사는 해방정국에서 왜곡되고 굴절된 초기 상황의 자기확장적 전개과정이며, 우리의 민주화 운동은 이에 저항하여 실종된 해방의 과제를 복원하고자 하는 국민적 저항이었던 것이다. 여기서 실종된 해방의 과제란 민주주의와 민족통일을 말하는 것이며, 이것은 해방 당시에 통일정부의 수립과 사회개혁으로 표출된 바 있다. 80년대 이후의 민주화 과정을 통해 우리는 이러한 해방의 과제에 부분적으로 다가가고 있다. 군사정권을 퇴진시키고, 재벌개혁을 시작하고, 분단체제에 파열구를 내는 6·15남북정상회담과 공동선언 등의 성과가 그것이다.

Ⅱ. 한국전쟁 이전의 남남갈등

1. 6.25 전후의 이념갈등

한국전쟁은 우리에게 비극의 기억으로 남아 있다. 1950년 6월 25일에 시작된 '6·25동란'은 동족상잔의 비극이요 민족사에서 씻을 수 없는 아픔으로 남아 있다. 한국전쟁의 참상에 대해서는 너무나 많은 연구가 있으므로 여기서 새삼 언급할 필요가 없다. 그중에서도 전쟁의 참혹성은 사상자의 규모에 의해 상징적으로 표시된다. 한국전쟁의 사상자 규모는 400만 명 수준에 육박한다. 군인 사상자가 80만 명 정도인 반면 민간인 사상자는 300만 명에 달한다. 남한에서는 군인 30만과 민간인 100만이, 북한에서는 군인 50만과 민간인 200만 명이 사상자로 기록되고 있다.[2] 우리는 그렇게 배웠고 그것은 사실일 것이다.

그러나 '6·25동란'이나 '6·25사변' 혹은 줄여서 '6·25'라는 표현이 후대 사람들에게 강력한 편견을 유발하는 이념적 장치라는 사실을 아는 사람은 얼마나 될까? 한국전쟁에 '6·25'라는 표현을 붙임으로써 얻게 되는 효과는 6월 25일 이전에는 한국전쟁과는 전혀 다른 상황이었다는 것을 은연중 암시한다는 것이다. 다시 말하면 매우 평화로운 상태가 6월 25일을 계기로 전쟁상태로 갑자기 뒤바뀌었다는 것이다. 6월 25일 이후가 전쟁상태인 것은 분명한 사실이다. 반면 6월 25일 이전은 매우 조용하고 평화롭고 행복한 상태였을까? 과연 그렇게 볼 수 있을까? 북한 공산괴뢰집단이 남한의 평화와 행복을 파괴하기 위하여 6월 25일을 기해 갑자기 남침을 한 것일까?

2. 해방직후 남한의 상황

해방 직후의 남한 상황을 기록한 미군정보고서에 의하면 당시 미

---

[2] 한국전쟁으로 인한 피해는 통일조선일보 1970년 6월 27일자 자료 참조.
김학준, 1989, 『한국전쟁』, 서울: 박영사. pp. 346-347 참조.
오명호, 1999, 『한국현대정치사의 이해』, 서울: 오름. pp. 145-148 참조.

군사령관으로 있던 하지 중장은 한반도, 특히 남한 상황이 "화산의 주위를 걷는 것과 같다"는 표현을 했다. 해방 직후 한반도의 상황은 안팎의 정세변화에 의해 화산의 끓은 용암덩어리를 가슴속에 품고 있는 것과 다를 바가 없었다. 밖으로는 2차대전이 끝나면서 미국과 소련이 시작한 냉전적 대결구도가 한반도에 강력하게 작용하기 시작했다. 미·소합의와 미국의 일반명령 제1호에 의해 그어진 38선이 남과 북을 극한적인 대립으로 몰아넣었다. 북한에서는 북한대로, 남한에서는 남한대로 내부갈등이 일어나기 시작했다. 특히 북한과 달리 남한에서는 좌우파 간 갈등과 우파 간 갈등이 한꺼번에 분출되었다. 그중에서도 우파가 미군정 및 미군정 산하의 경찰 및 군대의 지원을 받으면서 좌파와 대결하는 상황에서 엄청난 비극이 시작되었다.

3. 탁치논쟁: 조선정판사 위조지폐사건

좌우갈등이 본격적으로 시작된 것은 탁치논쟁이다. 여기서 시작된 좌우파 간의 갈등은 남한 내의 정치세력과 결부되어 이념적인 갈등 이상의 벌거벗은 권력투쟁으로 확대되었고, 이러한 권력투쟁은 미국의 대한반도 정책과 연관되어 있는 것이었다. 탁치논쟁에서 시작된 좌우갈등이 권력투쟁으로 발전하면서 좌파와 미군정이 본격적으로 대립하게 된 계기는 46년 5월에 미군정에 의해 발표된 이른바 '조선정판사 위조지폐사건'이었다. 조선공산당이 조선정판사에서 위조지폐를 발행했다는 것이다. 이 사건의 진위는 제대로 밝혀져 있지 않다.

Understanding of Korean Politics

그러나 중요한 문제는 이 사건을 계기로 미군정과 조선공산당은 정면대결을 하게 되었으며, 미군정에 의해 조선공산당이 불법화되어 지하로 들어가 활동하게 되었고, 조선공산당은 미군정에 대해 그간의 우호적인 관계를 폐기하고 '정당방위의 역공세'를 취하기 시작하면서 그해 9월 전평(조선노동조합전국평의회)의 총파업부터 시작해서 일련의 극한적인 대결이 시작되었다는 것이다.

4. 조선노동조합 전국평의회 연대투쟁

해방 후 비약적인 발전을 통해 60만 명의 조합원을 갖춘 거대조직으로 성장한 전평은 농민들의 추수기에 맞추어 농민들과의 연대투쟁을 추진한다는 방침으로 10월 총파업을 구상하고 있었다. 그러나 조선공산당에 대한 미군정의 탄압이 가속화되면서 파업이 9월로 앞당겨졌다. 파업은 먼저 철도노조의 철도국 경성공장에서 시작되어 출판, 체신, 섬유, 전기 등 25만 명의 노동자들이 참여한 대규모의 파업이었다. 파업 초기에는 전평에 대항하기 위해 우익이 만든 대한노총의 조합원들까지도 참여했다. 그러나 미군정은 경찰과 우익 청년들을 동원하여 서울 총파업의 핵심부인 용산 철도구를 공격하여 분쇄하였다. 그 결과 파업단 간부 16명과 조합원 1,200명이 검거되고 2명이 사망했다. 용산 철도구가 무너지면서 총파업은 점차 수그러들었다. 그러나 전평의 9월 총파업은 농민을 중심으로 한 민중들의 저항으로 연결되었다.

5. 대구 10월 인민항쟁

10월 1일 대구에서 시작된 항쟁은 순식간에 전국으로 확산되었다. 우파에서는 '대구폭동'이라고 부르고 좌파에서는 '10월 인민항쟁'이라고 부르는 이 항쟁은 12월 중순까지 두 달 보름 동안 계속되었다. 대구에서 민중저항이 촉발된 이유는 해방 직후 귀환인구의 대량 유입으로 인한 식량난과 이 지역 좌파운동의 강력함 때문이다. 이런 점 때문에 9월 총파업에 적극적으로 참여했던 대구지역의 파업운동은 즉시 민중저항으로 연결되어 인민항쟁의 도화선이 되었다. 식량 문제로 대구시청 앞에서 시작된 부녀자들의 시위는 경찰의 강경대응에 맞서 가열되었고, 사망자가 발생한 것을 계기로 대구시청·대구역·대구경찰서 등으로 확산되었으며, 시민들이 대구경찰서를 접수하면서 대구 전역으로 더욱 급속하게 확산되었다. 미군정이 계엄령을 선포하고 진압에 나서면서 대구지역의 시위는 가라앉았지만 시위는 이미 경북지역으로 확산되었다. 그 후 전국의 거의 모든 지역으로 항쟁이 확산되었으며, 특히 경남과 전남지역은 경북과 비슷한 수준의 강도로 전개되었다. 전국에서 수백만 명이 참여한 인민항쟁은 결국 경찰과 우익 측 수백 명, 좌익과 일반 민중 천여 명의 사망자를 내고 끝났다. 그러나 이로 인한 갈등은 그대로 남았다.

6. 미소공동위원회 결렬과 5.10 선거

10월 인민항쟁의 실패 후 좌파진영의 공세는 위축되었다. 그러나 47년 가을 미소공동위원회가 결렬되고 한반도 문제가 유엔으로 이관되면서 유엔감시하에 선거를 실시하는 것으로 결정되고, 이를 감시하기 위한 유엔임시한국위원단이 내한했다. 그러나 남북한에서 동시에 선거가 치러질 수 없는 조건에서 선거는 남북 분단을 기정사실화하는 것이 될 수밖에 없는 상황이었다. 이러한 상황인식에 따라 남로당은 단독선거를 차단하고 분단을 막기 위해 48년 2월부터 '2·7 구국투쟁'을 전개했다.3) 이 투쟁은 전국적으로 시위, 봉화투쟁, 동맹휴학, 습격과 피살, 파업과 테러, 검거의 형태로 진행되었으며, 투표기간에는 57개의 투표소가 공격을 받고 7명의 경찰과 72명의 민간인이 사망하는 등 매우 결렬하게 전개되었다.4) 단독선거 문제가 부각되기 시작한 48년 1월부터 선거가 있었던 5월까지의 상황에 대한 미군정의 통계는 당시 상황의 격렬함을 잘 보여 준다. 특히 좌우파를 막론하고 700명 이상이 사망한 이 상황을 어떻게 평화로운 시기라고 말할 수 있겠는가?

---

3) 지병문, 김용철, 천성권, 2005, 『현대한국정치의 새로운 인식』, 서울: 박영사, pp. 85-87.
4) 조선일보사, 1982, 『전환기의 내막』, 서울: 조선일보사, p.298.

1948년 5 · 10선거 전후의 상황

구 분	1월	2월	3월	4월	5월	합계
도시습격				5	72	77
경찰지서 공격		130	118	50	85	383
경찰사망		33	20	15	32	100
좌익사망		74	75	70	153	373
우익사망	1	14	14	81	138	248
시 위	6	118	69	126	186	505
정부건물 공격		9	14	2	9	34
선거사무소 공격				58	68	126
파업 · 태업	15	148	84	42	120	409
동맹휴학		7	5	4	9	25

* 자료: 미군정 G - 2보고서, 1948년 6월 4일(정대화, 강의교재 재인용).

7. 4.3 제주 항쟁

이 투쟁의 와중인 48년 4월 3일 새벽 어둠을 가르는 한 발의 총
성을 신호탄으로 한라산 봉우리에서 봉화가 오르면서 제주 4 · 3항쟁
이 시작되었다.[5] 산중에 집결해 있던 3천여 명의 도민들이 20여 개
의 경찰지서 가운데 10여 개를 일제히 공격하였다. 항쟁은 일단 성
공한 것으로 보였다. 그러나 제주도민의 항쟁을 저지하기 위한 병력

---

5) 지병문 외, 상게서, pp. 87-89. 그리고 4.3 민중항쟁에 대한 자세한 내용
은 고창훈, 1989, "4.3 민중항쟁의 전개와 성격," 『해방전후사의 인식』,
서울: 한길사. 그리고 제민일보, 1994, 『4.3은 말한다 1,2』, 서울: 전예원
을 참조 바람.

이 육지로부터 증파되었고 미군정과 경찰과 우익청년단이 중심이 된 진압작전은 제주도민의 대량학살을 초래했다. 진압세력은 마을을 불태우고, 집단부락을 건설하여 주민들을 집단으로 이주시키는 소개작전을 사용하였으며, 도내 곳곳에서 집단학살을 자행했다. 제주4·3항쟁은 다음 해인 49년 4월 9일 이승만이 제주를 방문하고, 5월 10일에는 1년 동안 연기되었던 제헌의회선거가 실시되고, 5월 15일에는 제주지구 전투사령부가 해체되면서 끝났다. 이 과정에서 군인과 경찰 118명, 서북청년단 40명이 사망한 반면 민간인은 제주도민의 1/8에 해당하는 3만여 명이 사망했다. 그 이상이 사망했다는 주장도 있다. 이러한 상황은 전투에 의한 사망이 아니라 집단학살이 있었음을 말해 주는 것이다.

8. 여순반란 사건

제주4·3항쟁이 진행되는 과정에서 여순군민항쟁(또는 여순반란)이 일어났다.6) 제주4·3항쟁을 진압하기 위해 서울과 부산에서 경비대가 파견되는 과정에서 여수의 14연대 역시 1개 대대를 제주도로 출병시키라는 명령을 받았다. 그러나 제주도로 출병하던 날 밤 남로당의 책임자들이 무기고와 탄약고를 점령한 상태에서 "동족상잔의 제주도 출동 반대"를 외치며 사병들을 규합하였고, 나머지 2개 대대

---

6) 황남준, 1987, "전남지방정치와 여순사건,"『해방전후사의 인식 3』, 서울: 한길사.
김계유, 1991, "1948년 여순봉기,"『역사비평』, 가을호.

역시 여기에 동조하였다. 약 2,500명으로 조직된 반란군은 여수를 점령하고 이어 순천까지 점령했으며, 여세를 몰아 구례·곡성·남원·화순·보성·벌교 등 인근지역으로 진출하였다. 이 과정에서 반란군은 여수에서 200여 명, 순천에서 400여 명의 우익을 처단하였다. 이에 이승만은 여순지역에 계엄령을 선포하고 중무장한 10개 대대를 동원해 먼저 순천을 탈환한 다음 격렬한 전투를 거쳐 여수를 탈환하였다. 11월 말 경 진압이 끝난 후 정부의 공식통계에 의하면 진압군 측에서는 141명이 사망하고 263명이 실종되었으며, 391명이 봉기군에 합류하였다. 봉기군 측에서는 821명이 사망하고 2,860명이 체포되었다. 그 후 군사재판에 회부된 봉기참여자들 중 866명이 사형을 선고받았다. 민간인 사상자에 대한 통계는 정확하지는 않지만 순천에서 500여 명이 사망한 것으로 미루어 볼 때 여수에서는 더 많은 민간인이 사망한 것으로 추정된다. 이 사건으로 주한미군의 철수가 일시적으로 연기되었으며 군부에서는 대대적인 숙군작업이 진행되어 전군의 9%에 해당하는 4,749명이 처벌을 받게 되었다. 박정희가 군복을 벗게 된 것도 이 사건 때문이다.

용산 철도총파업, 10월 인민항쟁, 제주4·3항쟁, 여순사건을 거치면서 상황은 단독정부 수립과 분단으로 기울어 갔고, 이에 대해 남로당은 무장투쟁으로 대응하였다. 특히 여순사건에 참여했던 반란군 1천여 명이 지리산으로 피신하고 남로당이 이현상을 보내 유격전을 지원하면 무장투쟁이 본격화되었다. 정부수립 다음 해인 49년 초반 시점에서 남한에는 호남, 지리산, 태백산, 영남, 제주도 등 다섯 군데의 유격전구가 형성되어 있었고, 여기에는 수천 명의 유격대원들이 활동하고 있었다. 자연발생적으로 형성되어 활동하고 있던 무장

조직들은 49년 중반 이후 남북관계가 경색되면서 대규모의 조직적인 투쟁으로 발전하였다. 이를 위해 유격대는 이현상이 지도하는 지리산의 제2병단, 김달삼이 지도하는 태백산의 제3병단, 남하한 강동정치학원생으로 편성된 오대산의 제3병단 등 3개 병단으로 재조직되었다. 이들은 주로 전라도와 경상도를 중심으로 행정구역과 군경의 본거지를 공격하는 '아성공격'을 실시하였으며 9월 들어서는 총공세로 전환하였다. 이 과정에서 무장투쟁을 지원하기 위해 북한에서 여러 차례 유격대가 남하하였다. 그러나 49년 10월부터 50년 봄까지 실시된 대대적인 토벌작전으로 6천여 명의 유격대원들이 사살당하면서 무장투쟁은 거의 와해되었다. 무장투쟁은 한국전쟁 과정에서 다시 시작되었고, 이현상은 지리산을 중심으로 남부군을 지도하였지만, 역시 괴멸되고 말았다. 49년 중반 이후의 유격투쟁과 이에 대한 대대적인 토벌작전은 한반도의 남한이 사실상 전쟁 이전의 전쟁상태에 있었음을 말해 주는 것이다.

한국전쟁은 50년 6월 25일에 시작되었다. 그러나 38선을 경계로 한 지역에서는 49년부터 사실상의 전쟁상태를 경험했다. 북한의 자료에 의하면 38선 이북에 대한 남한군의 공격은 432회였으며, 49,000여 명에 달하는 군인과 경찰이 동원되었다고 주장하고 있다. 남한의 자료에서도 874회에 달하는 북한군의 불법침입이나 사격이 있었다고 기록하고 있다. 따라서 두 기록에 의하면 원인이 무엇이든 38선을 둘러싼 엄청난 분쟁이 있었다는 사실을 부정하기는 어렵다. 38선 분쟁의 근본적인 원인은 분할점령 때문이다. 그러나 남한에서 38선 경계를 미군이 남한군에게 넘겨주면서 분쟁이 발발하기 시작했다는 사실을 기억할 필요가 있다. 그리고 이 시기는 정부수립 후 남한 내에서 좌파의 무장투쟁과 김구 암살 등으로 긴장이 고조되던 상황에서 미군 철수가 진행되던 시점이라는 점을 염두에 두어야 한다. 실제로 이승만 정권은 미군 철수를 차단하거나, 미군의 철수를 차단하지 못할 경우 군사원조의 규모를 확대하기 위한 방편으로 38선 분쟁을 격화시키는 전략을 구사했다. 반면 북한은 미군 철수를 바라고 있었기 때문에 남한의 38선 도발에 대해서 대응을 자제하는 편이었고, 미국 역시 38선 분쟁의 확산을 원하지 않았다. 38선 분쟁은 49년 5월의 송악산 전투에서 시작되어 38선 전역에서 일어났지만 분쟁의 핵심지역은 서해안의 옹진반도를 중심으로 한 격전지였다. 이 지역의 분쟁은 다음 해 50년의 한국전쟁을 예비하는 작은 전쟁이었다.

▌참고문헌 ▌

고창훈, 1989, "4.3 민중항쟁의 전개와 성격," 『해방전후사의 인식』, 서울: 한길사.

김계유, 1991, "1948년 여순봉기," 『역사비평』, 가을호.

김학준, 1989, 『한국전쟁』, 서울: 박영사.

오명호, 1999, 『한국현대정치사의 이해』, 서울: 오름.

정대화, 2005, "또 하나의 한국전쟁" 강의교재(2005년 12월 검색).

지병문, 김용철, 천성권, 2005, 『현대한국정치의 새로운 인식』, 서울: 박영사.

황남준, 1987, "전남지방정치와 여순사건," 『해방전후사의 인식 3』, 서

울: 한길사.

제민일보, 1994, 『4.3은 말한다 1,2』, 서울: 전예원.

조선일보사, 1982, 『전환기의 내막』, 서울: 조선일보사.

통일조선일보 1970년 6월 27일자 자료.

제8장
대한민국정부수립과 미군정통치

I. 서론

1. 목적과 방법: 역사적 접근방법(historical approach) 동원하여, 서술

2. 시각의 문제: 내인론과 외인론
(1) 민족 내부적인 원인(내인): 한반도 분단을 국내정치세력의 좌우대립에서 원인을 찾는다.
(2) 외세에 의한 원인(외인): 한반도 분단을 미소 간의 권력이데올로기 대립에서 찾는다.
(3) 복합적 인식과 가변적 시각: 내인과 외인을 유기적으로 연결시키는 시각

3. 분단유형론과 변화과정: 시대변천에 따라 가변적이다.
(1) 국제형: 외세의 압도적 규정성. 예) 독일, 베트남
(2) 내쟁형: 내쟁적 성격이 강한 분단 유형. 예) 중국

Understanding of Korean Politics

(3) 복합형: 국제적 성격과 내쟁적 성격이 복합적인 분단유형. 예)
한국
－한국의 경우 분할 그 자체는 외세가 가져다준 것이지만 분
단고착화는 우리가 자초한 것으로 보는 외적 규정성과 내적
자율성의 상호작용으로 복합적으로 생성

Ⅱ. 외부적 공백기에 발현된 민족내부의 힘 ✿ ✿
(1945. 8. 16 - 9. 6)

1. 건국준비위원회 선포(1945. 8. 16)

－**1945. 8. 초순** 일본전쟁지도부 태평양전쟁의 대세를 감지하고
종전 후 조선 내에 있는 일본인들의 안정적 귀환대책
－**1945. 8. 15.** 조선총독부 정무총감 遠藤柳作(엔도) 8월 초부터
치안유지 교섭을 여운형, 송진우, 안재홍 등에게 제의. 송진우는 거
절하고 실질적 정권이양을 여운형과 안재홍에게 함
　* 몽량의 정권이양을 요구한 5개 조항[1]: ① 정치범의 석방, ② 3
개월간 식량의 확보, ③ 치안유지(무기 1천만 엔－2천만 엔 자금)와

---

1) 매일신보, 1945년 8월 17일; 李萬珪, 1946,『여운형투쟁사』, 서울: 민주문
　화사. p. 188.

건설사업에 대한 구속과 간섭금지, ④ 학생훈련과 청년조직에 대한 불간섭, ⑤ 노동자의 건설사업 참여에 대한 불간섭

　-1945. 8. 16. 건국준비위원회(건준) 조직. 공산주의자들 포함, 여운형, 안재홍, 정백 세력주축, 9.6 조선인민공화국(인공)의 출범 시까지 정부역할을 함.

2. 植民支配當局의 政權移讓撤回

1945. 8. 15 새벽 엔도 정무총감이 "이제부터 우리의 생명보전은 그대들에게 달렸다."

　　8. 17. 건준이 전국조직, 지방지부 결성, 식민지배당국은 치안유지에 제한을 요구

　　8. 18. 조선군관구 보도부장 나가야(長屋正作) 소장은 "일본군은 엄연히 건재한다."[2]

　　　　조선군 사령관 행정권 이양 취소발표로 신문사, 학교가 다시 일본 측에 접수

　　8. 20. 일제경찰은 건준을 비롯한 모든 단체를 해산할 것을 경고. (나가야 보도부장의 담화문과 엔도 총감의 호소문)

　　8. 24. 일본 군부의 경고문발표. (조선의 주권은 일본과 연합국 간 회의에서 결정되므로 그때까지의 주권은 일본

---

2) 京城日報, 1945년 8월 20일.

　　　　　Understanding of Korean Politics

에게 있다.)

한편 건준은

1945. 8. 22. 2차 조직개편으로 12부 1국제. 안재홍이 추천한 우익
　　　　　 인사(함상훈, 김준연, 김양수)까지 포용.

　　8. 23. 해방과 독립의 분위기에 취해 있는 조선인의 열망을
　　　　　 저지하지 못했다. 이에 건준이 힘을 얻었다. 건준 총
　　　　　 무부장 최근우는 건준 존속에 성공.[3]

이로서 중앙기관은 일본인이 장악하고 조선인의 위기의식은 상존
하게 됨으로써 총체적 해방이 아닌 기형적 상황이 되었다.

3. 美日 秘密接觸: 日本에서 美國으로

1945. 8. 20. 일본은 마닐라에 있는 미국 태평양 사령부와 접촉을
　　　　　 시도. Douglas MacArthur으로부터 "일반명령 1호"를
　　　　　 교부받았다.

　　8. 22. 조선총독부 정무총감에게 38선으로 무장해제 담당구
　　　　　 역이 나뉜다는 예고전을 보냈다.[4] (분할점령)

　　8. 24. 每日新報 "한반도는 미국과 소련의 분할점령하에 두

---

3) 이영근, 1990, "여운형 건준의 좌절"『월간조선』(1990년 8월호), p. 439.
4) 李景珉, 1996, 『朝鮮現代史의 岐路: 8.15로부터 어디로』, 東京: 平凡社.
　 p.38.

고 각각 군정이 시행된다."는 추측보도5)

1945. 8. 28. 아베 총독은 MacArthur에게 전문을 보내 "공산주의
자와 선동가들이 질서를 교란하고 있으므로 ……" 치
안유지권을 일본 측에 줄 것을 요구6)하여 맥아더로
부터 다음과 같은 회답을 받았다.
"우리군대가 떠맡을 때까지 38선 이남의 질서유지권
한을 귀측에 부여한다."7)

1945. 8. 29. 일본정부는 미군의 한반도 진주확정과 이에 대한 대
비를 총독부에 훈령.

8. 30. 연합군 사령관의 훈령이 총독부에 전달
"9월 7일 미육군 24군단이 경성지구를 점령함으로 38
선 이남의 일본육군사령관은 오키나와에 있는 24군단
사령관에게 무선 연락할 것"

1945. 9. 1. 조선관구 사령관 코오츠키요시오(上月良夫)(17방면군
사령관) 중장이 미군 사령관에게 의도적 보고.8)
① "조선 안에는 법질서 파괴로 덕을 보려는 공산당과
독립운동가들이 많고 그 때문에 태업이나 나아가서

---

5) 이완범, 2006, "대한민국은 어떻게 성립되었는가," 김영래 외, 『한국정치
어떻게 볼 것인가』, p. 59.
6) 山名酒喜男, 1979, "終戰前後 朝鮮事情槪要," 森田芳夫 外, 『朝鮮終戰
紀錄』資料集 제1권, 東京: 巖南堂書店
7) Joice Kolko & Gabriel Kolko, 1972, *The Limit of Power*, New York:
Harper, p. 280.
8) 이완범, 전게서, p. 60.

폭동이 있을 것이 예상된다." 의도적 보고.

② "자신은 자신의 지위를 유지하는 것에 어려움을 느끼며 미국인들의 상륙을 기다린다." 미군 John R. Hodge 준장에게 직접보고.9)

미군기가 경성지구에 미국이 조선반도를 점령하게 될 것을 예고하는 포고문을 살포

1945. 9. 3. 조선관구 사령부 미군과 통신내용 인용포고문

"일본군은 미군이 책임을 인수할 때까지 북위 38도 이남에서 조선의 치안을 유지하고 동시에 행정기관을 존치한다."

① 일본인은 한국인을 정권이양과정에 배제시키는 데에 성공

② 해방을 맞은 한국인은 일본군이 미군에게 정권을 이양하는 모순을 감내해야만 했다. (일장기가 성조기로 바뀐다)

③ 건준은 20여 일간 일본군의 훼방에 의해 '이중권력의 시기'로 왜곡됨.

---

9) HUSAFIK("History of the United States Armed Force in Korea," Manuscript of OCMH), part 1, chapter 1, pp. 51-61.

4. 美軍 進駐說과 建準 內 左右聯合의 瓦解

1945. 8. 22. 2차 건준 조직개편 때 안재홍이 추천한 우익인사의 거
부와 박헌영의 재건과 공산당 계열의 조직 정비. 건준
에 공산당 침투
- 미군 진주와 안재홍 부위원장 세력 위축(임정봉대예견)
"건준은 독자로서의 정강을 가진 정당도 아니요, ……혁
명전사들의 지도적 집결체인 해외정권에 대립되는 존재
도 아닌 것이므로 건준에 더 이상 머물러 있을 수 없
다."[10]

1945. 9. 4. 건준3차 조직개편으로 박헌영 계열 인사 강화. 좌우연
합세력 약화, 건준의 중도파(여운형) 세력이 약화되고
공산계(박헌영) 세력의 부상[11]

〈해방정국을 바라보는 시각〉
1. 우리민족의 독립운동에 의한 자율적 해방론
2. 연합국의 승리에 의한 타율적 해방론
3. 자율적 해방론과 타율적 해방론의 절충론, 즉 '해방에 자주적
기여론' 혹은 '해방준비론'

---

10) 安在鴻, "朝鮮建國準備委員會와 余의 處地," 『民世安在鴻選集』2, 지식
산업사, 1983, 13쪽. 1945년 9월 10일자 발표.
11) 이완범, 전게서 p. 61.

Understanding of Korean Politics

〈건준의 재빠른 조직확장의 요인〉
1. 해방 직후의 정국에서 건준은 사실상 유일한 정치단체였다.
2. 소련군이 서울에 진주할 것이라는 풍문으로 좌익세력에 의한 통치권 장악을 막기 위해
3. 당시 좌익세력은 노동자, 농민층을 대상으로 상대적으로 높은 대중 침투력을 확보하고
4. 일제억압에서 해방된 민중의 정치참여 욕구의 분출

〈건준의 성격〉: 여러 정파와 세력으로 구성된 연합체적 성격
1. 여운형의 건국 동맹을 중심으로 하는 사회주의 세력
2. 안재홍을 중심으로 하는 우익세력
3. 이영, 최익한, 정백 등을 중심으로 하는 장안파 공산주의 세력
4. 박헌영, 이강국, 최용달 등을 중심으로 하는 재건파 공산주의 세력

〈건준에 대한 각 세력들 간의 평가〉
1. 공산주의자들은 '소부르주아적인 기회주의 집단'
2. 중도파들은 '자주적인 사실상의 정부'
3. 우파들은 비상시에 경거망동하여 '좌파에 놀아난 집단'

〈건준의 분열과 내분의 원인〉(1945. 9. 7-20여 일간)
1. 연합체적 성격: 사회주의, 우익세력, 장안파, 재건파 연합체
2. 우익민주주의 세력의 저항: 여운형을 일제의 괴뢰로 봄
3. 조선 총독부의 태도변화: 정권이양철회, 8. 17일 미 측 요청으

로 건준의 정치활동제한

5. 朝鮮人民共和國(人共)의 誕生

(1) 1945. 9. 6. 박헌영을 중심으로 하는 공산주의자들이 경기여고 강당에서 1300여 명의 인민대표자가 참여한 전국인민대표자 대회개최[12]

(2) 내각명단 발표: 주석 이승만, 부주석 여운형, 국무총리 허헌, 내무부장 김구, 외무부장 김규식, 군사부장 김원봉 등

(3) 전국인민대표자대회는 주권이 국민에게 있음을 선언하고 임시 정부 조직법을 가결, 중앙인민위원회를 구성

〈인공이 급속히 조직된 배경〉

1st, 미국에 의한 군정실시가 거의 확실해지자 여운형, 박헌영을 비롯한 정치지도자들은 해방정국에서 주도권을 장악하기 위한 전략적 차원에서 정부수립의 필요성을 느꼈다.

2nd, 좌파는 중경의 임시정부와 맞설 수 있는 정치조직을 만들 필요가 있었다.

〈인공의 해산요인〉

1. 인공은 당시 국내외 정치지도자들과 사전에 충분한 협의를 거

---

12) 이완범, 상게서. p. 62.

쳐 조직된 것이 아니었다.

　　: 조만식, 김병로, 김성수 등은 사전에 본인들과 협의나 동의 없이 재정, 사법, 문교 부장에 선임

　　: 이승만은 미국, 김구는 중경, 김규식, 신익희 등은 해외에 체재하고 있었다. 본인들의 의사와 다른 조직

2. 이승만 등 우익인사들은 인공참여를 거부

3. 인공은 좌익조직이라는 인상을 불식시키지 못했다.

　　: 형식상 좌우, 중도세력 안배, 실질적 인공 하부조직은 공산주의 계열에 의해 장악

4. 미군정은 어느 세력도 기득권을 인정하지 않았다.

* 후일 김일성은 인공을 '소수 특권계급을 위한 반인민적 부르주아 정권'이라 매도

Ⅲ. 미국과 국내정치세력의 결합: 국제적 성격이 강한 복합형

1. 美軍의 進駐와 美軍政 樹立過程

1) 布告文 제1호

1945. 9. 2. 서울상공에 뿌려진 미 육군중장 John R. Hodge 포고

문13) 분위기 점령군

9. 7. 일본 요코하마에서 발표되어

9. 9. 조선인민에게 고하는 태평양 미육군 최고사령관 MacArthur 포고 제1호14)

"북위 38도 이남의 조선 지역을 점령……" 전제

– 동포고문 제2조 '정부, 공공단체의 고용인 등은 별도의 명령이 있을 때까지 종래의 정상적인 기능과 업무를 시행한다."15)고 함으로써 일제총독부 산하조직은 유임 또는 미군정에 총독부 기구를 계승하는 것으로 해석여지가 있었다.

〈미군이 점령군이 된 이유〉

1. 정치적 감각이 결여된 순진한 야전군인 Hodge 개인의 성격

2. 미국이 한국을 핵심적인 가치가 없는 주변부 2등 국가로 평가: 한국은 미국에 의해 일본, 소련, 중국의 주변부로 전략적 요충지로 취급되지 않았다.

한편 북한은,

1945. 8. 15. 소련 Terenty F. Shtikov 포고문 "해방된 조선인민만 세"로 시작하여 해방된 조선인민의 감정을 자극하여 소련군이 조선인민을 위한 해방군임을 정당화시킨

---

13) 한국일보, 1955년 8월 15일.
14) 한국일보, 1955년 8월 15일.
15) 每日新報, 1845년 9월 11일.

근거가 되기도 하였다.[16]

1945. 10. 12 북조선 주둔 소련군 25군 사령관 성명서에 의해 "허가, 금지" 등 고압적 입장견지로 결국 피상적 견해였음이 확인되고 미소 양군 모두 점령군으로 진주.[17]

2) 美軍의 仁川上陸作戰

1945. 9. 6. 조선주둔 미육군 Charles S. Harris 준장

9. 7. Harris가 정무총감 遠藤柳作과 면담 군정보다 구체제 총독정치 이용의사 표명[18]

9. 8. 미군의 인천상륙적전을 건준 대표가 선상 마중을 하였으나 미군은 의견청취만

① 미군은 일본군에게 인천, 서울 지역 통행금지와 경비 등을 지시

② 해방 한국인이 미군을 해방군으로 입성환영, 그 환영인파에 일본군은 데모대로 오인하여 총격을 가해 2명 사망[19]

③ 이 사망사건을 미군이 정당화해 주었다. 미일 간의

---

16) 고려대학교 총학생회, 1987, "점령군인가 해방군인가," 『민주광장』 제8호, 서울: 고려대학교 총학생회, 1987년 9월 4일.

17) 연세대 대학원 북한현대사연구 엮음, 1989, 『북한현대사』, 서울: 공동체, pp. 313-314.

18) 山名酒喜男, 1979, "終戰前後 朝鮮事情槪要," 森田芳夫 外, 『朝鮮終戰의 記錄』자료편, 제1권, 東京: 巖南堂書店.

19) 每日新報, 1945년 9월 12일.

흥정에 의해 판도가 결정됨[20]

1945. 9. 9. 미군의 인천상륙, 서울 입성 총독부에서 항복문서에 서명을 받았다. 이로서 일군에서 미군으로 정권이양, 맥아더의 군정실시

항복조인 전문 제5조, "일본의 문무관들은 …… 현직에 머물러 비전투 사무의 수행을 명함."[21]

① 한국인은 미군과의 접촉이나 외교활동이 없었다는 점이 보인다.

② 미국의 총독통치 연장기도

③ 외인이 내인을 압도적으로 규정

1945. 9. 11. 맥아더의 지시로 아베 총독 해임(9. 12), 군정장관에 7사단장 Archibald V. Arnold 소장 임명[22]

- 하지 포고 제2호(9. 9): 항복조인 전문의 정신에 의해 수뇌부만 해임, 하위 직급 그대로 접수 운영

3) 美軍政 實施

1945. 9. 12 아놀드 소장에 의한 미군정실시

- 하지 "총독부는 일본인이 착취하기 위한 기구였지만 당분간 사용할 기관이 없기 때문에 그대로 사용할 수밖에 없다."[23]

---

20) 이완범, 전게서, pp. 66-67.
21) 每日新報, 1945年 9月 9日 號外.
22) 每日新報, 1945年 9月 13日.
23) 이완범, 전게서, p. 68.

① 한국인의 의사를 무시한 단견, 기능주의, 편의주의
   적 발상
② 외교훈련을 받지 못하고 사회개혁을 불신하는 군인
   들에게 그 과업을 맡겨 버렸으므로 실책을 반복
9. 14. 조선총독부 내의 일본인 국장 해임[24]
9. 18. 미군 장교가 각 국장으로 임명
9. 20. 미 군정청 설립

4) 韓國人化(Koreanization)

1945. 10. 5. 군정장관 고문 11인을 한국인으로 임명[25]
    10. 10. 일장기가 관청에서 사라짐
    12월 미국인과 한국인 양 국장제 실시
1946. 가을부터 한국인 관리들이 각 부서에서 행정 책임, 미군은
    자문역
1947. 2월 안재홍이 민정장관으로 취임
    5. 17. 군정청을 남조선과도정부로 개칭하여 한국인화 작업
        완료

---

24) HUSAFIK, part 3, chapter 5, p. 14.
25) 每日新報, 1945年 10月 18日.

2. 韓國의 政治勢力에 對한 美國의 政策

(1) 미국에 우호적인 국가 수립목표: 소련에 우호세력 집권을 방지
  - William E. Christ 준장(동경 맥아더 사령부)
    "한국에 있는 미군정의 목적은 공산주의에 대한 방벽을 형성하는 것이다."[26]
  - John R. Hodge 사령관
    "만약 지금 당장 한국을 독립시킨다면 2년 이내에 소련에 합병될 것이다."[27]
(2) 조선 내에서 모든 정치세력을 평등하게 대우하는 것

3. 大韓民國政府의 誕生

1) 초기(1945): 보수주의자들 일방적으로 지원한 시기[28]
  (1) 통역정치와 인공부인, 한민당(김성수) 지원
  (2) 미군정과 임정세력 간의 초기밀월:
  ① 해방 전 임정의 승인노력과 미국,
  - 이승만이 임정을 인정해 줄 것을 요청(1941)

---

26) E. Garnt Meade, 1951, *American Military Government in Korea*, New York: King's Crown Press, p. 52.
27) Hoag, C. Leonard, 1970, "American Military Government in Korea: War Policy and the First Year of Occupation, 1941-1946," Manuscript, Department of the Army, p. 345.
28) 이완범, 전게서, pp. 70-76.

－1942. 장개석이 임정을 승인할 것을 요청하였으나

　　　　. 기존의 망명단체 내부의 분파성

　　　　. 이들 망명단체와 국내인과의 유기적 연관성 부족

　　　　. 소련이 임정과 경쟁관계에 있는 망명단체를 지지할 가

　　　　　능성이 있다고 하면서 거절

② 미국의 인공, 임정에 대한 정책

－인공은 부인, 임정은 불승인하는 등 외형과 달리 실제로는 차별

　대우

－인공견제세력으로 우익세력을 귀국시키는 노력(1945. 10. 16 이

　승만 귀국)

2) 중기(1946): 좌우합작추진 중단필요와 밀월관계[29]

　　① 우파가 미소공동위원회를 공전시키는 데에 일조하였다고

　　　선회하여 중간파 지지

　　② 1946.5. 반공전략의 일환으로 좌우합작위원회 지지정책이나

　　　결국 '우지원 좌탄압'

　　③ 1946. 9. 7. 공산당 간부에 대한 체포령(좌익 박헌영 탄압)

3) 후기(1947): 미국이 우파를 선택할 수밖에 없었던 시기[30](1947.

　　10－1948. 8)

　　(1) 미국에 의한 한국문제 유엔 이관과 단독정부 수립노력

　　　　－미소냉전의 고착화, 신탁통치 파기하고, 9.8. 워싱턴에서 4

---

29) 이완범, 상게서, pp. 76-78.

30) 이완범, 상게서, pp. 78-87.

국 외상회의 제안, 유엔 감시하에 정부 수립안 제출

- 미군의 철군 명분을 찾기 위해 유엔 이관과 독립국가 수립
- 1947. 9. 17. George C. Marshall(미국무장관) UN 총회에 유엔이 신탁통치 기한 없는 조선 독립안 심의를 주장
- 미소공동위 소련 측 대표 Terenty F. Shtikov 가 "1948년까지 미소 양 점령군 철퇴시키고 조선의 장래문제를 조선인 자신에게 맡길 것"을 제안, 이를 1947.10.9. 소련 외상 V. M. Molotov 가 마샬에게 정식제안
- 1947. 10. 17. 미국은 '유엔 감시하에 총선거안' 제출 소련은 '양군 동시 철퇴안' 미소안이 각각 상정 소련안 부결, 미국안이 가결
- 1947. 11. 14. UN 총회 미국 측 수정안 43 대 9(기권 6)의 가결로 인구비례에 의한 남북 총선거를 실시 통일정부 수립목적으로 한 유엔감시위원단 9개국 구성
- 1947. 12. 29. 소련이 미국이 제안한 '유엔 한국위원단' (UNTCOK) 설치제안에 거부
- 1948. 1. 서울에 온 유엔 임시위원단 양쪽 지역사령관에게 예방의 뜻을 비쳤으나 소련군은 접근을 거부하여 중화민국, 필리핀, 엘살바도르 대표는 접근 가능 지역에서 선거실시 주장하고 호주, 캐나다, 인도, 시리아 대표는 현존적대관계를 심화시키며 결국 영구분단을 초래하게 될 것을 우려. 미국의 독주를 견제하는 분위기 조성
- 1948. 2. 유엔 소총회에 자문을 구해 2. 26 소총회에서 가능 지역에서 총선거 실시하자는 미국안 31 대 2(기권 11)로 가결

- 1948. 5. 10 가능 지역 남한만 총선거 실시
- 1948. 4. 김구, 김규식 남북협상주도파 북행(교섭실패)
- 1948. 8. 15. 대한민국정부수립
- 1948. 12. 12. 유엔 총회에서 미국 주도하에 한국에 관한 결의문을 48 대 6(기권 1)의 압도적 다수로 채택 "a lawful government"가 수립되었다. 이로서 대한민국정부에 정치적 정통성(legitimacy)과 합법성(legality)을 부여하는 근거가 되었다.

(2) 미소의 단독정부수립구상과 이승만의 승리[31]: 외인, 내인의 결합
  ① 미소의 대결구도 중간파 지지는 힘을 상실하고 1947. 10. 단독정부 참여로 선회
  - 1947. 10. 이후 단정참여 거부한 중간파 배제, 단독 참여파인 한민당과 이승만 세력이 지지를 받음
  ② 미국이 이승만을 활용한 주도 면밀한 계획의 산물과 시행착오를 거친 정책의 산물 양설로 보는 연구
  - 미 국무부에서도 이승만을 '고집이 센 노인'으로 평가할 정도였다.
  - 결국 이승만의 국가건설노력이 미국을 움직이게 하는 승리를 획득한 것으로 그는 '결정적인 국면의 해결사'(Gregory Henderson)로서 자질이 있었다.
  ③ 개별적 미시적 차원: 국내정치지도자의 자율성이 인정된다.

---

31) 이완범, 상게서, pp. 84-87.

장기적 거시적 총체적 시각: 미국이 한국의 정계를 거의 좌지우지.

-내적 자율성은 개별적 국면에서 힘을 발휘하였으나 결국 외적 규정력이 압도했다.

(3) 한편 북한에서는 소련이 진주 초에는 조만식을 활용 가능성을 검토하였으나, 1946. 1월 반탁문제가 제기되자 조만식을 제거하고, 그 이후 김일성을 시종지원 1948. 9. 9 북한 단독 정부 수립32)

---

32) 이완범, 상게서, pp. 86-87.

Understanding of Korean Politics

Ⅳ. 해방정국의 주요정치세력들의 정치적 입장

항목	한민당	독립촉성 중앙협의회	한독당	조선인민당	조선 공산당
1. 인적구성	김성수 (범보수연합)	이승만 (범민족세력)	김구 (임정 및 민족주의자)	여운형 (진보민주와 온건사회주의 세력)	박헌영 (공산주의세 력)
2. 정치노선	건준과 인공 타도 및 미군정에 협력	반공 범민주연합	임정의 정통성	좌우합작	프롤레타리 아 혁명
3. 토지개혁	유상몰수 유상분배	유상몰수 유상분배	무상몰수 국유화	무상몰수 무상분배	무상몰수 무상분배
4. 과거청산 (친일파)	처단반대	처리반대	즉시처단	즉시처단	즉시처단
5. 신탁통치	반대	반대	반대	지지	지지
6. 정부수립	남한단독 정부수립	남한단독 정부수립	통일 정부수립	진정한 민주주의 국가건설	인민정권 수립

토론문제

1. 남북 분단 유형론
2. 해방정국에서 건국준비위원회의 역할과 성격
3. 해방정국을 바라보는 시각
4. 건국준비위원회의 재빠른 조직확장의 요인

5. 건국준비위원회의 구성 세력들의 성격
6. 건국준비위원회의 분열과 내분의 원인
7. 인공의 해산요인
8. 미군의 주둔과 미군정 수립과정
9. 미군정에서 한국인에게 정권이양과정
10. 해방정국의 주요 정치세력들의 입장

보충자료

1. 전시연합국회의
2차 대전에 막바지로 접어든 시점에서 독일과 일본 등 동맹국이 일으킨 제국주의적 침략전쟁에 대항해서 싸웠던 미국과 소련 등 연합국들이 종전문제와 종전 이후의 세계질서 수립문제를 협의하기 위해 개최한 일련의 회의로서, 한반도 문제의 해결방안 역시 이들 회의를 거쳐 결정되었다.

1. 1943. 10. 19-30 모스크바회의, 모스크바선언(Moscow Declaration)
   -미국 영국 소련 참가(3국 외상회의, 중국은 모스크바 주재대사가 선언에 서명)
   -국제연합 창립 합의
2. 1943. 11. 22-26 카이로회담, 카이로선언(Cairo Declaration)
   -이집트 카이로에서 개최
   -미국 영국 중국 참가(수뇌회담, 루즈벨트와 처칠이 장개석을 위한 자리)

- 일본 항복문제, 조선 독립문제 논의

3. 1943. 11. 28 - 12. 1 테헤란회담
  - 카이로회담에 이어 이란의 테헤란에서 개최
  - 미국 영국 소련(루즈벨트와 처칠이 스탈린과 회담)
  - 전후 세계질서와 평화기구 수립 문제 협의
  - 소련은 독일항복 후 대일전 참전의사 표명

4. 1944. 8. - 10. 덤버어튼 오오크스회의(Dumberton Oaks Conference)
  - 미국 워싱턴 근교 덤버어튼 오오크스에서 개최
  - 미국, 영국, 중국, 소련 참가(미영소 - >미영중)
  - '국제기구 수립문제 논의(일반적 국제기구 수립에 관한 제안' 공표

5. 1945. 2. 4 - 11 얄타회담, 얄타협정(Yalta Agreement)
  - 소련 크리미아반도 얄타에서 개최
  - 미국, 영국, 소련 참가
  - 국제연합 창설, 소련의 대일전 참전 문제 협의
  - 독일의 무조건 항복 요구, 독일의 4대국 분할점령 협의
  - 한반도의 38선 이북 소련군 진주(일본군 무장해제), 한반도 신탁통치 논의

6. 1945. 7. 26 포츠담선언(Potsdam Declaration)
  - 독일 베를린 근교 포츠담 개최
  - 미국, 영국, 중국 참가(트루만, 처칠, 장개석)
  - 일본의 무조건 항복 촉구(일본 괴멸 등 원폭사용 암시)

7. 1945. 12 모스크바 3상회의, 모스크바협정(Moscow Agreement)
  - 미국, 영국, 프랑스, 중국 참가

− 한국문제 토의: 전 조선 임시정부 수립
미국과 소련의 공동위원회 구성
미국, 영국, 중국, 소련 4개국에 의한 신탁통치 실시(최대 5년)
2주 이내 미국과 소련 양군 대표회의 개최

▌ 참고문헌 ▌

고려대학교 총학생회, 1987, "점령군인가 해방군인가," 『민주광장』 제8
　　　호, 서울: 고려대학교 총학생회, 1987년 9월 4일.
山名酒喜男, 1979, "終戰前後 朝鮮事情槪要," 森田芳夫 外, 『朝鮮終戰
　　　紀錄 資料集』 제1권, 東京: 巖南堂書店
安在鴻, 1983, "朝鮮建國準備委員會와 余의 處地," 『民世安在鴻選集』
　　　2, 서울: 지식산업사, 13쪽. 1945년 9월 10일자 발표.
연세대 대학원 북한현대사연구 엮음, 1989, 『북한현대사』, 서울: 공동체.
李景珉, 1996, 『朝鮮現代史의 岐路: 8.15로부터 어디로』, 東京: 平凡社.
李萬珪, 1946, 『여운형투쟁사』, 서울: 민주문화사.
李榮根, 1990, "여운형 건준의 좌절" 『월간조선』 (1990년 8월호).
이완범, 2006, "대한민국은 어떻게 성립되었는가," 김영래 외, 『한국정치
　　　어떻게 볼 것인가』, 서울: 박영사.
京城日報, 1945년 8월 20일.
每日新報, 1845년 8월 17일, 9월 9/11/12/13/18일.
한국일보, 1955년 8월 15일.
Hoag, C. Leonard, 1970, "American Military Government in Korea: War

Policy and the First Year of Occupation, 1941-1946," Manuscript, Department of the Army.

HUSAFIK, "History of the United States Armed Force in Korea," Manuscript of OCMH.

Kolko, Joice & Gabriel Kolko, 1972, *The Limit of Power*, New York: Harper.

Meade, E. Garnt, 1951, *American Military Government in Korea*, New York: King's Crown Press.

제9장
한국혁신정당운동의 전개

Ⅰ. 서론

1985년 사회민주당 창간사에서 다음과 같이 주장하고 있다.[1]

1) 프랑크푸르트 선언(1951. 7. 1)의 실천적 차원

2) 진정한 의미의 정의로운 복지균등사회의 건설과 평화적 민족통
   일의 실현을 위해서 매진

3) 민주노동운동을 기축으로 민주농민운동과 도시빈민운동 합친 평
   범한 민중을 민주사회주의 이념으로 세력화와 이것이 사회민주
   당의 역사적 책임

4) 민주사회주의만이 자본주의와 공산주의로 이질화된 남과 북의
   동일 민족에게 평화통일의 광장을 제공할 수 있다고 주장

---

1) 권두영 위원장 "창간사", 『사회민주당보』, 1987년 9월 1일.

Ⅱ. 한국정치에서 보수, 혁신의 위상

1. 韓國政治의 左右兩分法

1) 한국정치의 전통적 보수, 혁신에 대한 인식[2]

－보수와 혁신의 공존불가론, 즉 흑백의 논리로 적대적 관계. 양자는 서로 선의의 경쟁상대가 아니라 체제유지와 체제전복의 차원에서 서로 상대방을 타도해야 할 적대집단으로 인식

－한국적 좌우 대립은 보수, 혁신의 대립이 아니라 좌와 우를 크게 묶는 양분법(two boxes approach)으로 단순화. 그 결과 좌우 양분되는 흑백의 논리가 주류를 형성. 예) 신탁통치 찬반, 북진통일 찬반 (진보당 조봉암의 수난) 등

2) 각 정당의 정강정책

(1) 조봉암의 진보당(1956. 11. 10 창당)

　① "우리는 안으로 민주세력이 결정적 승리를 거둘 수 있는 조국통일의 실현을 기한다."[3]

　② 정강 제1장, "우리는 공산독재는 물론 자본가와 부패분자의

---

2) 윤형섭, 2006, "혁신정당운동은 어떻게 전개되었는가," 『한국정치 어떻게 볼 것인가』, 서울: 박영사.
3) 신도성, 1987, "한국의 보수주의와 혁신주의," 『민족지성』, (1987년6월호) p. 268: 이영석, 1983, 『죽산조봉암』, 서울: 원음출판사.

독재도 이를 배격한다."

③ 정책, "대한민국 주권하에 유엔을 통한 민주적이고 평화적인
조국 통일달성"4)

〈당시 정치상황〉

① 이러한 정강정책이 이승만 정권에 의한 용공조작의 명분을 제공

② 조봉암은 이승만에게 2회의 대권도전 대통령경선 끝에 선거운
동자금 출처(양명산 사건)과 관련하여 용공으로 몰려 처형됨

③ 처형에 대한 용공의 논리, "용공은 반공이 아니니까 우익이
아니고, 우익이 아니니까 좌익이다. 따라서 공산당이다."

④ 이러한 논리는 한국정치에서 중간정당 내지 혁신정당의 생존
이 거의 불가능하였고 우익정당의 독무대화하는 논리였다.

(2) 조소앙의 사회당(1948. 12. 1. 결당)

① "우리민중은 무산계급독재도 자본주의 특권계급의 사이비 민
주주의 정치도 원하는 바가 아니요, 오직 대한민국의 헌법에
제정된 균등사회의 완전 실험만을 갈구할 뿐이다."5)

② 제도권 내 정당으로서 좌우 양극 사이의 중간노선을 지향하
여 통일정부를 수립하고, 삼균주의(개인, 민족, 국가 사이의
균등한 질서)를 확보코자 하였으나 한국적 풍토에서 좌익적
혐의를 벗어날 수 없었고 결국 조소앙의 납북과 함께 단명
하였다.6)

---

4) 중앙선거관리위원회, 1965, 『정당의 기구, 기능과 정강, 정책, 당헌 등』
서울: 중앙선거관리위원회, p. 152.
5) 강만길, 1982, 『조소앙』, 서울: 한길사, p. 277.

(3) 우문의 통일사회당(1960. 11. 25 결성)

① 정강(2), "사회당은 공산당과 기타 일체의 독재세력을 타파하여 자유를 수호하고 품위 있는 민주정치를 실현한다."[7]

② 분명히 공산당과 구별하려 하였으나 한국사회의 통념은 공산당과 사회당을 구분하려 하지 않았다.

(4) 조헌식 민주혁신당

① 정강(1) "민주혁신당은 공산독재는 물론 관료전권, 자본전제 등을 급속히 또는 철저히 타파하고 진정한 민주주의를 위하여 책임 있는 혁신정치체제 수립을 목표로 투쟁한다."[8]

② 자신을 공산주의와 대립시키고 민주주의와 동일시되기를 희망했으나 여의치 않았다. 혁신＝비우익＝좌익＝공산당이라는 논리적 비약의 등식이 맹위를 떨쳤다.[9]

3) 5·16 군사혁명 이후

* 혁명공약에서 더욱 논리적 비약의 등식을 적용 "반공을 국시의 제1의로 삼고……"

(1) 민주공화당(1963. 5. 10 박정희 창당)

강령(1) "자당이 자유민주주의를 신봉함으로써…… 자유민주주의 확립을 기한다."

---

6) 윤형섭, 전게서, p. 188.
7) 중앙선거관리위원회, 전게서, p. 217.
8) 중앙선거관리위원회, 전게서, p. 153.
9) 윤형섭, 전게서, p. 189.

(2) 민중당(1965. 5. 11 박순천 창당)

정강(1) "우리는 진정한 자유민주주의에 입각한 새시대의 선구자가 된다."

(3) 재건자유당

정강(1) "우리는 이 강토 위에 진정한 자유민주주의를 실현하기 위하여 과감한 자기혁명과 사심 없는 봉공으로써 새로운 정치세대의 개척자가 된다."

(4) 민정당(1963. 5. 11. 윤보선 창당)

정강(1) "우리는 진정한 자유민주주의에 입각한 새시대 창조의 선구자가 된다."

(5) 신민회(1963. 9. 26 성보경 창당)

(6) 보수당(1963. 10. 28. 김영윤 창당)

- 모든 정당의 정강이나 정책에서 자유민주의는 정치면허증과도 같았다.

2. 保守, 革新의 歷史的 意味

1) 보수주의의 사상적 연원

프랑스의 부르봉 왕가(the Bourbons)에 의해 지속된 Ancient Regime이 계몽사상가를 비롯한 자유주의자와 민권사상가들의 비판과 위협을 받게 되자 귀족계급들이 자기방어의 이론을 펼친 것이다.10)

Understanding of Korean Politics

보수주의(Conservatism)란? 기존체제 내의 기득권자들이 안정과 전통의 중요성을 강조하면서, 그것을 명분으로 내세워 정치, 경제, 사회, 문화 등 제 분야에서 기존의 가치배분의 원리와 방식 및 질서구조를 온존케 하고자 하는 통일적인 사고방식과 태도. 그 구체적인 내용은 시간과 공간에 따라 달라진다. 따라서 혁신적 보수주의와 보수적 혁신주의의 양립이 가능할 수 있다.

2) 보수주의와 혁신주의

(1) 영국의 경우: 영국의 보수주의는 진보적이며, 자유주의적인 이데올로기와 혁신의 목소리를 유연성 있게 수용하여 왔다.[11]

① 보수주의 세력의 맥: 영국국교도 Conformist, Tory, 보수당

　－Edmund Burke(1729－1797)는 Rockingham 내각 당시 Whig 당 소속 서민원 의원을 지낸 자유민권사상가로서 17세기의 John Locke에 비길 만한 인물이다.

② 혁신주의 세력의 맥: 영국 비국교도 Non－Conformist, Whig, 자유당

　－자유, 진보, 개혁의 전통을 20세기에 들어서 노동당에게 양보

　－노동당의 출현은 혁신주의의 전통을 이어받아

　1900년 2월 전국노동조합, Fabian 협회 중의 지식인 단체와 교원단체 등을 묶어 출범한 노동자 대표 위원회가 Keir Hardie,

---

10) Edmund Burke, "Reflection on the Revolution in France (1789)" 는 보수주의 사상적 체계를 잡는 데 기여하였다.

11) 윤형섭, 전게서, p. 191.

MacDonald를 서민원에 당선

1906년 노동당을 창당

1924년 총선에서 자유당을 따돌리고

1945년에 드디어 집권하였다.

- 자유당은, 1830년대의 혁신세력으로서의 자유당은 근 90년 후인 1920년대의 노동당과 영국 유권자들의 눈으로는 보수당과 별다를 바 없는 보수세력의 아류로 인식되게 되었다.

- 보수당과 자유당이 초록동색으로 간주되어 버렸으니 사회변화에 따르는 새로운 저항세력과 저항 이데올로기가 노동당의 것이 될 수밖에 없었다.

③ 결국, 토지자본가를 주축으로 하는 Tory의 후신인 보수당과 상업금융자본가를 주축으로 하는 Whig의 후신인 자유당 간에 이데올로기와 지지기반의 유연한 융합현상을 보이는 양자 공존양상을 보이고 있다.

(2) 공산주의의 경우: 시공간을 초월한 절대 보수주의와 절대 혁신주의는 없다는 관점에서 보수와 혁신이 상호보완을 통하여 역사발전을 이루고 있다.[12)]

① 중공은 모택동 혁명사상에 의해 건설되고 영도되었으나 불과 30여 년이 지난 오늘날에는 등소평을 앞세워 개혁과 개방을 지향하고 있다.

② 소련은 Marx-Lenin의 혁명사상을 공고히 하였으나 1980년

---

12) 윤형섭, 전게서, pp. 192-193.

대에는 Gorbachev의 개혁, 개방정책(Perestroika, Grasnost)으로 새로운 혁신의 길을 들어서고 있다.

(3) 한국의 경우: 사회민주주의 또는 민주사회주의적 노선을 총괄하는 의미로 사용

① 혁명주의(민중의 폭력혁명과 공산독재)를 거부함으로써 '자유 속의 평등'을 성취하려는 사회혁신주의를 지향한다.
- 1920년대 양자 이념구별이나 인적 구성이 불분명하여 양자 간 서로 넘나드는 경향이 있었다. 이것이 좌우양분 결과와 함께 이념혼미를 가중시켰다.
- 1950년대 중반 이후 혁신세력은 비교적 선명한 입장을 표명. 이는 민주적 사회주의 목적과 임무를 명시적으로 밝힌 프랑크푸르트 선언[13]의 영향을 받아 공산주의 혁명노선을 통렬히 비난하는 입장을 보인다.

② 한국 현실정치에서 사회주의와 공산주의를 동일시한 이유
- 과잉 내면화된 분단의식
- 반공교육
- 정부의 금압정책
- 미국적 보수 양당제 모형
- 정치적 하부구조의 미발달

---

13) 프랑크푸르트선언은 1951년 6월 30일 – 7월 3일에 걸쳐 서독 프랑크푸르트 암마인에서 개최된 사회주의 인터내셔날(SI) 총회에서 채택된 선언이다.

〈혁신주의와 혁명주의 구분〉

① 혁신주의(innovation): 자본주의 모순을 극복하기 위하여 의회제
   도와 민주적 절차를 통한 체제개혁

② 혁명주의(revolution): 자본주의를 섬멸하기 위하여 무산대중의 폭
   력혁명을 통하여 체제를 전복하고 그들에 의한 독재체제를 수
   립하고자 한다.

〈고데스베르그 강령〉

"공산주의자가 사회주의 전통을 주장하는 것은 부당하다. 실제로
는 공산주의는 사회주의적 사고의 유산을 변조했다. 사회주의가 자
유와 정의를 실현하고자 함에 대하여, 공산주의자는 공산당의 독재
를 수립하기 위해 사회의 분열을 조장한다."[14]

3. 保守 革新의 韓國的 位相

－정강정책의 이데올로기의 구분보다 정당의 정치목적, 실제활동,
행태, 인맥접촉 등이 더 적실성 있는 지표가 된다.

1) 해방 전

(1) 조선왕조 말기: 보수와 혁신의 경쟁체제가 굳어지기도 전에 외
   세에 의해 중단

---

14) 안병영, 1987, 『자유민주주의를 위한 변론』, 서울: 전예원, p. 247.

(2) 일제식민통치: 미소 양군의 진주는 모든 기존체제와 질서 및 통치이념을 원칙적으로 거부

(3) 1917. 6. 조선사회당(신규식, 상해) 이후 사회주의적, 공산주의적, 민족주의적 정당과 사회단체는 항일 민족주의와 광복운동에 역점을 두어 왔다.

(4) 1927. 신간회운동도 같은 맥락의 운동이다.[15]

2) 해방정국: 해방으로 표면화된 극좌에서 극우까지 정당의 다양화하였으나 역시 서구적인 보수, 혁신의 구별은 불가능[16]

(1) 극우 또는 우익정당: 일제하에서 누렸던 사회경제적 기반의 혜택에 대한 애착과 그에 부합하는 자본주의적 세계관 및 보수적 성품을 지닌 계층

  - 김성수의 한국민주당의 보수성은 토지소유를 경제적 기반으로 만들어진 정당으로 제3공화국 초기의 윤보선의 민정당도 역시 같은 성향을 가지고 있었다.

(2) 극좌 또는 좌익정당: 극우와 우익정당에 상반되는 계층과 Marxist 적 성향을 띠었던 일부 지식계층

3) 해방 후

(1) 한국민주당(1945. 9. 16. 김성수)의 정강정책: 여운형의 조선인민공화국에 대항하는 민주세력의 총집결한 정당으로 혁신적인 인상

---

15) 이상두, 1985, "해방 40년 혁신계정당의 부침," 『신동아』 (1985년 9월호), p. 310.
16) 박문옥, 1968, 『한국정부론』, 서울: 박영사, p. 375.

을 준다.[17)

　〈정강〉－독립국가의 완성
　　　　－민주주의 정체 수립
　　　　－근로대중의 복지증진
　　　　－민족문화 앙양
　　　　－국제헌장준수

　〈정책〉－국민의 기본생활보장
　　　　－호혜평등외교
　　　　－언론출판의 자유
　　　　－교육 및 보건의 기회균등
　　　　－중공업주의의 경제정책
　　　　－중요산업의 국영 또는 관제관리
　　　　－토지제도의 합리적 편성
　　　　－국방군 창설

(2) 보수당 2년 반(1963. 10. 28－1966. 2. 28)

　〈발기 취지문의 당노선〉[18)
　－혁신적 보수주의 노선
　－혼합적 자유시장경제정책
　－평화주의 외교정책
　－당 조직의 정예화

(3) 제1공화국 반공보수정당: 자유당(1951. 12. 17 창당)[19)

---

17) 중앙선거관리위원회, 전게서, pp. 104-105.
18) 중앙선거관리위원회, 전게서, pp. 367-375.
19) 중앙선거관리위원회, 상게서, pp. 124-128.

〈창당선언〉: 노동자, 농민, 소시민 등의 소위 민중세력에게 강력하게 호소
- 만인공영의 협동사회건설
- 독선적 관료주의 군상과 가두정상배들이 이기주의적 자본만능의 사회를 획책하고 있다고 비난

〈정강정책〉
- 고율의 누진세제
- 대중과설의 폐지
- 세궁민의 감면세 강화
- 생산, 분배, 소비에 관한 계획경제체제 확립실시
- 대기업의 국영 혹은 국가관리
- 노동자의 이익균점법 제정 실시
- 취업보장과 사회보장제도 실시
- 노동자의 빈곤층 자제의 국비교육 등

(4) 진보당(1956. 11. 10 창당)
〈정강정책〉
- 공산독재 배격
- 의원내각제와 전 금융기관의 국가관리

4) 보수와 혁신 간의 부문적 중복현상
(1) 보수의 내용과 대상
- 사유재산제도

- 자유시장체제
- 대북경쟁에서의 우월성 확보
- 군비확장
- 의회민주주의 제도

(2) 보수대상의 퇴색: 자유민주주의의 퇴색
- 토지공개념 도입
- 정부의 경제계획과 물가조정
- 각종 사회경제활동의 정부통제

(3) 현실세계에서의 양자의 차이
- 개혁의 폭, 속도, 깊이의 차이일 뿐 본질적 차이는 없다.

(4) 좌우양분법에서 벗어날 수 있는 방법(과제)
- 기존의 개념인 좌익은 우익의 대칭개념이라기보다는 잔류개념, 즉 우익이 아닌 것은 모두 좌익으로 남는다는 논리
- 비우익진영에서 혁명과 구별하여 혁신주의를 독립시켜 체제 속으로 수렴하는 일

5) 최근 한국사회에서 대두되는 이론

(1) 체제개혁론: 정권의 정통성 시비를 둘러싼 논쟁
(2) 정책혁신론: 산업화와 경제성장의 그늘에서 소외되고 희생된 노동자, 농민, 도시빈민층을 위한 개혁논쟁
(3) 민중민주주의 혁명론: 민중에 의한 혁명과 민중민주주의 공화국 출범과 제헌의회 구성을 주장
(4) 자유수호구국연합회: 정일권을 필두로 민주화의 물결에 편승하여 좌경의식화된 사고대두와 북한의 주의, 주장을 공공연하게

외치며 대남선전 등 반공을 왜곡훼손하는 행위를 배격하고자 하는 운동

(5) 공산주의 사고와 공존화론: 송두율, 강정구 교수 등의 북한 공산침략을 정당화하려는 논리. 이것이 공산주의 혁명에 의하지 않고 사회주의적 혁신의 개념을 자유자본주의와 공존시키려는 논리인가?

Ⅲ. 혁신정당의 전개과정

1. 革新政黨의 展開模型

1) 한국혁신정당의 기원

-1917년 신규식의 조선사회당(약 90년의 역사)
-1956. 11. 10. 진보당 창당을 제외하면 국민의 관심 밖이었다.
-한국에서의 정당의 대중기반이론은 현실적 의미를 부여하지 못하고 있다.

〈Max Weber의 정당론〉
(1) 명사정당: 보수지지정당
(2) 대중정당: 사회주의 정당

2) 한국에서 혁신정당이 정착하지 못하는 이유

1st, 국제환경
2nd, 국내환경
3rd, 한국정치체제의 성격
4th, 한국인의 정치적 의식구조의 행동양태

(1) 국제정치환경이 자유, 공산진영 사이에 극도의 냉전체제에 이르면 남북관계는 가일층 긴장과 적대관계로 고조

(2) 이러한 상황에서 적의 것과 다소 유사한 이념노선, 정치적, 경제적 주장, 문화예술 활동, 언어사용 등을 이적행위로 간주

(3) 일반유권자의 좌우익 양분의식과 좌익일괄기피현상

(4) 이러한 국민의 기피현상이 한국의 혁신 정당이 공산당과 달리 대한민국의 주권을 존중하고 헌정질서를 존중하여 의회정치에 동참하고자 하나 한결같이 국민의 따돌림을 받게 되는 중요한 원인이 되고 있다.

3) 이승만 정권의 부정부패

(1) 대내적 요인: 정통성의 위기초래 원인으로서 반공 및 반소 봉쇄, 미국의 대외정책을 국민 앞에 크게 부각시키는 일

(2) 대외적 요인: 국내상황을 급박한 위기상황으로 인식게 하여 군사원조확보 및 군사장비로 무장하여 북진통일의 논리

(3) 따라서 안보와 반공을 모든 정책적 판단과 시책의 기준으로 이용하여 권력 장기화와 전제화를 정당화하려는 구실로 삼음

4) 국제정치와 국내정치의 연계현상의 반복

(1) 한국의 혁신정당은 정치체제의 성격과 권력의 속성에 종속되어 그 운명의 기복을 전개해 온다.
(2) 민중의 힘을 업고 정치지표면을 뚫고 올라오는 자생적 분출고의 전개라기보다는 권력의 필요에 의해 출현과 침잠을 되풀이해 왔다.

2. 革新政黨의 歷史的 展開

-혁신정당의 불연속성: 정치권력과 혁신정당의 기복은 밀접한 관련성을 갖고 있다.

제1기: 해방 이전 태동기, 좌절기

1) 조선사회당(1917. 8. 신규식 결성)
(1) 러시아 혁명 직후 민주혁명해방운동의 일환으로 태동
(2) 항일비밀독립단체인 동제사(1912)를 모체로 출발
(3) 스웨덴의 스톡홀름에서 개최예정이었던 국제사회주의자 대회
    (제2 인터내셔널)에 한국지원요청을 위해 결성[20]

---

20) 이상두, 1987, "민주사회주의," 『민족지성』(1987년 6월호), p. 176.

2) 한인사회당(1918. 6. 이동휘 결성)
(1) 露領 하바로프스크에서 한인사회당조직
(2) 후에 상해파 고려공산당으로 연결
(3) 이와는 별도로 소련에서 귀환한 한국인들은 이르쿠츠파 고려
    공산당을 결성하여 공산주의 운동을 전개. 조국광복차원의 민
    족혁명운동 전개

3) 민족대동단결운동: 1920년대 중반 이후 좌우 이념대립극복과
민족해방운동을 위하여 모든 역량을 총집결하자는 운동
(1) 유일당촉성운동: 중국 임시정부의 국무령 홍진 중심
    1926. 9. 유일대회의 결성주장
    1926. 10. '대독입당조직 북경촉성회' 창립으로 진행[21]
(2) 신간회: 민족주의자＋공산주의자의 협동전선
    ① 신간회의 결성(1927. 1. 20) '조선사정연구회' '조선민흥회', 좌
       익의 '정우회' 등을 통합하여 결성[22]
    − 통일적, 지도적 민족해방운동의 대표기관으로서 국내여론과
      공산주의 운동의 성공적인 전개를 위하여 국내고유의 토착잠
      재세력과 결합할 것을 지시한 국제공산당의 움직임이 결합하
      여 좌우익의 지도급 인사 34인이 발기한 민족공동전선이 중
      심이 되어 결성
    − 일제에 항거하여 정치, 경제, 사회, 문화, 교육, 노동, 언론 및

---

21) 추헌수, 1987, "일제하 국내외 정당활동," 『한국현대사의 제문제』II, 서
    울: 을지문화사, p.374.
22) 중앙선거관리위원회, 1981, 『대한민국정당사』 제1집, pp. 103-104.

인권 등의 제 문제에 걸쳐 항일개혁 주장

② 신간회의 해체(1931. 5. 16)

－외부적 사정: 일제의 탄압(광주학생사건의 진상보고 및 탄압에 대한 성토대회를 개최한 것을 계기로 일제의 대 검거 선동)과 1929년 세계대공황을 이용하여 세계의 공산화 운동을 꾀하던 코민테른이 민족주의자와의 연합전선을 파기하고 해산하라는 지령[23]

－내부적 사정: 내부의 좌우익의 극한대립과 간부진의 체포로 인한 혼란의 연속

〈신간회의 혁신주의를 상징하는 대표적 주장〉: 동경지회의 24개 항

(1) 민족주의 주장: 조선민족을 억압하는 일제법령의 철폐(2항)

(2) 혁신주의 주장: 단결권, 태업권, 단체계약권(8항)

4) 건국동맹(1944. 8. 10. 여운형)의 혁신운동

－국내민족좌파와 사회주의자들이 제2차 세계대전의 종말을 예견하고 일본 패망 후의 조국건설에 대한 논의

〈강령〉: 신간회에 비해 근본문제제기와 진일보한 혁신적 이념표방[24]

① 각인각파의 대동단결을 통한 일본제국주의의 축출

② 조선독립을 저해하는 반동세력의 박멸

---

23) 중앙선거관리위원회, 상게서, pp. 103-104.

24) 이기하, 1961, 『한국정당발달사』, 서울: 의회 정치사, pp. 30-31.

③ 민주주의 원칙에 입각한 노동대중의 해방

제2기: 이념정당 편성기, 해방정국과 미군정
: 이데올로기 간의 교체성과 미분화

－해방 직후 정치세력은 민족주의 우파, 혁신세력으로서 민족주의 좌파, 사회민주주의, 그리고 공산주의로 구분[25], 혁신의 대표적 정당 또는 정치단체는 건국준비위원회, 조선인민당, 민족자주연맹 등이다.

1) 건국준비위원회

〈구성〉: 제 세력의 연합 정치단체
(1) 여운형의 건국동맹을 중심으로 하는 사회주의 세력
(2) 안재홍 중심의 우익세력
(3) 이영, 정백 중심의 장안파 공산주의 세력
(4) 박헌영 중심의 재건파 공산주의 세력

〈선언〉
"모든 진보적, 민주주의적, 제 세력을 결집하기 위하여 중도파를 중심으로 하는 좌우 연합세력으로 구성되었다."[26]

---

25) 이동화, 1961, "한국적 사회주의의 길(중)," 『사상계』 (1961년 1월호), p. 135.
26) 한태수, 1961, 『한국정당사』, 서울: 신태양사, p. 35.

－안재홍 부위원장 사퇴를 전후하여 주도권 싸움. 후임 부위원장 허헌을 중심으로 한 공산주의 세력의 득세로 좌경화

2) 여운형의 조선인민당

〈창당〉: 1945. 11. 12.

고려민족동맹, 인민동지회, 일요회 등 군소정당을 흡수하고 여운형을 위원장으로 창당.

〈선언〉

"조선의 현실적 과제인 완전독립, 민주주의 국가의 급속한 실현을 그 당면 임무로 자임함과 동시에 우리의 기본이념인 전 근로대중의 완전한 해방까지 혁명적 추진을 결의하는 바이다."[27]

〈강령〉

(1) '계획경제제도와 진보적 민족문화' 건설추구. 좌우 중간당으로서 중간좌파적 성향

(2) 공산당과 동일한 보조를 취함으로써 우익에 의해 공산당의 외곽단체라는 지탄.

모스크바 삼상회의 결정, 민주주의 민족전선, 제1차 미소공동위원회 등에서 공산당과 보조를 같이함.

〈조선인민당의 개편〉: 비여운형 계파가 신민당, 공산당과 함께 합

---

27) 중앙선거관리위원회, 전게서, p. 140.

동 남노당 결성

  1947. 5. '근로인민당'으로 개편

  1947. 7. 여운형의 피살 이후 당내 좌우분열로 와해됨.

*〈초기 한국정당의 인물예속적 특성〉

  (1) 조선민주당 조만식 상실

  (2) 한독당 김구 피살

  (3) 국민당 안재홍 민정장관 취임

  (4) 자유당 이승만 하야

  (5) 공화당 박정희의 피살

  3) 김규식의 민족주의 연맹

〈결성〉 좌우합작운동이 실패하고 한국문제의 유엔 이관으로 단정
채택으로 결성[28]

〈성격〉 김규식의 영도력을 추종하는 진보적 정당, 사회단체들의
연합체

〈선언〉 독점자본주의 사회와 무산계급사회 모두 부인한 민주사회
주의 노선을 지향

---

28) 이정식, 1974, 『김규식의 생애』, 서울: 신구문화사, pp. 221-222.

* 〈**미군정기 혁신정당운동의 특징**〉[29]

(1) 혁신정당과 공산주의를 명확히 구별하지 못하고 필요에 따라 이합집산함으로 친 공산세력이라는 오해 자초

(2) 여운형(조선인민당, 근로인민당), 김규식의 민족자결연맹 등 특정인물에 예속됨으로써 개인적 색채가 당의 이데올로기적 색채를 압도하여 정당의 제도화의 가능성을 저해함.

(3) 우익보수세력과 공산주의 세력 간의 좌우익이 양분되면서 순수 민족주의 세력은 보수우파에서 분리되고, 사회민주주의 세력은 혁명좌파에서 분리되어 정국은 좌우의 두 축 사이에 표류함.

4) 조소앙의 사회당

〈창당성격〉: 6 · 25 이전 혁신정당, 1948. 12. 1 결성.

〈결당대회선언〉

"농민과 노동자를 포함한 모든 국민에게 균등사회의 이념을 고취하며 조국의 자주독립과 남북통일을 완성하고 정치, 경제, 교육에 있어서 완전 평등한 균등사회건설을 지향한다."[30]

－제2대 국회의원 선거에서 2명의 국회의원을 당선시켜 원내에 진출

---

29) 윤형섭, 전게서, p. 206.
30) 강만길, 전게서, pp. 276-277.

제3기: 제1침체기

- 한국전쟁(1950. 6. 25 - 1953. 7. 27) 기간 제한적인 이데올로기
상황[31]
  (1) 한국전쟁이 남한의 혁신세력에게는 치명적 타격
  (2) 전쟁 기간 중 진보주의 지도자들은 대부분 월북, 납치, 피살
  (3) 남한은 엄격한 친미, 반공 보수사회로 굳히는 결정적 계기
  (4) 국민의 사고경향도 냉전의식이 강하게 주입되어 혁신진보주의
      를 공산주의와 동일시하는 결과 초래
  (5) 국가안보제일주의의 강권적 위협으로 혁신세력은 기약 없는 침
      잠기에 빠져들었다.[32]

- 제3기의 이러한 상황에서도 1950년대 중반 혁신세력이 재정비
하여 진보당을 출현시켰다.

제4기: 진보당 창당으로 세력 확장기

1) 조봉암의 진보당 창당: 혁신세력의 재등장

1954. 11. 자유당 이승만 3선 허용을 위한 四捨五入改憲 강행에
대응하여

---

31) 김용욱, 1984, "한국정치체제의 이데올로기지향," 한국정치학회, 『한국
    정치발전의 특성과 전망』, p. 103.
32) 한승주, 1983, 『제2공화국과 한국의 민주주의』, 서울: 종로서적, p. 80.

Understanding of Korean Politics

1955. 초 신당조직촉진위원회가 구성 조봉암의 가입문제가 대두, 반대하는 보수파(자유민주파)와 찬성하는 혁신파(민주대동파)로 대립, 보수파 중심으로 민주당 결성하고, 민주당에 가입하지 않은 인사들이 진보당 추진위원회 결성

1956. 11. 10. 진보당추진위원회가 진보당(조봉암 위원장) 창당. 서구 민주사회주의 영향

    * 1951년 프랑크푸르트 회의에서 개최한 사회주의 인터내셔널(SI)의 민주사회주의 목적과 임무를 밝힌 채택결의문에서 공산주의와 사회주의를 엄격히 구분하여 비판을 받자, 한국에서 혁신정당운동은 정신적 지원과 원군을 얻게 된 셈이었다.

1956. 5. 15. 대통령선거결과

    조봉암은 2,163,809표(이승만 혐오표와 신익희 추모표)를 얻어 보수세력 이승만(5,046,347)을 위협하였다. 이는 정권확보보다 혁신세력의 거점을 확보하는 의미가 컸다.

2) 민주혁신당

* 진보당의 경우 주목해야 할 점: 혁신세력 내부의 파쟁
(1) 1956. 대통령선거 이후 진보당추진위원회로 서상일과 조봉암의 대립
(2) 정부통령 후보 지명전에서 감정의 토양이 배양되었다.
    −서상일 일파가 비혁신계 정치인들과의 광범위한 제휴를 주장한 반면
    조봉암 일파는 순수 혁신계 인사들만의 정당결성을 주장

(3) 1957. 10. 15. 서상일파가 진보당추진위원회를 탈퇴하고 민주
혁신당을 창당
- 조봉암과 서상일의 이념적 차이가 아니라 당내 권력투쟁에
서 혁신계 내부의 주도권 갈등이 빚은 양상임.
(4) 따라서 진보당과 민주혁신당의 정강이 동일[33]
- 정치는 혁신정치과 의원내각제 확립
- 경제는 계획경제
- 통일은 남북총선거
- 이념은 민족사회주의로 계급정당이 아니라 국민대중정당을 지
향[34]

3) 노동당

1955. 2. 노동자, 농민, 지식층 소시민을 기반으로 창당[35]
- 근로기준법을 엄격히 적용하여 노동자의 최저생활보장
1959. 11. 명칭을 민족주의 민주사회당으로 변경

제5기: 제2침체기, 진보당 사건

1958. 1. 13. 창당 2개월 만에 위원장 조봉암 등 당 고위인사 17

---

33) 유광진, 1985, "한국사회주의정당의 정강정책에 관한 연구", 『안보연구』
제15호, 서울: 동국대학교 안보연구소, pp. 69-77.
34) 양호민 외, 1977, 『한국민족주의의 이념』, 서울: 아세아 정책연구원, p.
204.
35) 중앙선거관리위원회, 전게서, pp. 232-233.

명이 국가보안법에 의해 간첩죄로 구속 그중 조봉암은 처형

1958. 2. 15. 정부의 오재경 공보실장은 "대한민국의 관계법령에 의하여 진보당의 등록을 취소한다."고 발표

〈이유〉-용공적 통일정책 추구

　-간첩과의 접선

　-대한민국 파양기도

1959. 7. 30. 대법원은 조봉암의 재심청구에 대하여 "이유 없다."고 기각

　-이 사건 이후로 민혁당과 노동당을 비롯한 당시의 혁신계 세력의 정치활동은 거의 깊은 늪에 가라앉고 말았다.

　* 〈진보당 사건의 발생요인〉

1) 이념적 차원: 진보당의 혁신적 이념에 대한 보수세력들의 우려를 반영

　　(1) 진보당의 강령(8) "광범한 근로대중의 정치적 집결체이며 국민대중의 이익실현을 위하여 투쟁한다."36)

　　(2) 경제정책 "피해 대중의 수탈 없는 경제정책의 실현"

　　(3) 우익정당은 진보당 강령과 경제정책을 일종의 무산계급정당으로서의 좌파사회주의 내지 용공정당으로 매도. 이는 국민의식 속에 진보당을 공산당과 동일한 것으로 인식주입작용

---

36) 이기하, 전게서, p. 264.

2) 현실정치적 차원

  (1) 진보당과 동일한 정강정책을 표방했던 민혁당은 어떠한 규
      제도 받지 않았다.

  (2) 1956. 5. 15. 대통령선거 결과에서 이승만 장기집권에 대한
      위협을 느낀 집권 자유당에 의해 야기된 사건이다.

제6기: 분출기, 허정 과도정부 기간
(1960. 4. 19 – 1961. 5. 16) 민주당 시기

  - 권위주의적 이승만 정권의 몰락은 진보당 사건 이후 침체되었던
혁신 정치세력들의 부상에 계기를 마련해 주었다.

  1) 혁신정치세력들은 총선거에서 다수의석 확보가 당면 목표

  (1) 사회대중당: 혁신정당은 과거 진보당 인사들과 민주혁신당의
      서상일, 이동화 등이 참여한 사회대중준비위원회를 설치

  (2) 한국사회당결성: 전진한과 일부 민주혁신당 간부들의 집합체
      로서 결성

  (3) 혁신동지총연맹: 장건상을 비롯한 혁신계 원로들의 모임

  2) 구정치인의 완전 퇴진과 공산주의 활동의 합법화

  (1) 고정근을 중심으로 하는 사회혁신당은 선거승리보다 기존정
      치구조의 즉각적 개혁

  (2) 과도정부는 1960. 7. 고정근을 구속, 제동 여기서 한국혁신
      운동의 한계를 보임.

3) 당시의 정치상황

 (1) 1960. 7. 29. 총선은 혁신정당에게 결정적 참패를 안겨주었다.

 (2) 선거결과[37](단위: 의석)

	민의원	참의원	합계
보수세력인 민주당	175	31	206
혁신정당	5	2	7

 (3) 1960. 7. 29. 혁신정당의 참패원인

　① 이념의 불일치로 인한 무원칙한 영합

　② 종파성의 우세에 따른 극단적인 이합집산

　③ 각 파벌 간의 헤게모니 쟁탈전으로 국민의 불신과 지탄의 대상[38]

　④ 유권자의 정치문화와 선거제도의 메커니즘이 소선거구제인 단순다수 1차 투표제가 다수의 대중정당에게 유리

4) 이 시기의 한국사회의 지배가치체제

 (1) 안보제일주의와 민주주의로 양분된 시기, 즉 사회적, 이념적 양극화 현상

 (2) 보수집권세력(상존하는 국제환경위협에 대처하는 정치체제)은 신진개혁세력(국내정치를 독립변수로 보고 체제의 민주화와 경제건설을 통하여 체제의 정통성을 구하려는 노력) 간의

---

37) 중앙선거관리위원회, 1973, 『대한민국선거사』 제1집, pp. 1176-1197.
38) 김종훈, 1982, 『한국정당사』, 서울: 서울고시학회, pp. 145-148.

이념대결은 5 · 16 군사혁명으로 끝을 맺었다.

제7기: 제3침잠기

1961. 5. 16. 기존의 모든 정치활동 일시 정지
　-혁명주체 세력은 진보주의 운동을 용공적이며 국가안보를 위
　태롭게 하는 것으로 파악하고, 혁신운동 주도 지도자는 혁명
　재판에서 소급입법인 '특수범죄 처벌에 관한 특별법' 제6조
　에 반국가 행위에 의해 사형, 중형을 선고

1) 통일사회당
　1965. 7. 20. 5 · 16 이후 최초 혁신정당은 '통일사회당' 창당준
　비위원회를 결성
　-1967년 1971년 제7대, 제8대 두 차례의 국회의원 총선거에서
　입후보자 전원 낙선
2) 대중당
　1965. 5. 한일협정비준 반대하여 서민호 국회의원직 사퇴
　1967. 3. 대중당 창당
　1967. 5. 제7대 국회의원선거에서 당선 원내 유일한 제3당

　-통일사회당과 대중당은 1972년 10월 유신에 의해 정당활동중지
　를 당해 또다시 단명

　1973. 7. 12. 통일사회당 창당준비위원회 재차 결성(김철 대표위원)

안필수를 위원장으로

1980. 10 해체될 때까지 재야세력과 연계하여 반정부 운동과 개헌 운동을 전개

〈이 시기의 혁신운동을 위축시킨 사건들〉

1) 1964. 8월 '인민혁명당사건'[39]
2) 1966년 서민호의 구속과 반공법 시비
   * 대중당 전신인 민주사회당 발기 취지문
   ① 남북한의 서신교환 및 체육인, 언론인의 교류
   ② 김일성과 면담용의
   ③ 한일협정의 폐기
   ④ 주월 국군철수 등을 주장
3) 1967년 동베를린 사건

제8기: 체제 수용기

1979. 10. 26 사건으로 유신체제 붕괴.
1980. 5. 17 전두환 세력의 대두

1) 제5공화국의 혁신정당
   (1) 고정근 중심의 민주사회당
   (2) 김철 중심의 사회당

---

39) 김성환 외, 1984, 『1960년대』, 서울: 거름, pp. 377-378.

(3) 제11대 국회의원 총선결과 민주당 2석, 사회당은 의석확보
   에 실패

2) 혁신정당의 특징40)
   (1) 집권세력을 비롯한 보수세력들이 혁신정당에 대해 전진적인
      관심을 보이고, 그것을 보호, 육성할 뿐만 아니라 대내외적
      으로 활용했다.
   (2) 민사당이 1982년 3월 신정당과 합당하여 신정사회당이 되어
      의석 3석 확보
   (3) 제5공화국 주체세력으로부터 제도적인 지원을 받아 혁신정
      당의 성격이 불투명하다는 비난을 받기도 함.
   (4) 혁신정당이 체제에 의해 보호, 육성, 이용되는 현상은 제5공
      화국의 다당제 논리, 비동맹권 및 대공산권 외교, 대내외 명
      분에 기인함.
   (5) 1980년대에 정치문제화되기 시작한 노동자, 농민, 도시빈민
      등의 근로대중의 소외문제를 체제 내에 수용함으로써 체제
      의 안정을 도모할 수 있다는 긍정적인 평가를 하지만 수동
      성이 강함.

제9기: 1987년 민주화 이후

1987. 6. 29 선언 민주주의 공고화

---

40) 윤형섭, 전게서, pp. 214-215.

- 민노당이 제도권에 진입
- 열린우리당, 민주당은 진보개혁적 성향(보수정당이지만 혁신당의 이념을 수렴함으로써 혁신정당의 독특한 정강정책이 빛을 잃게 되었다.)
- 현 정부는 노동운동, 시민사회의 의견 등을 수용

3. 革新政黨과 政治權力

1) 혁신정당의 역사적 전개 원리
   "정치권력의 기복과 혁신정당의 기복 사이에는 매우 밀접한 함수관계가 존재"[41]
2) 양자(정치권력과 혁신세력)는 두 개의 상위체계(한국사회문화적 특징과 국제정치체제의 존재양식)의 영향하에 있다.

---

41) 상게서.

IV. 혁신정당의 특성과 전망

1. 革新政黨의 特性42)

1) 정당 내적 특성

(1) 인물중심적 정당 또는 잠재성 인맥정당
(2) 복잡한 인맥과 파벌은 혁신정당의 폐쇄성을 초래
(3) 혁신정당의 이념과 운영방식
- 일제하에 여러 이데올로기 사이에 명백한 한계와 구분이 없이 해방운동(미분화와 교차성)
- 프랑크푸르트 선언(1951)이 혁신정당의 이념적 특성을 명확하게 주장할 수 있는 명분을 제공

2) 정당 외적 특성

(1) 정치권력과의 관계
(2) 역대 선거에서 국민들의 외면
(3) 정치적 하부구조의 취약

---

42) 윤형섭, 전게서, pp. 228-230.

2. 韓國 革新政黨의 展望[43]

(1) 혁신정당의 제도화의 가능성
(2) 보수, 혁신 공존시대 구현 가능성
(3) 국민의 정치의식이 극단적인 좌우 양분법적 사고방식을 벗어
   나야 한다.
(4) 민주노동당(2002. 6. 13 지방선거)에 의해 제도권 내에 진출

Ⅴ. 결론

한국의 혁신정당운동은 정치적 변화가 있을 때마다 정권의 필요에
의해 생성하여 그 정권유지를 위해서는 다시 소멸되는 과정을 밟으
면서 흥망과 성쇠를 겪어 왔다. 1987년 6월 민주항쟁 이후는 절차적
인 과정을 밟으면서 민주화를 공고히 하여 왔다. 이제는 20년 이상
된 헌법의 개정을 국회의장이 정식 제의할 단계에 이르렀다.

특히 1998년 2월 25일 김대중 대통령의 국민의 정부가 들어 서면
서 노무현 대통령의 참여정부를 거치는 진보적 성향의 정권이 10년
간 통치하다가, 2008년 2월 25일에는 더디어 보수적인 신경제를 강

---

43) 상게서.

조하는 이명박 정부가 평화롭게 정권교체가 이루어졌다. 이제 한국 사회에서 자연스럽게 정권교체가 이루어지면서 시민사회의 자유로운 활동이 전개되는 등 민주주의가 크게 성장발전하고 있다.

▌참고문헌 ▌

강만길, 1982, 『조소앙』, 서울: 한길사.

권두영, 1987, 위원장 "창간사", 『사회민주당보』, 1987년 9월 1일.

김성환 외, 1984, 『1960년대』, 서울: 거름.

김용욱, 1984, "한국정치체제의 이데올로기지향," 『한국정치발전의 특성과 전망』, 서울: 한국정치학회.

김종훈, 1982, 『한국정당사』, 서울: 서울고시학회.

박문옥, 1968, 『한국정부론』, 서울: 박영사.

신도성, 1987, "한국의 보수주의와 혁신주의," 『민족지성』, (1987년6월호).

안병영, 1987, 『자유민주주의를 위한 변론』, 서울: 전예원.

양호민 외, 1977, 『한국민족주의의 이념』, 서울: 아세아 정책연구원.

유광진, 1985, "한국사회주의정당의 정강정책에 관한 연구", 『안보연구』 제15호, 서울: 동국대학교 안보연구소.

윤형섭, 2006, "혁신정당운동은 어떻게 전개되었는가," 『한국정치 어떻게 볼 것인가』, 서울: 박영사.

이기하, 1961, 『한국정당발달사』, 서울: 의회 정치사.

이동화, 1961, "한국적 사회주의의 길(중)," 『사상계』 (1961년 1월호).

이상두, 1985, "해방 40년 혁신계정당의 부침," 『신동아』 (1985년 9월호).

이상두, 1987, "민주사회주의," 『민족지성』(1987년 6월호).

이영석, 1983, 『죽산조봉암』, 서울: 원음출판사.

이정식, 1974, 『김규식의 생애』, 서울: 신구문화사.

중앙선거관리위원회, 1965, 『정당의 기구, 기능과 정강, 정책, 당헌 등』
　　　서울: 중앙선거관리위원회.

중앙선거관리위원회, 1981, 『대한민국정당사』제1집, 서울: 중앙선거관리
　　　위원회.

추헌수, 1987, "일제하 국내외 정당활동," 『한국현대사의 제문제』II, 서
　　　울: 을지문화사.

한승주, 1983, 『제2공화국과 한국의 민주주의』, 서울: 종로서적.

한태수, 1961, 『한국정당사』, 서울: 신태양사.

제 10 장

한국 민주주의의 발달

I. 전통적 유교민주주의

1. 유교민주주의란

유교민주주의란 서구식 민주주의를 부정하기보다는 동양적 가치를 유교주의에 의해 서구식 자유민주주의가 가져오는 사회적 병패와 도덕적 해이―과도한 개인주의, 가족해체, 사회윤리붕괴―를 지적하고 보다 공동체적이고 비서구적인 제3의 민주주의를 건설목표로 하는 정치제도이다.[1]

건설적이고 긍정적인 의미에서 동양적 가치론을 가장 강력하게 주장하는 싱가포르, 말레이시아, 중국 등지에서 정치적 기본권과 인권이 많은 제한을 받고 있는 것은 사실이다. 동양적 가치들이 권위주의에 대한 변명에 불과하다는 우려도 전혀 근거가 없는 것은 아니다. 그러나 그보다도 이미 나름대로 서구식 민주주의를 실현하고 있

1) 함재봉, 2000, 『유교, 자본주의, 민주주의』, 서울: 전통과 현재, pp.118-145.

Understanding of Korean Politics

는 한국, 대만, 일본 등지에서 과도한 개인주의, 가족해체, 사회윤리의 붕괴 등의 현상이 상대적으로 적은 점이 있다.

아시아적 권위주의가 관심을 끄는 이유로서는
첫째, 동양의 국가들이 권위주의 체제하에 급속한 경제발전에 성공하면서 높은 생활수준과 안정된 사회를 구가하기 시작하였고,
둘째, 아시아의 일부 정치인과 학자들이 자국의 근대화 경험을 바탕으로 서구식 자유민주주의를 정면으로 비판하기 시작하고 있기 때문이기도 하다.

2. 서구적 자유주의와 동양의 유교주의의 차이

1) 인간관의 차이

구분	서구적 자유주의	동양의 유교주의
1. 형성	-중세 기독교적 세계관을 부정하는 중세 말의 종교전쟁과 내전경험을 통해 형성 -종교개혁은 유럽의 근본적인 분열을 초래	-인간을 도덕적으로 완성될 수 있는 존재로 간주하고, 인간이 이성을 통해 객관적이고 도덕적인 것을 알고 실천할 수 있다고 가정한다.
2. 주장과 이론	-인간을 타락한 교회나 자신의 부귀만을 추구하는 군주로부터 해방시켜야 하며, 자유민주주의는 철저하게 인간을 독립적, 자족적 존재로 인식	-인간관계 갈등해소방안으로 수신을 제시하고 이 수신을 통하면 인간이 사사로운 이해관계로 인한 마찰과 갈등은 일지 않을 것이라고 본다.

구분	서구적 자유주의	동양의 유교주의
3. 최고의미덕	- 인간은 자신의 권리를 명확히 하고 자신의 이해를 정확히 계산해 낼 줄 아는 존재로 인식 -〉 합리적 선택이 가능 - 국가나 정부의 권력을 경계하고 개인의 권리를 절대적으로 여기며 사회의 역할에 회의적임	- 仁孝의 실천, 즉 인의예지와 같은 도덕성의 실현이다. 도덕성이야말로 인간이 인간답기 위해 갖추어야 할 조건이며, 도덕적 완성을 위해 계속 노력해야 한다.
4. 대인관계	- 부모, 가족, 선생, 친구, 국가, 사회로부터 궁극적으로는 독립적이고 자유로운 존재로 인식 -〉 개인주의 사고 - 인권을 '억압으로부터 자유'(free from oppression)로 간주	- 간주관적(inter - subjective)이고 도덕적인 인간은 타인과의 관계 속에서 비로소 존재의 가치와 의미를 갖게 된다.
5. 인권의 존엄성	- I. Kant "인간이 국가나 사회와 같은 공동체 자체의 목적을 위한 수단이나 도구가 되거나 희생되어서는 안 된다." - John Rawls "인간 자체가 그 목적에 우선한다. 즉 존재가 목적에 우선한다."	- 개인, 가정, 국가, 천하(修身齊家 治國 平天下)와 같은 사회공동체를 개인의 심리, 즉 마음을 다스리는 장으로 간주하고, 이와 같은 대의, 즉 '仁과 義'를 위해 인권은 개인적인 차원의 것이 아니라 대의와 명분을 위할 때 존엄한 존재로 본다.

2) 정치론의 차이

구분	서구적 자유주의	동양의 유교주의
1. 인식론	- 인간은 자유의 사유와 행위에 대한 절대적인 인식론적 권위를 획득 -> 근대정치사상 발생 - 인간의 모든 행위의 근본 동인은 생존욕, 소유욕, 성욕과 같은 욕구이다. 이들 욕구를 극대화시키는 과정에서 생겨난 마찰을 합리적으로 조절하고자 사회와 정부를 수립한다.	- 사단칠정론, 인간에게는 喜怒哀樂愛惡欲의 七情이 있고 이것을 仁義禮智의 四端으로 다스릴 수 있어야 한다고 인식한다. - 퇴계 이황과 고봉 기대승의 사단칠정 논쟁이 갈등의 근원인 칠정을 다스리는 방법의 심리적 인식론이 정치 사상적 논쟁의 근본이다.
2. 정치론	- 자신이 원하는 것과 필요로 하는 것이 무엇인지를 알 수 있는 유일한 존재인 개인의 동의가 바탕이다. - 정치는 사회공동체적 이상향에 의해서가 아니라 오로지 구성원 개인이 동의해 주는 원칙과 규칙에 따라 운영되어야 한다.	- 유교정치사상의 핵심은 '修己治人'이며, 대학의 명제인 '修身齊家治國平天下'의 실현이 정치이다. - 사적인 이해를 초월하여 공공선을 위하여 일할 수 있는 기본 덕목을 가진 사람(현량)이 정치를 수행해야 한다.
3. 정부론	- 사회계약론, "인간은 비록 자유롭게 태어났으나 자연 상태에서 자유는 매우 불안할 수밖에 없다." 모든 사람이 오직 자신만의 이익을 추구한다면 그것은 곧 '만인의 만인에 대한 투쟁의 상태'로 전락할 수밖에 없다. -> 기초질서 유지 방법 모색(공공선)	- 유교의 인간은 간주관적 존재로서 자신을 철저하게 타인과의 관계 속에서 규정한다. 군신공치 이론 - 존재론적으로 三綱五倫, 즉 군신, 부자, 부부, 붕우, 장유의 단계로 간주하고, 仁義禮智는 타인과의 관계 속에서만 구현되는 가치규범이다. - 德과 仁은 禮를 통해 달성되어야 하는 유교적 최고의 덕목이며, 국가나 사회를 도덕적 계도의 주체로 인식

구분	서구적 자유주의	동양의 유교주의
4. 이성론 (rationality)	- 인간을 자신의 이해관계를 정확히 계산해 내고, 그것을 합리적으로 관철시킬 수 있는 도구로 간주	- 인간의 내면에 잠재하고 있는 도덕적 본능과 본질을 자각하고, 그것을 함양할 수 있는 능력
5. 정치원리	- 合理性, 法治, 私有財産, 市場, 利益團體와 같이 국가와 정부에 대한 유신과 견제 목적의 기제를 중요시	- 德治, 人治, 內聖外王, 修身齊家治國平天下

3) 가족관의 차이

구분	서구적 자유주의	동양의 유교주의
1. 객관적 인식	개인을 속박할 수 없는 기제로 본다. 개인의 자유와 권리를 가장 크게 위협하는 곳이 가족이라고 보고 존 로크와 루소는 가족 해체를 주장한다.	수신제가치국평천하의 실현은 가장 기초적인 단위인 자기수양(修己)을 통해 자신이 칠정을 제어하고 사단을 터득, 습득하여 이를 실천에 옮기는 가장 중요한 공동체가 바로 가족이다.
2. 가족제도	- 핵가족제도 자식에 대한 부모의 권위를 해체시키고 '근대적인' 가족을 붕괴, 가부장적 권위는 원초적으로 위험한 형태이다. 핵가족제도를 옹호한다.	- 대가족제도 가족을 修身이 된 사람은 四端(仁義禮智)을 터득하고 이를 먼저 가족에게 실현하고, 치국평천하는 公共領域(忠孝)에 나아가기 위한 발판으로 본다.
3. 가족에 대한 인식	가족이란 감정의 장이며 개인의 정서적 안정을 추구하는 곳이다.	삼강오륜의 시작 장소로 인식한다. 오륜 중 세 가지(부자, 부부, 장유)가 가족에 관한 것이다.

3. 아시아적 공동체 (Daniel A. Bell)

1) 그 의미란?

'아시아적 가치와 질서에 의해 형성된 대안적 민주주의의 한 형태'

2) Daniel A. Bell의 아시아적 가치의 실천을 위한 새로운 처방

1st, 만일 효도가 싱가포르, 홍콩, 한국에서와 같이 대다수 국민들에 의해 지지될 수 있다면, 이는 국가가 나이 든 부모를 모시는 자녀들에게 세금감면혜택과 주택편의를 제공함으로써 효도를 장려하는 정당한 이유가 될 수 있을 것이다. 한국의 경우는 효도특별법 제정과 같은 방안 모색이 지지될 수도 있을 것이다.

2nd, 만일 능력주의(meritocracy)의 가치가 여전히 널리 받아들여진다면, 우리는 유교민주주의(Confucian democracy)의 한 형태를 상상해 볼 수 있다. 예를 들어 입법부는 '민주적으로 선출되는 하원'과 경쟁적인 시험에 기초하여 선출되는 대표들이 그 성원이 되는 상원 격의 '한림원'(House of Scholar)으로 구성할 수 있다. 이러한 색다른 배합은 능력 있는 정치적 정책입안자들을 충원하려는 전통적인 관심(traditional concerns)과 정부의 투명성과 책임성을 유지하려는 현대적 관심(modern concerns) 모두를 충족시킬 수 있는 것이다. 사실 이러한 제안은 17세기 유학자 황종희가 제안한 바 있으며, 오늘날에도 중국의 많은 지식인들 사이에서 진지하게 논의되고 있다.[2]

---

2) Daniel A. Bell, 2000, "Asian Communitarianism", Harm Jae Bong, et. als. *Confucian Democracy, Why & How,* 서울: 전통과 현재.

Ⅱ. 개화기의 민주주의 사상

　　조선에 서구사상의 유입은 5,000년의 긴 역사에서 커다란 변화의
갈림길의 길목이었다. 그것은 지금까지 우리민족이 살아 온 것과는
전혀 다른 새로운 생활방식의 도입이다. 개항 이전에는 서구사상이
주로 중국을 통해서 전래되어 왔다. 예를 들어 魏源이 쓴『海國圖志』
같은 책이 최한기, 김정희, 박규수 등이 읽게 되어 이들을 통해 서양
의 과학기술에 좋은 반응을 보이기도 하였다. 그러나 서양의 종교적
사상은 종래 유학자들이 배척하던 불교 정도의 이단성을 가진 것으
로 판단하고 유학의 도덕적 우월성을 확신하고 있었다.[3]

　　개항 이후에는 일본, 미국 등으로부터 직접 유입되었다. 주로 새
롭게 받아들여졌던 사회사상은 일본의 명치유신 이후의 일본사정을
정확히 알려주는 金綺秀의 1876년에『日東記遊』에서는 학문을 부국
강병하는 방법으로, 그리고 군사와 농사 등에 대한 소개가 핵심을
이루고 있었다. 유길준은 일본으로 건너가서 당시 福澤諭吉이 경영
하는 慶應義塾에 입학하여 福澤諭吉의『西洋事情』과 같은 책을 통
해 서양을 알게 되었다. 그는 당시 동경대학 초빙교수인 미국의 생
물학자인 모스(E.M. Morse)의 강연을 듣고 다윈의 진화론을 이해하
면서 사회진화론이라는 서양사상에 크게 고무되었다.[4] 이들의 서구
사상은 곧 귀국하여 한국에 소개되기 시작하였다. 여기에 수반된 것

---

3) 한국철학사상연구회, 2005,『강좌 한국철학』, 서울: 예문서원.
4) 상게서.

Understanding of Korean Politics

이 민주주의라는 새로운 정치제도와 기독교라는 서양종교도 동반하여 전래되었던 것이다.

　이러한 서양사상이 조선에 들어 오기까지에는 많은 문제와 역경을 거쳤던 것이다. 그것은 衛正斥邪와 같은 운동에서 조선 사회에 기존의 전통적 가치질서의 혼란을 초래하는 문제에 봉착하게 되었다. 이 위정척사운동은 세 단계로 나누어 진다. 丙寅洋擾(1866)와 辛未洋擾(1871)를 거쳐 개항하기 이전까지의 大院君의 鎖國政策시기, 정권이 高宗에게로 넘어가고 일본과 丙子修好條約을 맺는 1876년을 전후한 시기, 그리고 1880년 金弘集이 제2차 수신사로 일본을 다녀오면서 黃遵憲의 『朝鮮策略』을 가져 온 후 1881년 고종의 윤음이 내리기까지의 시기로 구분이 되고 있다.5) 이러한 衛正斥邪는 고유한 전통에 대한 것을 바른 것으로 판단하고 이를 지키기 위한 것이었기 때문에 새로운 문물의 도입에 따른 갈등이 엄청나게 컸던 것이다. 그러나 개화의 횃불은 꺼지지 않고 피어 올랐다. 그것이 바로 동학사상이고 그러한 사상이 운동으로 이어져 온 것이다. 이제 개화사상으로서 이들을 살펴보고자 한다.

---

5) 상게서.

1. 개화사상

1) 동학사상과 동학운동

동학사상은 한국의 근대사에서 민주주의 정신을 가장 잘 표현하고 있는 것이다. 동학의 기본사상은 侍天主와 人乃天이다. 사람이 곧 하늘이라는 것이다. 인간이 만물의 기본으로서 최고의 존재 가치를 가진다는 것이다. 侍天主란 모든 인간은 마음속에 천주를 모신 평등한 인간이라는 반봉건적 평등주의를 표방하는 동학의 중심사상이다. 따라서 사람을 대하기를 하늘을 섬기는 것과 같이 하라(事人如事天)는 동학의 교리는 당시의 봉건적 신분질서를 중요시하는 유교적 세계관을 부정하는 것이다. 신분에 따른 인간을 억압하는 계급제도를 부정하고, 인간의 평등을 강조하는 점에서 중요하다.

이러한 동학사상을 바탕으로 하여 전개된 운동이 동학운동이다. 이러한 동학의 교세가 발전하자 조정에서는 교주 최제우를 잡아 처형하였다. 그러나 동학의 평등주의와 혁명정신은 전국적으로 더욱 확산되어 나갔다. 이러한 동학의 교세확장운동은 1893년의 교조신원운동으로 제기되어 공화문 앞 연좌 상소로 확대되었다. 2대 교주 최시형은 전국의 동학교도들에게 동원령을 내려 그해 4월 전국에서 2만에 달하는 교도들이 충청도 보은에 집결하여, 종교적인 문제뿐만 아니라 斥倭洋과 輔國安民의 기치를 내걸고, 외세에 대항하는 민족적 저항운동으로 전개하였다. 이러한 보은집회를 조정에서는 무력으로 해산시켰다. 이에 반발하는 무장봉기를 주장하는 동학도들의 남접과 무력 신중론을 주장하는 북접이 의견의 일치를 보지 못하다가,

무장봉기함으로써 봉건적 보수세력을 타파하고, 외세를 물리치고, 보국안민을 이룰 수 있다는 신념이 남접을 중심으로 퍼지게 되었다.

2) 갑오농민전쟁

이렇듯 남접을 중심으로 무력봉기의 확대를 전개하게 되었다. 동학도들이 봉건적 억압 속에서 만민평등을 주장하는 동학사상은 신분적 억압과 경제적 착취에 신음하는 농민대중이 결합된 반봉건 반외세운동으로 번져 나갔다. 특히 갑오농민전쟁은 한편으로는 봉건체제 개혁을 통해 사회경제적 혁명을 일으키고자 한 것이며, 다른 한편으로는 일본을 비롯한 외세의 침략을 저지하고, 국권수호를 위한 민족자주운동이었다. 이러한 정신은 대한제국 시대에 각종 '반봉건 반외세 민중운동'으로 발전해 왔다.

2. 자주적 근대화 운동

동학운동이 지배계급의 권력에 의해 억압받아 온 일반민중들의 혁명운동이었다면, 개화운동은 관리층 내부에서 자각한 지식인들의 개혁운동이었다. 개화운동의 주도세력은 일본, 미국 등지에서 선진 근대문물을 접할 수 있었던 지배계층 출신의 젊은 청년층이었다.

1) 갑신정변

갑신정변은 1884년 정치제도의 개혁을 위해 시도된 운동으로서 심화된 민족적 위기에 대한 자각을 기반으로 내정개혁을 단행하여 근대국가를 형성하려는 개화운동이다. 김옥균, 사광범, 서재필, 박영효 등 소장파는 사대주의적 수구파를 처단하고 신정부수립을 선포하였다. 이들은 문벌의 타파, 사민평등, 정부기구 간소화, 지조법의 개조 등 내정개혁을 꾀하였다. 그러나 일본이라는 외세를 등에 업고 쿠데타 형태로 정권을 장악하였으나 청국군대가 투입되면서 정변은 결국 3일 천하로 끝나고 실패로 돌아갔다. 그러나 정변의 주된 정책들이 봉건적 신분질서를 타파하고 인간의 평등권을 보장하려던 근대적인 정신을 담고 있어 역사적 의미가 중요하다. 정치적으로는 청국과의 종속관계를 청산하고, 조선왕조의 전제주의적 정치체제를 입헌군주제로 바꾸려는 정치개혁이었다. 사회적으로는 문벌을 폐지하고 인민평등권을 제정하여 봉건적 신분질서를 청산하려고 하였다는 점을 중요시할 수 있다.

2) 갑오경장

1894년 개화당이 정권을 잡으면서 갑신정변에서 시도하였던 정치개혁의 구체적 내용을 실현하였다. 갑오경장은 갑신정변의 실패로 정계에서 밀려난 인사들을 중심으로 정권을 잡고, 한편으로 일본의 내정 개혁을 강요받아 단행되었다. 갑오경장은 갑오농민군의 개혁내용을 일부 수용하여, 정치적으로 전제군주제를 약화시키고, 문벌과 반상신분제 타파, 과거제 폐지와 능력에 의한 인재등용, 공사노비법 폐지 등 사회개혁을 담고 있다. 이러한 개혁의 내용이 근대민주정치의 근간인 인간의 자유와 평등을 제도상으로 실현하려고 한 점에서 근대적 민주화 운동으로 평가되고 있다. 그러나 갑오경장은 민중의 지지와 참여가 없이 친일적인 개화세력에 의해 단행되었기 때문에 그 과정에서 침략의 야욕을 가진 일본의 의도로 조선은 근대적 민족국가의 형성에 실패하고, 일본이 청일전쟁에서 승리하자 한반도 침략을 본격화하고 말았다.[6]

Ⅲ. 해방민족운동과 한국 민주주의

1. 민족해방운동

1910년 대한제국이 일제에 합방된 이후에도 민족적 독립과 자유의 회복을 위한 민중의 저항운동은 그칠 줄을 몰랐다. 한편으로는 갑오농민전쟁을 비롯하여 의병전쟁으로 이어져 우리 민족의 근대사가 피로 물들고 있었다. 이와 같이 지식인들에 의한 계몽운동은 3·1 독립운동과 의병활동에 이르기까지 광범위하게 진행되고 있었다. 독립선언문에 나타나 있는 바와 같이 우리 민족의 자유와 평등에 대한 숭고한 정신은 인간으로서의 기본적인 불가양도의 권리를 강조하고 있다.[7] 이것은 프랑스의 인권선언, 미국 독립선언에 나타나 있는 것

---

6) 강만길, 1994,『고쳐 쓴 한국근대사』, 서울: 창작과 비평사, p.196.
7) 차기벽, 1980,『민주주의의 이념과 역사』, 서울: 한길사, p.210.

과 같은 인간의 기본적 권리의 보편적 원칙을 선언하고 있다. 따라서 3·1운동은 단순한 의병운동이나 애국계몽운동의 차원을 넘어서는 최초의 우리 민족의 공화주의적 저항운동이었다고 할 수 있다. 이러한 정신에 따라 수립된 상해 임시정부가 민족 최초의 민주공화국 정부로 출범하였다. 따라서 3·1운동은 최초의 민족적 해방운동으로 이어지게 되었다.

2. 한국정부 수립과 친일세력

제2차세계대전의 종전으로 1945년 8월 15일 우리 민족이 일제의 속박에서부터 36년 만에 다시 독립을 하게 되었다. 이에 따라 형성된 정부는 서구자유민주주의를 모델로 하여 남한만의 자유민주공화국으로 1948년 8월 15일 탄생하였다. 이때에 미군의 진주와 미군에 의한 군정이 일본의 잔재를 그대로 받아들여서 우리만의 독립이 아니라 미국의 지배에 들어가게 된 정부는 독립된 구정치세력의 정리가 없이 구세력의 바탕 위에서 출범함으로써 친일세력의 청산문제는 오늘날에 이르기까지 미결의 민족사적 문제로 남아 있다.

▌참고문헌▌

강만길, 1994, 『고쳐 쓴 한국근대사』, 서울: 창작과 비평사.

차기벽, 1980, 『민주주의의 이념과 역사』, 서울: 한길사.

함재봉, 2000, 『유교, 자본주의, 민주주의』, 서울: 전통과 현재.

한국철학사상연구회, 2005, 『강좌 한국철학』, 서울: 예문서원.

Daniel A. Bell, 2000, "Asian Communitarianism," Harm Jae Bong, et. als. *Confucian Democracy, Why & How*, 서울: 전통과 현재.

제3편

현대한국정치의 쟁점

제11장
이익집단의 형성과 비정부기구(NGO)

I. 다원주의와 이익집단의 형성

1. 이익집단의 생성 및 발전요인

이익집단의 생성 발전요인은 이성적 존재라기보다는 사회적 존재
로 인식한다.[1]

1) 다원주의사회의 대두와 이익의 다양화

2) 대의제의 발달과 대표원리의 변질: 지역대표가 이익대표화나 자
신들의 이익을 대표하는 광범위한 단체의 필요성

3) 정당제의 과두현상과 역할의 저하: Robert Michels 'Iron law of
oligarchy'(과두제의 철칙)[2]의 의미 퇴보

4) 국가의 역할과 정부의 통제증대

---

[1] 김영래, 1997, 『이익집단정치와 이익갈등』, 서울: 한울아카데미, 22-26쪽.
[2] Robert Michels, 1962, *Political Parties: A Sociological Studies of the
Oligarchical Tendencies*, New York: Free Press, p.360.

Understanding of Korean Politics

5) 참여정치문화(participatory political culture)의 증대와 조직지도자의 출현: 국민의식수준의 변화가 참여적 정치문화를 증대시킨다.

6) 민주화, 자유화에 따른 정치체제의 변화: 권위주의 정치체제가 민주화와 자유화로 이익의 급격한 분출현상과 이익의 조직화

7) 정보사회의 급격한 발전으로 외국의 단체활동이 국내에서 유사한 단체를 형성

2. 이익집단의 형성이유

1) Arthur Bentley 갈등이론(conflict theory)

집단이론의 지도자인 Bentley는 집단형성을 갈등이론에 입각하여 설명한다. 그는 사회변화란 전체적으로 사회집단 간 갈등의 산물로 본다. 갈등의 기본적 단위가 집단이며, 집단은 활동을 하는 묶음으로 '이익＝활동'이라는 등식을 제시한다.[3]

David Easton은 '권력의 수압이론'(hydraulic theory)으로 설명한다. 이것은 "개인은 활동을 통해서만이 존재로서의 가치를 인정받는다." (김영래 1997:27).

2) David Truman 파열이론(disturbance theory)

정치과정론에서 파열이론을 제시하였다.[4]

---

3) Arthur F. Bentley, 1967(1908), *The Process of Government*, Cambridge Mass.: Belknap Press of Harvard University, p.211.

4) David Truman, 1971, *The Governmental Process*, New York: Alfred A.

David Greenstone은 '안정－파괴－반항' 모델(stability－disruption－
protest: SDP model)이라고 설명한다.[5] 그는 정치현상을 항상 유통하
는 과정 '집단＝이익＝활동'의 등식으로 Arthur Bentley 이론을 재구
성하고 있다.

트루만의 접촉관계(tangent relation)에 따른 이익집단의 형성요인은
접촉이 상호작용을 초래, 상호작용이 공유된 태도로 유도, 상호작용
의 변화는 집단의 형성을 나타낸다(Truman 1971:40－41). 어떤 시점
에서 지금까지 유지되었던 균형상태가 깨지면서 한 사회의 일부 층
이 불리한 여건에 처하게 될 때 균형을 찾기 위해서 상호작용을 하
게 되며 이런 단계에서 집단이 형성된다(김영래 1997: 28).

3) Robert H. Salisbury 이익집단의 교환이론(exchange theory of
interest groups)

조직기업가의 능동적인 역할을 강조하여 조직기업가가 잠재적인
집단구성원에게 참여할 수 있는 매력적인 혜택을 준다면 구성원들은
새로운 집단의 형성에 참여한다.[6]

그의 매력적인 혜택의 세 가지 종류[7]

1st, 목적적 혜택(purposive): 이념적 쟁점 지향적 목표의 추구

Knopf, p.24.

5) J. David Greenstein, 1974, "Group Theories", in Fred I. Greenstein and
Nelson W. Polsby, *Handbook of Political Science*, vol.2, Reading Mass.:
Addison Wesley, pp.265－267.

6) Robert H. Salisbury, 1969, "An exchange Theory of Interest Group",
Midwest Journal of Political Science 13, pp.1－32.

7) Jeffery M. Berry, 1984, *The Interest Group Society*, Boston, Mass.: Little,
Brown & Co., p.69.

2nd, 물질적 혜택(material): 물질적 혜택을 부여함으로써 집단에 참여

3rd, 연대적 혜택(solidarity): 사회적 보상을 추구하기 위해 단체를
조직

4) Mancur Olson, Jr. 합리적 선택이론(rational choice theory) 혹은
선택적 혜택이론(selective benefit)

경제적 관점에 따른 합리적 인간의 선택기준에 의존한다는 것이
다.[8] 그는 이익집단의 발생요인을 자선, 강제력, 선택적 혜택으로 본
다. 그의 선택적 혜택이론은 합리적 인간이면 선택적 혜택의 차원에
서 이익집단에 참여한다는 것이다. 오직 단체에 가입한 회원에게만
어떤 혜택이 주어지고 반면 그 조직에 속해 있지 않으면 어떤 혜택
도 받지 못하기 때문에 단체에 가입하게 된다는 것이다(김영래,
1997:30).

경제원칙을 지나치게 강조하여 비정치적인 개인적 이익에 관심을
두고 있다는 비판과 사회변화와 집단형성의 상관관계를 시장개념에
따라서 설명하고 있다는 점에서 큰 의의를 찾을 수 있다(김영래,
1997:30).

---

8) Mancur Olson, Jr., 1965, *The Logic of Collective Action*, Cambridge,
Mass.: Harvard University Press.

3. 이익집단의 종류

1) Salisbury의 분류[9]

이익의 내용에 따른 분류: 농업, 노동, 실업, 전문직업 등 사회경제적 분파적 집단과 회원의 이익증진보다 불특정 다수를 위한 정치개혁, 경제정의, 소비자보호, 환경보호, 특정한 대의 명분을 증진시키기 위한 목적으로 명분 또는 촉진 집단으로 나누고 있다.

조직형태에 따른 분류: 연합적 조직집단과 단일적 조직집단으로 나누기도 한다.

회원형태에 의한 분류: Graham Wootton은 지방단위의 노동조합과, 국제적 노동조합, 한국의 한국노총이나 전경련과 같은 최고봉에 달하는 정상조직 등으로 나누고 있다.[10]

2) Almond의 분류: 기능적 관점에서 분류[11]

- 아노미 이익집단
- 비결사적 이익집단
- 제도적 이익집단
- 결사적 이익집단

---

9) Salisbury, "Interset Group", in Greenstein and Posby, op.cit, pp.182－189.
10) Graham Wooton, 1970, *Interest Group*, Englewood Cliffs, N.J.: Prentice Hall.
11) Gabriel A. Almond and G. Bingham Powell, Jr., 1978, *Comparative Politics: System Process, and Policy*, Boston, Mass.: Little, Brown & Co., pp.171－176.

4. 한국이익집단의 종류와 특성

한국사회의 이익집단을 그 성장과정과 활동형태를 상호 조합하여 종속적 협력, 종속적 갈등, 자율적 협력, 자율적 갈등으로 네 가지로 유형을 분류하고 있다. 종속적 협력은 개발도상국가, 신흥공업국가, 라틴아메리카 등에서 볼 수 있는 법정단체를 이른다. 한국의 경우 대한상공회의소, 중소기업협동조합, 자유총연맹, 한국무역협회, 한국교원단체총연합회 등이 여기에 속한다. 종속적 갈등은 노동조합과 같은 법에 의해 보호되면서 정부와 이해의 충돌이 자주 발생하는 단체들이다. 자율적 협력은 대한의사협회, 출판문화협회, 문화단체총연합회, 신문협회 등과 같은 단체들이 여기에 속한다. 자율적 갈등은 경실련, 환경운동연합, 기자협회, 민주노총, 변호사협회, 교직원노조 등이 자율적으로 정부와 갈등관계에 있는 단체에 속한다.[12] 이를 도형화하면 다음 표와 같다.

〈이익집단의 분류모형〉

		이익집단의 성장과정	
		종속적	자유적
이익집단의 활동형태	협력적	종속적 협력형	자율적 협력형
	갈등적	종속적 갈등형	자율적 갈등형

---

12) 김영래, 1997, 전게서, 74－77쪽.

한국이익집단정치의 특성으로 다원주의적 양태, 민주화 이후의 자율적 갈등의 증대, 1990년대의 한의학분업, 의료분쟁, 검사인사권이양 문제 등 극단적 집단이기주의에 의한 님비(NIMBY: not in my back yard) 현상, 1980년대 후반 경실련과 환경운동연합의 출현으로 공익단체의 역할증대, 국가의 방관자적 자세에 의한 관리능력저하 현상을 들고 있다.[13)]

5. 사익집단과 공익집단과의 관계

공익집단으로서 NGO는 중세 서구사회의 다양한 결사에 의한 이익집단의 개념과 유사하게 '공유된 이익을 추구하는 개인들의 집합체'에 두고 있다. 공익집단으로서의 NGO의 목적과 성원의 구성은 사적 이익집단과는 다른 성격으로 공익집단의 특징을 가지고 있다. 정부, 기업, NGO 삼자를 비교하면 자원봉사주의(voluntarism)와 연합주의(associationalism)의 기본가치와 이데올로기에 근거한 '사적 비영리조직으로서의 행위자의 성격'을 가진다고 할 수 있다. NGO는 유엔 헌장에 의하면 정부나 정부 간 협정에 의해 설정되지 않는 모든 비영리 사적 조직들을 포괄하는 것으로 되어 있다. 여기에 비해 이익집단은 사적 집단의 이익을 추구할 목적으로 정치권력에 영향력을 행사하는 집단으로서의 성격을 가지고 있다. 이렇게 보면 NGO는 이익집단과 구별되는 점이 영리 목적이냐 비영리 목적이냐, 특정집단

---

13) 김영래, 1997, 전게서, 437 – 442쪽.

이냐 불특정 다수이냐에 따라 구분이 가능할 수도 있다.

　이익집단정치에서 추구해야 할 과제로서는 민주적 정치과정의 확립, 갈등조정장치의 제도화, 공익성의 추구, 이익집단의 자율성 제고, 시민사회의 활성화, 이익집단을 정치조직체로서 정치활동허용, 의회정치의 활성화와 로비제도의 공개적 보장 등으로 가정하고 있다.

Ⅱ. 비정부기구

1. 비정부기구의 기준

　비정부기구(Non‒Government Organization: 이하 'NGO'로 약함)란 정부 조직이 아닌 자발적인 단체로서, 비영리 목적의 불특정한 다수를 위한 단체를 통칭한다.[14] 이러한 기준에 의해 분석해 보면, 비정부기구가 갖추어야 할 핵심 속성으로 비영리 목적이며 불특정 다수를 위한 특수 공익집단이어야 한다는 점을 들 수 있다.

---

14) 김영래, "21세기의 새정치의 화두 ─시민운동─", 김영래, 윤형섭, 이완범 공저, 『한국정치 어떻게 볼 것인가』, 서울: 박영사, 2003, 319‒343쪽. NGO의 분류기준으로서 그 단체가 목적하는 바가 첫째, 영리단체인가, 비영리단체인가. 둘째, 특정집단을 위한 것인가, 불특정 다수를 위한 단체인가에 따라서 분류된다고 하고 있다.

살라만(Lester M. Salaman)에 의하면 비정부기구와 같은 입장에서 연구되고 있는 비영리단체의 기준을 다음의 여섯 가지로 그 특성을 구분하고 있다.15)

1) 공식적인 제도화(organization)
2) 정부로부터의 독립성(private)
3) 이윤배분의 금지(non – profit distribution)
4) 자기 통치(self – governing)
5) 자발성(voluntary)
6) 공익성(public benefit)

이를 구체적으로 설명해 보면, 첫째, 공익(public interest)집단의 성격을 갖춘 이윤 배분이 금지된(non – profit distribution) 집단이어야 한다. 둘째, 정부조직이 아닌 민간부문에 의한 사조직(private)이어야 한다. 셋째, 그 목적이 불특정 다수를 향한 특수공익을 가진 인본적인(humanitarian) 것이어야 한다. 그리고 넷째, 의도적이지 않고 자발적(voluntary and self – governing)인 단체라야 한다.16)

---

15) Lester M. Salaman, *America's Nonprofit Sector*, 2nd edition, The Foundation Center. 1999, pp.10 – 11.
16) Leon Gordenker and Thomas G. Weiss, *NGOs, the UN, and Global Governance* (Colorado: Lynne Rienner, 1996), pp.20 – 21. 이러한 정의에서 벗어나는 특수형태의 예외적인 NGOs가 존재한다. 그 같은 예외적인 것에는 ① 구공산권 국가들이 국가 권익을 위해 만든 정부 NGOs(GONGO), ② 북구와 북미에서 많은 공적 기금에 의존하는 유사형 NGOs(QUANGO), ③ 원조제공자가 지원의 편의를 위해 조직한 증여자 NGOs(DONGO) 등이 있다.

Understanding of Korean Politics

2. 비정부기구의 개념

NGO의 분류기준이나 정의는 나라와 그 사회의 특수성에 따라 차이가 있을 수 있다. 일반적으로 비영리, 자선, 독립, 자발, 면세, 시민사회 부문 등 다양한 용어가 혼란스럽게 사용되고 있는데, 이는 각 속성이 집단의 특성에 따라 추가될 수도 있고 제외될 수도 있음을 보이고 있는 것이다.

이러한 시각에서 NGO의 개념을 정리하면, NGO란 비정부, 비국가, 비당파적 행위자가, 자발적이고 비영리적으로 공익을 실현하는 것을 목적으로 하여, 대중의 정치적 참여를 유도하는 압력단체의 성격을 가지며, 권위주의적 정치체제가 아니라 시민사회를 중심으로 하는 풀뿌리 조직의 성격을 가진, 자율성과 독립성을 가진 기구이다.[17] 실태분석에서 NGO는 노동단체, 학술단체, 종교단체 등과는 같은 일반 시민단체나 전문가단체들을 제외하는 특수공익 추구단체로서 비영리 특수공익 추구의 사적 민간조직체라고 할 수 있다. 이와 같이 시민사회는 국가권력도 아니고 경제적 권력을 대표하는 기업도 아닌 제3의 주체로서, 소비자 시민의 권리를 구현하겠다는 의도에서 생겨났다.

여기에서 우리는 여러 가지의 용어의 혼란을 방지하기 위해서 다음과 같은 의미의 구분을 하고자 한다.[18] 자선부문(charitable sector): 민간 및 자선적 기구를 강조하나 유일한 것은 아니다. 독립적인 부

---

17) 김영래, 전게서, 324 – 325쪽.
18) Lester M. Salaman, *op.cit*, pp.8 – 9.

문(independent sector): 제3의 힘으로 재정적 의미에서는 정부와 기업에 의존한다. 자발적 부문(voluntary sector): 자원봉사자들의 기여를 강조하나 유급직원도 있다. 면세부문(tax-exempt sector): 비영리기관으로서 미국의 세법의 독특성에 의해 면제를 받고 있다. 시민사회부문(civil society sector): 시민적 기초를 강조한다. 비영리부문(non-profit sector): 소유주의 이익창출을 위한 존재가 아니라고 강조하나 때로는 이익을 창출하기도 한다. 그것은 수입으로 지출을 충당하기 위해서이다.

3. 비정부기구의 등장배경

NGO의 성장배경에는 일반적으로 국가 정치권력과 경제권력에 대항하려는 신보수주의적 입장과 자유주의적 다원주의의 입장이 자리잡고 있다. 시민사회는 국가와 기업 중심이었던 시장에서, 그들이 다하지 못하는 부분을 수행하겠다는 목표를 지닌다. 이러한 배경을 갖고 있는 NGO는 언제 어디에서 비롯되어 우리의 생활에 국가와 시장 이외의 제3의 섹터로 자리하게 되었는가. 정부와 시민사회와의 관계를 비교론적 시각에 따라서 분석해 보면 그 대답을 분명하게 알 수 있다.[19] 맥도날드(Laura Macdonald)에 의하면 국가와 시민사회를 규정하는 방식으로는 신보수주의 입장, 자유주의적 다원주의 입장,

---

19) 강명구, "정부와 NGO 관계의 비교론적 연구", 박재창 편, 『정부와 NGO』(서울: 법문사, 2001), 52-58쪽.

Understanding of Korean Politics

신마르크스주의 입장, 세 가지가 지배적이다. [20]

첫째, 신보수주의적 입장(neo‒conservative position)은 국가와 시민사회라는 이분법적 논리에 입각하여 시민사회를 국가가 관여할 수 없는 천부적 권리를 향유하는 사적인 영역으로 간주한다. 이는 고전적인 민주주의적 정치관과 시장경제의 결합이라고 볼 수 있다. 그들은 민주주의 가치를 지니고 있는 시민사회와 자본주의 이념을 가진 시장경제의 연계를 중요시한다. 또한 이러한 시민사회의 속성으로는 선택의 자유, 사유재산, 가부장적 가족제도, 관료제도의 불신, 인간의 자기 이기적 양심에 근거한 합리성과 유인체계 등을 꼽는다.

아울러 NGO는 세계화와 함께 도래한 경제의 전 지구화 상황에서, 개도국의 빈자의 욕구를 즉각 충족시켜 정치적 불안정을 회피할 수 있는 유용한 대안을 제공하는 역할을 담당하며, 개도국의 민주화와도 깊은 관련을 이루고 있는 존재로 인식된다. 즉 NGO를 국가간섭 없이도 사회적 에너지를 동원할 수 있는 사적 영역의 행위자들의 결사체(association)로 간주하는 것이다.

둘째, 자유주의적 다원주의 입장(liberal‒pluralist position)은 토크빌(Alexis de Tocqueville)의 고전적 민주주의 시각에 입각하여 자발적(voluntary) 혹은 이해관계를 중심으로 결집한 사회조직의 존재를 국가, 시민사회, NGO 간의 관계해석의 출발로 삼는다. 이는 사회 중심적(society‒centered) 해석으로 볼 수 있는데, 시민문화론(civic culture)

---

20) Laura Macdonald, *Supporting Civil Society: the Political Role of Non‒Governmental Organization in Central America* (New York: ST, Martin's Press, 1997), pp.13‒22.

이나 사회자본론(social capital)은 이러한 사회 중심적 해석의 줄기를 이어 오고 있다.

그들의 논의에 의하면 자발적 조직인 NGO는 사회적으로, 정치적으로 참여의 증진을 통하여 조직화되지 못한 대중을 국가에 매개하여 주는 역할을 하게 된다. 따라서 NGO의 발생은 정치적 민주화의 중요한 요소가 되는 것이다. 시민이 자발적으로 직접 민주정치에 참여하게 되는 오늘의 자유주의적 다원주의적 현상은 이를 극명하게 설명해 준다. 종래에 존재했던 미첼스(Robert Michels)의 '과두제의 철칙'(iron law of oligarchy)이 인터넷의 발달과 정보기술의 혁신으로 설 위치를 잃게 될지 모르는 현실이 되어 가고 있다. 이러한 의미에서, NGO를 비정치적이고, 비영리적이며, 제3의 독립적인 섹터로 보고 있다.

셋째, 신마르크스주의 입장(new-or post-Marxist position)은 앞의 두 가지 시각과는 달리 국가와 시민 간의 상호 침투가능성을 찾는 데 기원을 두고 있다. 신마르크스주의의 원류는 전통적 마르크스주의를 비판적으로 수용하여 체계화한 그람시(Gramsci)의 시민사회에 대한 해석과 그의 추종자들의 주장에서 찾을 수 있다. 전통적 마르크스주의에서는 국가를 정치사회와 시민사회로 구성되어 있는 것으로 보고 시민사회가 부르주아적 사회질서와 연계된 것으로 생각하면서 그 개념에 대해 유보하는 입장을 보인다. 따라서 전통적 마르크스주의에서는 시민사회가 곧 부르주아적 사회질서를 상징하며 계급갈등이 개입한 사상이라는 이유로 논의 대상이 될 수 없었다. 그러나 그람시는 국가권력이 정당, 군대 등과 같은 제도적 실체를 통해서 직접적으로 행사될 뿐만 아니라 시민사회에 대한 헤게모니를 통

Understanding of Korean Politics

해서 간접적으로도 행사된다고 본다.

또한 그의 추종자들은 프롤레타리아를 역사적 변혁의 주체로 상정하는 계급 투쟁적 성격 대신, 비계급적 지위에 근거한 또 다른 형태의 조직화된 사회운동(social movement)에 주의를 기울인다. 여기에서 신사회운동의 중요한 행동 영역인 여성, 평화, 인종, 공동체 등이 비계급적 지위에 근거한 또 다른 형태의 조직으로 주목받은 것이다.[21] 이러한 시각은 NGO와 더불어 민주주의의 심화로 내부의 한계를 극복할 수 있게 한다.

이상의 세 가지 시각에서 NGO는 정부와 대별되는 양상을 보이고 있다. 이러한 NGO의 성장배경을 통해 정부나 시장이 충분히 수행하지 못하는 부분과 냉전 종식 이후에 급부상하고 있는 초국적 시민사회의 등장을 설명하는 과정에서 특별히 고려해야 할 점이 있다. 그것은 국제사회에 있어서의 상호 의존의 중요성과 사회의 발달에 따른 전문성과 합리적인 사고와 인식에 중점을 두지 않고는 협력 달성이 어려울 것이라는 점이다. 이는 국제레짐 이론과도 일맥상통한다. 국제레짐 이론과 NGO성장 이론, 양 이론 모두 국제사회에서 국가 중심에서 이탈하여 다양한 행위자 중심으로 변화함으로써 공통의 과제를 가지고 있다고 할 수 있다.

---

21) Ernesto Laclau and Chantal Mouffe, *Hegemony and Socialist Strategy: Towards a Radical Democratization Politics*, Second Edition (New York: Verso, 2001), pp.85 – 88.

Ⅲ. 국가, 시장, 시민사회 삼분법적 접근

서구의 정치학자들은 오늘날의 사회를 분류할 때에 이분법이나 삼분법을 분석의 틀로 활용하고 있다.

1. 이분법적 분류

이분법의 대표적인 학자로는 헬드(David Held)와 킨(John Keane) 등이 있다.[22] 이분법에 의하면 '국가-시민사회'라는 이론 틀로서 국가와 국가 이외의 모든 사회단체를 가리켜 시민사회로 지칭하는 경우이다. 가령 존 킨(John Keane)이 시민사회와 국가를 구분하는 경우 시민사회를 "비국가적 활동, 즉 경제적·문화적 생산활동, 가사활동, 자발적 결사의 활동에 종사하는 제도의 통합"이라고 보고, 또한 그는 "국가제도에 모든 유형의 압력이나 통제권을 행사함으로써 자기 정체성을 유지 또는 변형시켜 나가는 제도적 집합체"를 시민사회라고 본다. 따라서 이들의 논법에 의하면 국가사회와 국가 이외의 사회제도를 통칭하여 시민사회라고 보는 것이다.

---

22) John Keane, eds., "Introduction", *Civil Society and the State* (London: Verso, 1988), pp.1-31: David Held, *Political Theory and Modern State* (Standford, CA.: Standford University Press, 1989), pp.1-10.

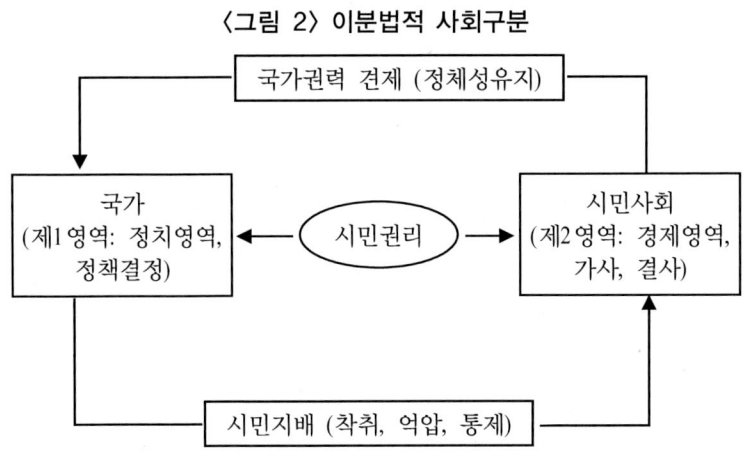

〈그림 2〉 이분법적 사회구분

국가권력 견제 (정체성유지)

국가
(제1영역: 정치영역,
정책결정)

시민권리

시민사회
(제2영역: 경제영역,
가사, 결사)

시민지배 (착취, 억압, 통제)

2. 삼분법적 분류

삼분법을 분석 틀로 활용하는 학자에는 하버마스(Jürgen Habermas),
코헨과 아라토(Jean L. Cohen and Andrew Arato), 그람시(Antonio
Gramsci), 네르핀(M. Nerfin), 코오턴(David C. Korten), 나잠(Adil Najam)
등이 있다.[23] 비정부기구나 비영리기구에 대한 연구를 하는 서구의

23) M. Nerfin, "Neither Prince nor Merchant: Citizen－an Introduction to the
    Third System", *World Economy in Transition* edtied by K. Ahooja－
    Patel, A.G. Drabek, and M. Nerfin (Oxford: Pergamon Press. 1986):
    Adil Najam, "Citizen Organizations as Policy Entrepreneurs", *Interna-
    tional Perspectives on Voluntary Action: Reshaping the Third Sector*
    edited by David Lewis (London: Earthscan, 1999): David C. Korten,
    Getting to the 21st Century: Voluntary Action and the Global Agenda
    (Hartford: Kumarian Press, 1990): Sheelagh Stewart, "Happy Ever After

학자들 네르핀, 코오턴, 나잠 등과 같은 학자들은 사회를 세 가지 기본요소, 즉 국가(state), 사기업(corporate), 시민사회(civil society)로 나누고 있다. 이것을 그들은 정치권력을 대표한 군주(the prince), 경제적 권력을 대표하는 상인(the merchant), 인민적 권력을 구현하는 시민(the citizen)이라는 은유(metaphor)로 나타내곤 한다. 이때에 국가영역(the state sector)은 사회질서의 보존(preservation of social order), 시장영역(the market sector)은 재화와 용역의 생산(production of goods and services), 시민사회(the voluntary associational, or citizen, sector)는 특정 사회 비전의 표출과 실현(articulation and actualization of particular social visions)을 시켜 나가는 영역으로 정의하고 있다.

또 다른 학자는 시민사회를 시민과 국가 간의 공적 영역으로 정의하기도 한다.24) 하버마스는 사회를 권력매체에 의해 조종되고 통합되는, 국가와 화폐에 의해 조종되고 통합되는 경제 그리고 생활세계로 구분한다. 그는 생활세계를 공적 영역과 사적 영역으로 구분하고 또다시 공적 영역을 문예적 공공영역(literary public sphere)과 정치적 공공영역(political public sphere)으로 나눈다. 문예적 공공영역은 사적 개인생활에 해당하는 개인의 주체성을 남에게 드러내어 보여 주는 사회구조로서 공공성과 연결되는 영역이고, 정치적 공공영역은 계층의 자기 규제를 위해 형태(form)를 제공하고 정치제도(political organization) 속에는 공식화되지 않은 클럽, 결사, 위원회

---

in the Marketplace: Non-Government Organizations and Uncivil Society", *Review of African Political Economy* (Vol.24(71), 1997), pp.11-34.

24) Sheelagh Stewart, "Happy Ever After in the Marketplace: Non-government Organizations and Uncivil Society", *Review of African Political Economy*, Vol.24(71) (1997), pp.11-34.

등 이는 정치적 주제를 형성하는 장소로서 정치적 모임의 제도화로 발전하기 전 단계의 영역을 말한다. 그는 자기표현의 영역인 문예적 공공영역에서 공론화의 정치적 공공영역으로 그리고 이것이 공식적인 정치제도의 영역으로 발전하는 것으로 본다. 그의 공적 영역은 정치적 제도화 이전의 국가 기능을 견제하고 사회를 통합하는 의견 수렴을 통한 여론을 형성하는 사회생활영역—생활세계(life world)는 물상화 과정이 경제와 국가가 자아내는 억압적 통합의 단순한 반영물로서 나타나는 장소가 아니라 의사소통적으로 구조화된 행동영역이 물상화된 것을 반영하는 것으로 보는 의사소통행위이론(theory of communicative action)으로 규정하고 있다.[25]

코헨과 아라토는 시민사회에 대한 주제를 이와 같은 하버마스에게서 찾는다. 그는 사회를 두 가지 하부체계, 즉 정치체계와 경제체계 그리고 생활세계의 의사소통 매체에 의해 통합되는 시민사회로 구성되는 삼분모델을 제시한다. 그는 생활세계를 정치체계(국가)와 경제체계를 분화시키는 차별화된 제3의 영역으로 본다.[26]

삼분법적 사회분류에서 우리가 중요시하는 것은 후기 마르크스주의자들의 입장이다. 그것은 전통적 마르크스주의자들이 시민사회를 주로 경제영역으로 규정했던 것, 즉 국가를 정치사회(political society)와 헤게모니 쟁탈의 시민사회(civil society)로 규정했던 것에서 벗어나 그람시(Gramsci)는 시민사회를 비계급적인 존재로서 또 다른 사

---

25) Jürgen Habermas, *The Theory of Communicative Action, V.2. Lifeworld and System —a Critique of Functionalist Reason* (Boston: Beacon Press, 1987), pp.391－396.
26) Jean L. Cohen and Andrew Arato, *Civil Society and Political Theory* (New Baskerville: MIT Press, 1994), p.18.

회조직으로서 경제외적 상부구조의 영역으로 재규정하고자 한 점이다. 즉 "두 개의 주된 상부구조 중 하나로서 흔히 사적(private)이라고 불리는 유기체의 총화"를 시민사회라고 본다.27) 그의 시민사회는 정치사회, 경제사회와 구분되면서 정당과 노조를 포함하는 다양한 사적 결사체들이 광범한 동의에 기반을 둔 지적, 도덕적, 지도력의 헤게모니 창출을 위해 투쟁하는 공간으로 본다.28) 그는 시민사회를 상부구조의 한 영역으로서 (국가를 중심으로 하는 정치사회라는) 정치적 상부구조의 기반, 즉 상부구조적 토대의 위치에 선다고 한다. 이러한 상부구조로서의 시민사회구조는 헤게모니적 계급지배의 구조에 대응하기 위한 새로운 전략으로서 국가에 대한 전면적 공격(frontal attack of the State)인 기동전(war of maneuver)에 대체되는 진지전(war of position) 전략을 강조하고 있다.29)

지금까지 이루어진 시민사회에 대한 연구를 종합하면, 영국을 비롯한 유럽 여러 나라에서는 대부분 시민사회를 국가라는 정치사회와 시장이라는 경제사회 이외의 자발적인 영역(voluntary sector)으로서 제3영역으로 분류한다. 즉 이를 현대에서 비정부기구와 관련하여 시민사회를 해석하는 일반적인 관점으로 볼 수 있다. 이 경우 국가, 시장, 시민사회의 삼자관계를 〈그림 3〉와 같이 정리할 수 있다.

---

27) Antonio Gramsci, *Selection from Prison Notebooks* (New York: International Publishers, 1971), p.12.
28) 그람시의 헤게모니의 개념은 Martin Carnoy, *The State and Political Theory* (New Jersey: Princeton University Press, 1984), pp.69-70를 참조 바람.
29) Martin Carnoy, *ibid.*, pp.80-85.

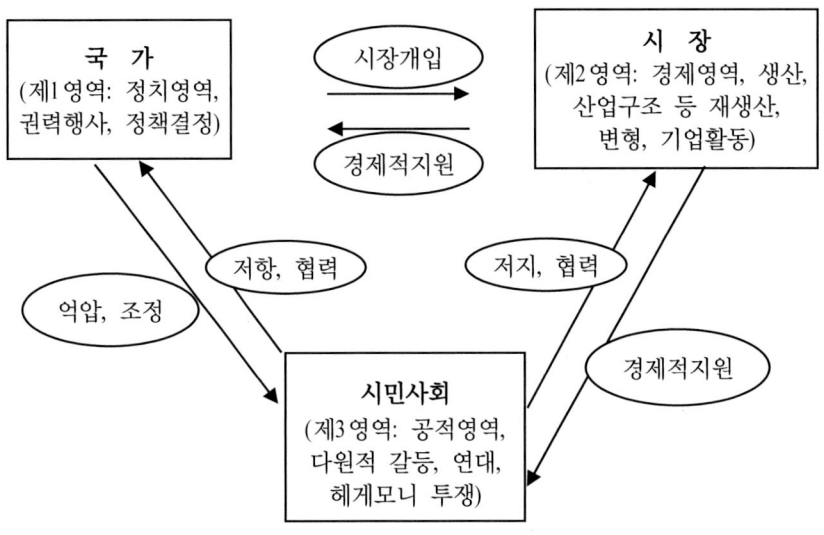

〈그림 3〉삼분법적 사회구분

Ⅳ. 지구시민사회의 형성

오늘날 인권, 여성, 환경, 질병, 전쟁, 테러 등에 관한 사회운동은
어느 한 나라만의 문제가 아니라 국가를 초월하는 초국적 시민사회
운동(transnational social movement)으로 변해 가는 경향이 강하게 나
타나고 있다.

1. 초국적 사회운동 조직

위에서 말한 쟁점 사항들이 전 지구적 차원의 문제를 낳고 있기 때문에, 국제사회에서 국가 간 경계를 뛰어넘어 인류 공통의 목적을 위해 공조하는 사회운동조직(social movements organization: SMOs)에[30] 의한 초국적 국제 사회운동 연구가 관심의 대상이 되고 있다. 이와 같은 현상, 즉 지역문제에서(local) 국가적인 문제(national)로 그리고 나아가서 국제문제(global)로 발전한 한국 국내의 문제로는 '동강댐건설 반대운동'과 람사협약(Ramsar convention)[31]과 연계된 '새만금간척사업 반대운동' 등이 대표적 사례이다. 이러한 초국적 사회문제를 다루기 위해, 초국가 사회에서 전 지구적 공공영역(global public sphere)의 존재 문제가 대두된다. 전 지구적 공역이란 개인, 집단, 지방, 국가 등이 시공적 제약을 초월하여 담론과 실천을 이룰 수 있는 공간으로 정의할 수 있다. 이에 대한 접근방식으로서 비정부기구의 역할 확대에 주목할 필요가 있다.

비정부기구는 초국적 인류의 문제를 해결하기 위해서 신제도주의적 지구문화의 확산, 세계 공역화하는 영공주권의 위협, 국제기구의 중요성 증대의 논의를 더욱 활발히 하기 위해 국민국가라는 경계를

---

30) 여기서의 사회운동조직(social movements organizations: SMOs)은 NGO(non-government organization), NPO(nonprofit organization), VO(voluntary organization), CSO(civil society organization), PO(public organization), MBO(membership organization), PBO(public benefit organization) 등을 총괄하는 개념으로 사용한다.

31) Ramsar Convention: 1971년 이란의 Ramsar에서 채택된 물새 서식지로서 국제적으로 중요한 습지 보전 조약이다.

넘어서고, 규범, 제도, 원칙, 관행 등 기존의 국제기준을 한곳에 수렴해 나가는 등의 과정에서 큰 몫을 해 내고 있는 것이다. 최근에는 새롭게 등장하고 있는 순수 민간단체들이 도약을 준비하고 있다. 이들은 아직 분명한 형체를 드러내고 있지 않지만, 국제사회와 세계지역을 연결하는 매개고리가 논의되어야 할 것이다. 그런 논의 없이는 초국적 사회운동에서 장애를 극복할 수 있는 대안이 없기 때문이다. 앞으로 이러한 차원의 지구적 사회(global society)에 대한 논의가 적극 모색되어야 할 것이다.

이러한 지구적 사회를 일반적으로 발전시킨 것이 지구시민사회이다. 지구시민사회 형성에 대해서는, 립슈츠는 상상의 공동체론(imagined commodity)을 통해서 가능하다고 본다. 그들은 초국적 환경운동 단체, 인권운동 단체 등과 같은 아래로부터 국민국가 체제에 도전하는 상상의 공동체(imagined community)인 초국가적 정치적 네트워크(transnational political networks)가 될 국가의 경계를 넘어서 지역적 행위자들로서의 담론의 실천의 장을 형성하는 방법이 있을 수 있다고 한다.[32]

메이어와 볼리(Meyer and Boli)는 국제기구를 통한 지구시민사회를 형성할 수 있다고 한다. 그들은 지구적 문화의 형성에 따라 세계적 정체성이 형성되고 있다고 본다. 국제 비정부기구(INGOs)나 정부 간 기구(IGOs)를 활용하여 국제수준의 지식, 정보, 규범, 가치 등을 제공해 줌으로써 지구시민사회 형성에 기여할 수 있다.[33]

---

32) Ronnie D. Lipschutz, "Reconstructing World Politics: Emergence of Global Civil Society", *Millennium: Journal of International Studies,* Vol.21(3), (Autumn, 1992), pp. 389-420.

스미스(Jackie Smith)의 경우는 초국적 사회자본을 형성함으로써 지구시민사회를 달성할 수 있다고 본다. 사회운동조직에 의한 초국적 연대를 조성하여 국제사회의 신뢰, 믿음, 네트워크 등과 같은 사회적 자본(social capital)을 두텁게 하여 초국적 공론을 형성할 수 있는 담론의 장을 제공해 줌으로써 지구시민사회를 형성할 수 있다는 것이다.34)

2. 국제부메랑전략(boomerang strategy)

국제협력을 논할 경우, 국제옹호망(Transnational Advocacy Networks: TANs) 개념이 국제관계의 논의에서 부각될 수 있다. 이는 개도국 사회운동단체가 자국의 정부를 압박하기 위해 선진국의 사회운동단체 혹은 국제기구 등을 동원하여 당면한 국제문제를 해결하려는 전술적 효과에 초점을 맞추고 있는 것이다. 초국적 사회운동과 지역운동의 연계활동 방안에 대해서 몇 가지로 나누어 보면 정체성 형성과 자원동원의 차원에서 ① 위로부터의 압박전략, ② 장기적 사회화 과정을 통한 도전, ③ 지역운동의 역량강화를 위한 지속적 네트워크의 활성화 등으로 볼 수 있다.35)

---

33) John W. Meyer, John Boli, George M. Thomas, and Francisco O. Ramirez, "World Society and Nation-state", *American Journal of Society*, Vol.103(1) (July 1997), pp.144-181.

34) Jackie Smith, "Global Civil Society?: Transnational Social Movement Organizations and Social Capital", *American Behavioral Scientist*, Vol.42(1) (Winter, 1998), pp.93-107.

첫째, 압박전략은 초국적 사회운동조직들이 사회적으로 합의에 이른 국제규범들, 즉 환경, 인권, 평화, 여성에 대한 규범에 어긋나는 지역정치에 대해 국제적 연합을 형성하여 압박을 가하는 형태이다. 이때 후진적, 권위적 독재국가에서 인권문제와 같은 것을 효과적으로 압박을 가하여 부메랑효과를 더 크게 하기 위해서는 국제옹호망 전략을 취하기도 한다. 켁과 시킨크(Keck and Sikkink)에 의하면 이러한 전략에는 네 가지 정도가 있다. ① 구체적 사실에 입각한 객관적 정보확보를 통한 정당성 확보, ② 사건을 상징적으로 쟁점화하여 운동이념의 틀로서 활용하여 일반 시민들이 심정적으로 동조하거나 참여하는 상징적인 설득, ③ 구체적인 반규범적 사실을 공개하여 망신을 주게 하는 도덕적 압력, ④ 군사적, 경제적 제재를 동원하는 물질적 제재 전략이다.

둘째, 장기적 사회화 과정을 통한 도전에 의한 초국적 사회운동은 지역사회 국가나 정부가 국제규범, 즉 조약, 협정, 협약 등에 부합할 수 있도록 학습과정에 연계하는 형태이다. 이 경우 사회화 과정에서 외부의 제도, 즉 국제규범을 국내제도에 주입하게 되면 그 단계적 발전을 나누어 제도화시켜 나가는 방법이 있다. 초기단계에는 압력과 거부가 교차하고, 그다음 단계에는 전략적인 양보의 단계를, 세 번째 단계에는 국내법 제정 등 법 규정 단계 그리고 마지막 단계에는 새로운 법규의 일상화 및 제도화 단계를 거치게 된다. 이러한 모델을 리스와 시킨크는 나선형 모델(spiral model)로 소개한다.[36] 코텐

---

35) Margaret E. Keck and Kathryn Sikkink, *Activists beyond Borders: Advocacy Networks in International Politics* (New York: Cornell University Press, 1998), pp.12−25.

(David C. Korten)은 개발 NGOs의 경우 네 가지 전략적 단계를 거쳐서 발전하면서 상호 작용하는 것으로 본다. 첫째 세대에서는 구호와 복지를 직접 펴는 단계, 둘째 세대에서는 지방적 자기 의존의 단계, 셋째 세대에서는 지속가능한 체제 개발, 넷째 세대에서는 민중운동 지원 단계로서 인민 중심의(people-centered), 지구 우주호(global spaceship)의 경제적 비전을 제시하면서 발전하고 그 정당성을 확보해 나가는 활동을 한다고 보고 있다.[37]

셋째, 지역운동의 역량강화를 위한 초국적 사회운동 단체들과 지속적인 네트워크 강화이다. 이는 국내문제를 초국적 사회문제로 관심을 높여 나가는 형태나 또는 이와 반대로 국제문제를 국내문제로 이행시켜 나가는 과정에서 지속적 네트워크를 강화시켜 가는 형태이다.[38] 이러한 전략을 켁과 시킨크(Keck and Sikkink)는 부메랑전략(boomerang strategy)이라고 한다.[39] 현재 2000여 개의 비정부기구가 유엔경제사회이사회(UN Economic and Social Council)에서 자문활동을 하고 있지만, 그들의 활동 간에 연결고리가 약하거나 학습화 활동에 구심점 없는 대응을 보여, 유엔을 통한 활동단체에 대해 회의를 갖게 하는 단체들이 늘어나고 있다.

---

36) Thomas Risse and Kathryn Sikkunk, "The Socialization of International Human Rights Norms into Domestic Practices: Introduction", *The Power of Human Rights* edited by Thomas Risse (New York: Cambridge University Press, 1999), p.33.

37) David C. Korten, *ibid.*, pp.114-128.

38) Sidney Tarrow, *Power in Movement: Social Movement, Collective Action and Politics* (Cambridge: Cambridge University Press, 1994), p.2.

39) Margaret E. Keck and Kathryn Sikkink, *op.cit.*, 1998, pp.12-13.

Understanding of Korean Politics

여기서 지구적 시민사회 형성에 대해 하나 언급하자면, 지방문제 (local)나 국내문제(domestic)의 경우는 국가에 대항하고 기업에 압력을 가하며 시민사회의 권리를 확장시키려는 노력이 비정부기구의 역할로서 강한 효과를 얻을 수 있다.[40] 그러나 전 인류적인 문제의 경우, 정부나 기업에 대항적인 자세보다는 지우그니와 파시(Giugni and Passy)의 주장과 같이 초국적 사회운동단체와 국가는 상호 협력적 보완관계를 형성하는 경우가 더욱 문제 해결이 용이할 수 있다. 국제문제 해결은 한 국가나 한 개별 비정부기구로서는 해결할 수 없을 뿐만 아니라, 정부나 사기업 또한 예외 없이 함께 역량을 집결해야 전 지구적 총체적인(ensenbled) 시민사회를 위한 평화와 복지 증진에의 노력의 효과가 배가될 수 있을 것이기 때문이다.

현재 NGO는 '못하는 것이 없을 정도'라 불러도 좋을 만큼 수행하는 활동이 다양하다. 국가기능을 대신하여 국가가 할 수 없는 것을 감시하고, 국가가 꺼리는 것을 주장하며, 국가의 모자라는 부분을 혁신하고, 국가의 여력이 닿지 않는 분야에 서비스를 제공한다.[41] 또한 NGO에 대한 논의는 불완전한 국가와 불완전한 시장을 정책적으로 보완하고 시장과 국가를 민주적 질서하에 묶는 새로운 거버넌스로의 변환을 모색한다는 의미를 지닌다.[42]

---

40) 김영래, "한국 시민사회운동의 과제와 전망", 중앙일보 시민사회, 『시민사회과제』 2003, 14쪽.

41) Adil Najam, "Citizen Organizations as Policy Entrepreneurs", *International Perspectives on Voluntary Action: Reshaping the Third Sectors* edited by David Lewis (London: Earthscan, 1999), p.148.

42) Charles Wolf Jr., *Markets or Governments: Choosing between Imperfect Alternatives*, Second Edition (Boston: The MIT Press, 1997), pp.90－94.

3. 지구시민사회와 국제NGO의 역할

지구시민사회(global civic society)에 대해, 국제NGO는 다양한 방법으로 많은 영향력을 미칠 수 있다. 여러 가지 NGO의 역할 중 고전적인 기본적 역할을 보면, ① 집행 운용(executive operation)의 기능, ② 교육(education)의 기능, ③ 선전, 대변(advocacy)의 기능 그리고 ④ 감시활동(monitoring)의 기능 등이 대표적으로 언급된다.43) 이런 일반적인 기능에서 NGO는 스스로가 갖고 있는 자원, 즉 전문지식, 동원능력 그리고 실행력 등을 통해 영향력을 행사하고 있다.44) 국제NGO의 역할을 정리하면 다음과 같이 볼 수 있다.

첫째, 먼저 국제NGO는 사안별 의제설정(agenda setting)을 할 수 있다. 당면하고 있는 중요 사안별로 관심사에 대한 국제여론 형성 및 공론화에 NGO가 주도적인 역할을 한다. 여기서 국제NGO는 정부나 국제기구의 의사결정권자들로 하여금 시민사회가 요구하는 쟁점사항에 관심을 갖도록 하고, 이를 의제로 설정하도록 공론화의 역할을 한다. 선진국 중심의 세계무역기구(WTO)의 질서편성 반대운동, 대인지뢰 금지운동, 전쟁반대운동 등과 같은 그 대표적인 공론형성 활동을 우리는 지켜볼 수 있었다.

---

43) Shirin Sinnar, "Mixed Blessing: The Growing Influence of NGOs", *Harvard International Review* (Winter 1995 / 96), pp.36 − 40: Lester M. Salaman, *America's Nonprofit Sector: A Primer,* Second Edition (The foundation Center, 1999), pp.15 − 17: 김영수, "세계사회의 거버넌스 형성과 NGO의 역할", 한국 NGO학회, 『2002년도 춘계학술대회』 16 − 18쪽.

44) P. J. Simmons, "Learning to live with NGOs", *Foreign Policy*, No.112(Fall 1998), pp.82 − 88.

둘째, 국제레짐을 창출(creation)하는 역할을 한다. 국제NGO는 고전적인 기본 NGO의 활동을 통해서 지구시민사회에서 새로운 국제레짐을 형성하거나 기존의 국제레짐을 강화하는 역할을 한다. 국제NGO는 새로운 조약이나 협약을 창출해 내는 데에 공헌을 한다. 개별적인 인권, 환경, 항공 등에 관한 조약이나 협약들을 모아서 지구적 인권레짐, 환경레짐, 항공레짐을 채택하는 데에 결정적인 역할을 한다.

셋째, 개발NGO와 같은 국제NGO는 대중적 지지동원과 공론화를 통해서 정부나 국제기구의 활동에 정당성을 부여하는 역할을 한다. 이와 같이 활동 주체에게 정당성을 부여해 줌으로써 그 효율성을 증대해 준다. 효율적인 정부나 국제기구의 활동이 되게 하기 위해서 정부나 국제기구는 국제NGO들과 정기적인 협의의 필요성을 갖게 된다.

넷째, 국제NGO는 문제가 되고 있는 쟁점사항들을 해결하는 역할을 한다. 국제NGO는 정부나 국제기구와의 협조를 통해 혹은 때로는 독자적인 힘으로 문제를 해결하기 위한 실질적인 활동을 전개할 수 있는 능력을 함양하게 된다. 난민이나 기아 문제를 직접 해결하기 위해 구호활동을 펼치는 일, 개발원조 활동, 환경이나 인권 감시활동들을 수행하고 있는 NGO의 역할을 볼 수 있다.

이와 같은 국제NGO의 활동은 먼저, 풀뿌리 민중에서부터 UN, IMF, WTO 등과 같은 초국제기구에 이르기까지 수직적으로 이동하면서 의사결정권한을 보조하는 영역(subsidiarity)을 가진다. 즉 국가나 국제기구에 대한 보조적 기능을 수행하는 경우이다. 또한 다른 한편으로는 수평적으로 국내뿐 아니라 초국가적인 시민연합을 결성하여, 개인의 힘으로는 상상도 못 할 강한 연대의 힘(solidarity)에 의해 커다란 일을 이루어 내기도 한다.[45] 이를 가리켜 그라노베터(Mark S. Granovetterr)가 지적했던 '약한 네트워크에 강한 연결'(the strength of weak ties)의 경우라 말할 수 있겠다. 이와 같이 국내적으로나 국제적으로 중요한 쟁점사항에 대해 의사결정 수준을 수평적, 연대적 기능으로 재조정하게 된 것은, 1992년 리우 환경회의와 1999년 시애틀 서방 선진국 정상회담 반대운동 등 NGO의 활동이 범국제적인 조직화 현상을 보이면서 시작된 것으로 볼 수 있다.

국제연맹은 NGO을 분류함에 있어서, 공적기구, 반공적기구, 사적기구의 삼분법적 분류방식을 사용하였다. 그러나 국제연합(UN)에서는 국가와 국가 간 정부기구 그리고 그 이외의 비정부기구로 2분법적 분류방식을 사용하고 있다.[46] 또한 프린센(Thomas Princen)은 NGO의 행동양식을 정부나 국제기구에 의사를 직접 전달하는 양식과 간접적인 압력행사를 가하는 양식으로 분류했으나[47] 그라노베터의 이론을 바탕으로 하여 보조성과 연대성을 기준으로 NGO의 행동양식을 분류하는 경우도 존재한다. 이는 소비자 중심에서의 시민사회운동과 같은 단순한 투쟁적 행위에서 벗어나기 위함이고, 또한 앞서 언급한 초국적 국제옹호망 형성과 지구시민사회 형성에서 총체적

---

45) Mark S. Granovetterr, "The Strength of Weak Ties", *American Journal of Sociology*, Vol.78(6) (1973), pp.1360−1380.

46) Chiang Pei−heng, *Non−Governmental Organization at the United Nations* (Hongkong: Praeger Publishers, 1981), p.60.

47) Thomas Princen, "NGOs: Creating a Niche in Environmental Diplomacy", *Environmental NGOs in World Politics: Linking the Local and the Global* edited by Thomas Princen and Matthias Finger (New York: Routledge, 1994), pp.36−38.

인 인류 복지와 공영을 이루기 위해서는 더욱 분할(fragment)을 줄일 필요가 있기 때문이다. 그리고 국제레짐과 시민사회운동 부문에서는 초국적 국제레짐 형성을 위하여 일반적인 NGO의 정부나 기업에 대한 투쟁적, 해방적, 독립적, 쟁탈적 성격을 벗어나고자 한다. 따라서 일반 소비 대중, 정부, 정부기구, 국제기구 등이 초국가적으로 전 지구 인류적 평화와 복지증진을 위한 환경, 노동, 안전, 항공 등의 문제에 접근하는 차원에서 초국적 시민사회운동을 전개하고 있다.

▌참고문헌 ▌

강명구, "정부와 NGO 관계의 비교론적 연구", 박재창 편, 『정부와 NGO』, 서울: 법문사, 2001.

김영래, "21세기의 새정치의 화두 ─시민운동─", 김영래, 윤형섭, 이완범 공저, 『한국정치 어떻게 볼 것인가』 서울: 박영사, 2003.

김영래, "한국 시민사회운동의 과제와 전망", 중앙일보 시민사회, 『시민사회과제』 2003.

김영래, 1997, 『이익집단정치와 이익갈등』, 서울: 한울아카데미.

김영수, "세계사회의 거버넌스 형성과 NGO의 역할", 한국 NGO학회, 『2002년도 춘계학술대회』, 2002.

Almond, Gabriel A. and G. Bingham Powell, Jr., 1978, *Comparative Politics: System Process, and Policy*, Boston, Mass.: Little, Brown & Co.

Bentley, Arthur F. 1967(1908), *The Process of Government*, Cambridge Mass.: Belknap Press of Harvard University.

Berry, Jeffery M. 1984, *The Interest Group Society*, Boston, Mass.: Little, Brown & Co.

Carnoy, Martin. *The State and Political Theory*, New Jersey: Princeton University Press, 1984.

Chiang Pei−heng, *Non −Governmental Organization at the United Nations*, Hongkong: Praeger Publishers, 1981.

Cohen, Jean L. and Andrew Arato, *Civil Society and Political Theory*, New Baskerville: MIT Press, 1994.

Gordenker, Leon. and Thomas G. Weiss, *NGOs, the UN, and Global Governance* Colorado: Lynne Rienner, 1996.

Gramsci, Antonio. *Selection from Prison Notebooks*, New York: International Publishers, 1971.

Granovetterr, Mark S. "The Strength of Weak Ties", *American Journal of Sociology*, Vol.78(6), 1973, 1360−1380.

Greenstein, J. David. 1974, "Group Theories", in Fred I. Greenstein and Nelson W. Polsby, *Handbook of Political Science*, vol.2, Reading Mass.: Addison Wesley.

Habermas, Jürgen. *The Theory of Communicative Action, V.2. Lifeworld and System −a Critique of Functionalist Reason*, Boston: Beacon Press, 1987.

Held, David. *Political Theory and Modern State*, Standford, CA.: Standford University Press, 1989.

Keane, John. eds., "Introduction", *Civil Society and the State*, London: Verso, 1988, 1−31.

Keck, Margaret E. and Kathryn Sikkink, *Activists beyond Borders: Advocacy Networks in International Politics*, New York: Cornell

University Press, 1998.

Korten, David C. *Getting to the 21st Century: Voluntary Action and the Global Agenda*, Hartford: Kumarian Press, 1990.

Laclau, Ernesto. and Chantal Mouffe, *Hegemony and Socialist Strategy: Towards a Radical Democratization Politics*, Second Edition, New York: Verso, 2001.

Lipschutz, Ronnie D. "Reconstructing World Politics: Emergence of Global Civil Society", *Millennium: Journal of International Studies,* Vol.21(3), Autumn, 1992, 389－420.

Macdonald, Laura. *Supporting Civil Society: the Political Role of Non－Governmental Organization in Central America*, New York: ST, Martin's Press, 1997.

Meyer, John W., John Boli, George M. Thomas, and Francisco O. Ramirez, "World Society and Nation－state", *American Journal of Society*, Vol.103(1), July 1997, 144－181.

Michels, Robert. 1962, *Political Parties: A Sociological Studies of the Oligarchical Tendencies*, New York: Free Press.

Najam, Adil. "Citizen Organizations as Policy Entrepreneurs", *International Perspectives on Voluntary Action: Reshaping the Third Sectors* edited by David Lewis, London: Earthscan, 1999.

Nerfin, M. "Neither Prince nor Merchant: Citizen－an Introduction to the Third System", *World Economy in Transition* edtied by K. Ahooja－Patel, A.G. Drabek, and M. Nerfin, Oxford: Pergamon Press. 1986.

Olson, Jr., Mancur. 1965, *The Logic of Collective Action*, Cambridge, Mass.: Harvard University Press.

Princen, Thomas. "NGOs: Creating a Niche in Environmental Diplomacy", *Environmental NGOs in World Politics: Linking the Local and the Global* edited by Thomas Princen and Matthias Finger, New York: Routledge, 1994.

Risse, Thomas and Kathryn Sikkunk, "The Socialization of International Human Rights Norms into Domestic Practices: Introduction", *The Power of Human Rights* edited by Thomas Risse, New York: Cambridge University Press, 1999.

Salaman, Lester M., *America's Nonprofit Sector: A Primer*, Second edition, The Foundation Center, 1999.

Salisbury, Robert H. 1969, "An exchange Theory of Interest Group", *Midwest Journal of Political Science* 13.

Simmons, P. J. "Learning to live with NGOs", *Foreign Policy*, No.112, Fall 1998.

Sinnar, Shirin. "Mixed Blessing: The Growing Influence of NGOs", *Havard International Review* (Winter 1995 / 96): Lester M. Salaman, *America's Nonprofit Sector: A Primer,* Second Edition, The foundation Center, 1999.

Smith, Jackie. "Global Civil Society?: Transnational Social Movement Organizations and Social Capital", *American Behavioral Scientist*, Vol.42(1), Winter, 1998, 93 − 107.

Stewart, Sheelagh. "Happy Ever After in the Marketplace: Non−government Organizations and Uncivil Society", *Review of African Political Economy*, Vol.24(71), 1997, 11 − 34.

Tarrow, Sidney. *Power in Movement: Social Movement, Collective Action and Politics,* Cambridge: Cambridge University Press, 1994.

Truman, David. 1971, *The Governmental Process*, New York: Alfred A. Knopf.

Wolf Jr., Charles. *Markets or Governments: Choosing between Imperfect Alternatives*, Second Edition, Boston: The MIT Press, 1997.

Wootton, Graham. 1970, *Interest Group*, Englewood Cliffs, N.J.: Prentice Hall.

제12장 민주화 이후의 한국 시민사회
― 문제점과 바람직한 방향 ―

Ⅰ. 문제의 제기

　'시민사회운동(civil social movement)이란 무엇인가?'라고 질문을
받으면 선뜻 이것이라고 대답하기가 쉽지 않은 것 같다. 아마도 이
러한 망설임 뒤에는 시민사회단체나 시민사회운동이라는 용어에 대
한 개념화가 제대로 정립되어 있지 않기 때문일 것이다. 그렇다면
'시민사회단체란 무엇이고 그러한 시민사회단체의 운동이란 어떤 목
적을 가지고 있는가?'라는 질문을 설정할 수 있다. 이러한 질문에
해답을 찾는 일은 일반적인 시민사회단체나 시민사회운동에 대한 정
의를 필요로 하고 있는 것이다. 이러한 시민사회단체의 개념정의를
해 봄으로써 한국 시민사회단체의 운동원리를 설정하는 데에 보탬이
될 것으로 생각한다.
　또 다른 한편 앞으로 구체적으로 논의하겠지만 최근 몇 년 사이
에 우리 한국의 시민사회단체의 운동경험에서 볼 수 있었던 것은 지

250 250 문제의 제기

Understanding of Korean Politics

역주민이나 시민사회단체와 충분한 사전 협의 없이 추진된 국책사업들, 즉 고속전철 천성산 사건, 외곽순환도로건설의 사패산 터널공사 중단, 새만금사업의 중단과 재검토 등에서 보는 바와 같이 시행착오로 인해 지지부진해짐으로써 막대한 국고의 손실을 초래한 쓰라린 경험을 겪어야만 하는 것이었다. 이와 같은 시행착오를 방지하기 위해 일단 충분한 논의에 의해 계획 입안된 국책사업은 일사불란하게 추진됨으로써 국고의 손실을 방지하고 정부의 정책이나 추진사업에 권위를 부여할 수 있어야겠다는 생각이다.

이와 같은 문제제기로 인하여 본 연구에서 설정하는 연구의 목적은, 시민사회단체의 정의를 간단하게 살펴보는 일과 그리고 난 뒤에 한국의 시민사회운동이 나아가야 할 방향에 대해 의견을 제시하는 두 가지로 집약할 수 있다.

Ⅱ. 이론과 방법

1. 정의

앞의 문제제기에서 설정한 연구목적에 따라 시민사회단체에 대한 간단한 정의를 살펴보기로 한다. 마치 오늘날의 국가의 개념이 근대 민족국가의 개념에서 그 유래를 찾고 있는 것처럼 시민사회의 개념도 고대의 왕권이나 중세의 교황권으로부터 개인의 발견을 의미하는 시민사회의 개념에서 찾는 연구들도 있다. 이와 같은 개념에서의 시민사회의 의의는 근대 초기의 국가와 사회는 교회의 도덕적 명령과는 다른 독자적인 작동의 원리를 가지는 것으로 인식되기 시작하였다는 점이다.

이와 같은 시민사회의 개념은 헤겔과 마르크스의 시민사회론의 출현까지 지속되어 왔던 것으로 생각된다. 헤겔에게서는 국가는 욕망과 필요의 체계로서의 시민사회를 윤리적으로 통합하는 역할을 한다. 시민은 욕망의 주체로서 시민사회를 구성하지만 또한 공민으로서 국가의 일원이다. 시민은 전통적, 봉건적 친족질서로부터 해방된 욕망의 주체이다. 그러나 헤겔에게서는 시민은 아직 윤리적으로 불완전한 미완성의 존재로 본다.[1] 마르크스에게서는 시민사회는 욕망과 필요의 체계에서 부르주아 시민사회이다. 이는 역시 헤겔과 같이 부르주아 시민사회가 불완전한 것이기에 지양되어야 하는 것으로 본다. 그는 국가에 의한 윤리적 통합이 아니라 궁극적으로 국가 고사론을 통해서만 시민사회는 지양되어 인간해방의 단계에 이를 수 있다고 보았다. 마르크스는 역사의 종말 이전 단계에서는 국가와 시민사회의 자본주의 사회구성체 안에서 통합성을 강조한다.[2]

그런데 오늘날 1980년대 이후의 시민사회는 이와 같은 전통적, 고전적 의미의 자유로운 시민사회, 사회계약으로서의 국가, 본원적 의

---

1) W. F. Hegel, 1967, *Hegel's Philosophy of Right*, Oxford: Oxford University Press.
2) Karl Marx and F. Engels, 1972, *The Marx ─Engels Reader*, New York: Norton.

미의 시민사회론과 다른 것으로 받아들여지고 있다. 오늘날의 그 개념은 시민의 공론의 장으로서 시민사회를 강조한다. 하버마스에 의하면 시민사회의 공론의 장은 개방되어 있고, 수평적이고, 정보와 개인의 의견을 소통하는 네트워크로 묘사될 수 있다.[3] 여기에서 우리는 오늘날의 시민사회를 공론의 장에서 개방적이고, 수평적이고, 개인적인 의사에 의한 참여를 바탕으로 하는 대중의 조직임을 알 수 있다. 이렇게 볼 경우 시민사회단체는 정치적·비정치적, 당파적·비당파적, 종교적·비종교적 조직을 전부 망라한 개념으로 본다. 이러한 입장에서 오늘날 한국의 시민사회단체를 정의하면, 정부나 기업에 속하지 않고, 대중적이고, 인간의 기본적인 삶의 가치를 추구하는, 개인의 자발적인 참여의 정신을 바탕으로 하는 조직이라고 할 수 있다. 시민사회단체를 이렇게 정의하면, 우리나라의 최근 시민사회운동은 1987년 6·29 민주화 선언 이후가 되어서야 비로소 진전이 있어 왔다는 것을 알 수 있다. 그 이전에는 시민사회운동이라기보다는 모든 운동단체가 대부분 국가에 의해 조정되고 운영되어 왔다고 해도 과언이 아닐 정도였었다. 그러나 우리 사회의 사회운동단체들이 그 이전의 전통을 뿌리에 두고 있는 점은 간과할 수 없는 원리이다. 이러한 뿌리에 놓여 있는 특성을 찾아내어 진단하고 이것이 우리 시민사회단체들의 운동의 문제점이 되고 있다면 이를 시정하는 방향으로 우리의 시민사회운동에 대한 운동의 방향과 운동의 원리를 설정해야 하는 것은 당연한 일이다.

---

3) Jürgen J. Habermas, 1989, The Structural Transformation of the Public Sphere, Cambridge MIT Press.

2. 이론

이러한 시민사회단체의 정의에 맞는 시민사회운동의 바람직한 방향과 운동의 원리를 위한 이론적 구성을 살펴보기로 한다. 앞의 문제의 제기에서 언급하였듯이 한국의 시민사회운동에서 보이는 것은, 무언가 잘못된 정책이나 국가의 의사결정과정에 시민공론의 장에서 시민의 참여에 의한 충분한 검토가 없었기 때문에 시행착오를 겪어온 것이라고 지적하였다. 이러한 시행착오를 사전에 방지하기 위해서는 먼저 사업의 계획입안단계에서 또는 정책의사결정의 단계에서 사전에 충분한 공론이 형성되어야 하겠다는 성찰주의적(reflectivist) 사고이다. 이 성찰주의적 사고는 쟁점(issues)을 중심으로 현상을 분석하는 원리이다.[4] 앞으로 연구방법론에서 제시되는 방법으로 한국사회의 시민사회운동의 특성과 문제점을 찾아서 그 문제점과 개별 이슈들에 대해 사전에 충분한 공론의 장에서 숙의하고, 공감대를 넓히기 위한 정지작업을 수행하는 일이다. 사업계획과 설계단계에서 시민이 배제됨으로써 발생하는 사후의 지지부진해지는 일이 없게 하는 개별 쟁점을 착실하게 하나하나 챙기는 일이다. 이를 우리는 제1의 원리라고 명명하고자 한다.

다음으로는 이와 같은 성찰주의에 의한 쟁점들을 하나씩 사안별로 숙의한 다음에 그것들을 사회적으로 관계 있는 집단이나 운동 주체

---

4) Steve Smith, 2001, "Reflectivist and Constructivist Approaches to International Theory", *The Globalization of World Politics: An Introduction to International Relations Second Edition* edited by John Baylis & Steve Smith, Oxford University Press, pp.229-242.

Understanding of Korean Politics

들과 충분한 상호관계 속에서 구성적으로 연계하는 작업이다. 이와 같은 합의와 이해의 공유(shared understanding) 그리고 인식을 같이 하는 집단 간에 성찰적인 사고를 바탕으로 한 것들을 연관을 맺는 일이다. 이것이 사회 구성주의적(social constructivist) 사고이다.[5] 사회 구성주의적(constructivist) 사고에 의하면 사회구조는 객관적인 물질적 자원(material resource)뿐 아니라 이에 대한 공유된 지식(shared knowledge)에 의해 사회구조 간에 있는 문제점을 해결한다고 본다.[6] 이들의 주장에 의하면 인식과 전문적인 지식의 공유가 사회 구성적 문제의 상호 제약적 관계를 풀어 나가는 데에 결정적인 역할을 할 수 있다고 판단한다. 구성주의적 사고로서 인식의 정확한 구성을 이루고 있는 집단의 합의를 근거로 하여 이를 활발하게 추진해 가야 한다. 다시 말해서 상호 주관적인 이해(inter-subjective understanding)가 바탕에 깔려 있지 않는 까닭에서 발생한 지금까지의 우리나라 국책사업들이 시행착오를 겪을 수밖에 없었던 것으로 이해할 수 있다.

구성주의는 원래가 교육학의 학습지도에서 발달한 이론이다. 교육에서 학습을 1) 지식은 인식의 주체와 독립적으로 외부에 존재한다. 2) 지식구성은 외부의 지식을 발견 또는 수용하여 체계적으로 구조화함으로써 이루어진다. 3) 지식은 개인의 부단한 반복적인 암기를 통해서 단기기억에서 장기기억으로 저장된다는 객관주의에 대한 반

---

5) *Ibid*, pp.242-246. 구성적 사고는 합리주의 이론(신현실주의 이론과 신자유주의 이론)과 개별적인 쟁점 중심의 성찰적 분석을 연결하는 가교적 역할을 하는 원리이다.
6) Alexander Wendt, 1992, "Anarchy is What States Make of It: The Social Construction of Power Politics", *International Organization*, Vol.46, pp.391-426.

대의 주장으로서, 구성주의는 1) 지식은 기존 경험으로부터 개개인
의 마음속에서 구성된다. 2) 지식 구성은 자신이 속한 사회의 구성
원들에 의해 영향을 받는다. 3) 지식은 역동적이며, 개인적, 사회적,
합리적으로 창출된다고 본다.7) 이와 같은 사회 구성주의적 사고를
우리는 제2의 원리로 설정하고자 한다.

3. 방법

본 연구를 위하여 여러 가지의 방법이 가능하겠지만 연구의 범위
를 한정하기 위해서 6·29 민주화 선언 이후의 한국사회 시민사회
운동을 연구하기로 한다. 시민사회운동의 특성과 문제점을 보기 위
해서 1990년 이후의 한국의 대학에서 시민사회운동에 관한 박사학
위논문을 분석하여, 운동의 특성과 문제점을 찾아서 이를 분석함으
로써 향후 운동의 바람직한 방향과 문제점 처방을 위한 방안을 모색
하고, 그런 연후에 새로운 운동의 원리를 제시하고자 한다.

이러한 목적달성을 위해 본 연구에서는 먼저 한국 시민사회단체운
동의 발달 경위를 살펴보고, 한국 시민사회단체 운동의 특성과 문제
점을 짚어 본다. 그런 다음에 문제점에 맞는 진단과 처방으로서 바
람직한 방향의 운동원리를 제시해 보고자 한다.

---

7) 황윤한, 1999, 「구성주의와 교과교육」 초등교과교육연구회 제2회 학술발
   표회 자료집, 1−27쪽.

Ⅲ. 한국 시민사회단체운동의 발달

1. 1987.6.29. 민주화 선언

그동안 한국은 중앙집권적인 왕권국가와 식민지시대 그리고 독재와 권위주의 정권을 거쳐 관료주의적 억압된 사회에서 살아오면서 국가와 시민사회의 서양식 인간 중심의 이원적 구분을 경험하지 못하였다. 특히 1970년대의 군사권위주의적 정권하에서는 시민사회 영역의 성장과 팽창을 근본적으로 제약하고 있었다. 1980년대 후반 전두환 정권의 말기부터 민중과 지식인, 학생들의 조직이 그 역량에서 급신장하였다. 이 시기에 당시 집권당의 대통령 후보가 '6·29 민주화 선언'을 하게 됨으로써 민주화에 대한 욕구는 크게 분출되었다.

한국에서 시민사회단체가 주요한 행위 주체로 등장한 시기는 1987년 6월 민주항쟁 이후의 일로서 보는 것이 보편타당하다.[8] 한국에서 대중에 의해 정치가 권위주의체제에서 민주주의체제로 전환된 계기를 마련해 준 것이 6월항쟁이다. 그러한 이 6월항쟁은 크게 우리에게 주는 두 가지 함의가 있다. 그 하나는 사회적으로 우리 사회가 군부권위주의체제에서 민주주의체제로 바뀐 점이고, 다른 하나는 정치적으로 우리나라가 절차적 민주화를 달성하게 된 점이다. 먼저 우리 사회가 권위주의체제에서 민주주의체제로 전환됨에 따라서 시민

---

8) 박상필, 2002, 「NGO와 정부 그리고 정책」(서울: 아르케), 63쪽, 김영래, 2003, "한국 시민사회운동의 현황과 발전과제", 「NGO 연구」 창간호(제1권 제1호), 17쪽.

사회의 역량이 제고되기 시작하였다. 따라서 다양한 형태의 역동적인 사회운동이 펼쳐지기 시작하였다.

1989년 7월에 창립된 경제정의실천시민연합(이하 '경실련'으로 약함)의 창설을 시작으로 환경운동연합, 참여연대 등 한국 시민사회운동을 이끌어 온 주요 시민사회운동단체들이 등장하였다.

2. 1993.2.25. 김영삼 문민정부

김영삼 문민정부의 시작은 시민사회에 다음 두 가지의 기회를 제공해 주었다. 그중 하나가 시민사회에 정치적 기회공간을 더욱 확대시켜 주었다는 것이다. 문민정부가 들어서면서 전통적인 계급적 이데올로기를 지향하던 일부 정치 엘리트에 의해서 움직여지던 민중운동의 정치적 기회가 탈이념적이고 초계급적인 시민계급에게 확장되었다. 따라서 일반 시민계급이 특권계급만이 하던 민중운동(예: 학생운동, 노동운동)을 대신하여 시민운동(예: 주민운동)을 주도하기 시작하였다는 점이다. 일반 시민계급이 주도하는 시민사회단체운동은 국가정책의 감시자로서, 비판자로서 또는 정책 대안자로서 다양한 공익적 시민단체들의 출발을 가져오게 하였다.

다른 하나는 시민단체의 활동영역을 신장시킬 기회를 제공해 주었다는 것이다. 이는 지방자치제의 실시를 통해 계급적, 이념적 이슈보다는 지역적 이슈나 특수 이익의 이슈에 더 많은 관심을 집중하게 되어 이슈의 지방화와 다양화를 보임으로써 시민사회단체들의 활동

Understanding of Korean Politics

영역을 넓혀 주는 기회를 제공하였다는 점이다. 예를 들어, 핵폐기물 처리장 선정문제와 쓰레기 매립장문제와 같은 지역주민운동이 전개되기도 하고,[9] 노사문제와 한의사와 약사 간 이익집단 간의 갈등문제 등 이슈의 다양화와 더불어 시민운동의 활동공간영역이 신장되었다는 점이다.[10] 1994년 제정된 '시민단체 신고에 관한 법률'은 종래의 '시민단체 등록에 관한 법률'을 대체함으로써 배타적 조합주의적 통제기제에서 벗어나 자율적인 시민사회의 성장을 위한 제도적 장치로서의 역할을 할 수 있었다.

3. 1998.2.25. 김대중 국민의 정부

김대중 국민의 정부가 들어서면서부터 시민사회운동은 더욱 성숙된 모습을 나타내고 있었다. IMF금융위기의 한가운데에서 집권한 국민의 정부는 시민사회단체와의 정책적 연대를 통해 소수정권으로

---

9) 정근식, 1991, 「주민운동의 구조와 역학에 관한 연구—1980년대 전남지역 개발사례를 중심으로」서울대학교 문학박사학위(사회학)논문. 그는 1980년대 우리나라의 농어촌을 배경으로 주민운동의 구조와 동학을 연구하고 주민운동의 유형을 저항형, 대응형, 요구형, 자조형으로 구분하였다. 특히 운동조직이 가진 자원(resource)으로 조직의 힘과 리더십, 운동자금, 동원을 위한 정당성, 외부의 지원으로서 정치적 기회공간 등이 주민운동의 주된 동력원이라고 본다.

10) 조대엽, 1995, 「한국의 사회운동과 조직유형의 변화에 곤한 연구: 1987 – 1994」고려대학교 사회학 박사학위논문, 263 – 307쪽 참조. 1990년대 초반 한국의 시민운동은 주로 지역주민운동의 양상을 많이 띠고 있었다. 조대엽은 한국의 1990년대 초반에 지역주민운동을 '정체 도전적 공동체형과 정체 성원적 공동체형'으로 분석하고 있다.

서의 지지기반의 취약성을 만회하려는 정책을 수행하게 되었다. 이와 같이 김대중 정부는 재야운동에서부터 원초적으로 시민사회단체의 성원에 바탕을 가지고 탄생하였던 것이다. 그래서 이 정부는 시민사회운동에 지대한 관심을 보이고 있었다. 이때 제정된 '비영리민간단체지원법'을 국회에 통과시켜 시민사회 운동이 더욱 법적, 제도적으로 보장받게 하였다.

4. 2003.2.25. 노무현 참여정부

이 참여정부는 역대 어느 정권보다도 시민사회운동단체들과 친화적 성격을 나타내고 있다. 이 정부의 출범부터 네티즌들의 '노사모 인터넷 동호회' 등의 지원을 받아 탄생하게 되었다. 노무현 대통령 자신이 정권인수시절부터 인수위원회에 '국민참여센터'를 설치하여 시민사회운동단체들로부터 여론 수렴에 적극적이었다. 현재는 청와대 비서실에 시민사회 수석실을 두고 시민사회단체들의 의견을 받고 있다. 심지어 지난 3월에는 외교통상부에 정부정책을 대외에 홍보하고 관련국제회의에 참석하는 등 정부의 외교활동을 지원하는 'NGO 담당대사'를 임명하기도 하였다.[11]

참여정부와 시민사회운동과의 관계는, 노무현 정부가 2003년 들어서면서부터 양자의 관계는 개혁에 적극적인 참여연대를 강조하는 측

---

11) 한국NGO학회, 2005, 「가교」(한국NGO학회 소식지 제4권 제1호), 9-10 쪽 참조.

면과 시민사회단체는 정부의 정책에 비판적인 태도로 견제를 강화해야 한다는 주장이 강하게 대두하고 있다. 집권 3년에 접어든 지금도 개혁연대론과 견제강화론은 확연하게 구분되고 있지 않은 것 같다.[12)]

개혁연대론은 대통령자문정책기획위원회 위원장인 이종오 교수 등이 주장하는 일측면이다. 그는 한 대담에서 "시민운동단체들도 제도 정치에 적극적으로 참여하는 것이 필요하다. 정치적 중립이라는 문제 때문에 밖에서 감시만 해서는 한국정치가 더 이상 발전할 수 없다. 시민운동진영에서도 자신들의 정치적 지향을 분명하게 밝히고 적극적으로 참여해야 된다. 그런 의미에서 이제 시민운동의 정치적 중립화는 제고되어야 한다."고 하면서 시민운동단체들이 정치의 중심부에 진입, 정치개혁세력들과 연대하여 적극적으로 개혁에 동참할 것을 주장하고 있다.

이에 비해 시민사회단체들의 정부에 대한 정치적 중립을 유지하고 정부의 활동에 견제세력으로서 충실해야 한다는 주장이 있다. 이러한 주장의 측에 있는 손봉호 교수는 이종오 교수와의 대담에서 "지금 시민들은 정치를 매우 불신하고 있다. 이러한 때에 상대적으로 깨끗하다는 이유로 국민들의 신뢰를 받아 온 시민사회단체가 정치판에 들어가면 시민들은 그러한 시민사회단체들까지도 더러워질 수밖에 없다고 생각한다."고 하면서 시민사회운동단체들의 적극적 정치 참여에 대하여 유보적인 입장을 보이고 있다.[13)]

---

12) 김영래, 2003, "한국 시민사회운동의 현황과 발전과제", 「NGO연구」(제1권 제1호: 창간호), 23−26쪽 참조.

13) 한국사회포럼(2003.2.7.), 참여연대, 민주화를 위한 변호사 모임 등 40여 개 시민사회단체가 개최한 포럼 주제발표에서 "노무현 정부는 시민사회의 지지를 극대화하고자 할 것이고 이는 시민운동단체의 지지를 얻

2년 정도가 지난 지금에 와서(2003년 2월~2005년 5월) 보면, 참여정부 탄생 당시에 비해 상당한 시민운동단체의 핵심적 간부들이 정부의 정책결정의 핵심부서에 참여를 하고 있다. 또한 대통령을 탄생시킨 핵심 주체세력들인 시민사회단체뿐만 아니라 국회의원들도 행정부의 핵심적인 자리에 포진하고 있다. 이와 같은 적극적 참여연대론을 주장한 측의 입장이 현실화되어 가고 있는 감이 강하다. 그러나 이것이 좋다고 할 수 있는지는 판단하기가 이른 것 같다. 이들의 적극적 참여가 과오나 실책이 나오면 견제강화론이 또다시 강하게 대두될 위험성은 배제할 수 없기 때문이다.

1940년부터 2002년에 이르는 기간 동안에 한국의 시민사회단체 설립을 연도별 비율로 보면 1990년대에 설립된 것이 전체의 49.4%로서 62년간 중 최근의 10년 동안에 절반 정도가 설립되었다.[14] 숫자적으로나 내용적으로나 이제 한국의 사회는 시민사회단체가 주도해 가고 있는 것은 분명한 사실이다.

는 것과 궤를 같이한다. 시민운동이 정부와 인위적 거리를 두는 것보다는 감시와 견제, 협력과 비판을 탄력적으로 적용하는 것이 옳다."고 하였다.

14) 김영래, 2003, 전게서, 19쪽 참조.

Ⅳ. 한국 시민사회단체운동의 특성

한국 시민사회운동의 특성을 파악하기 위해 지난 1987년 6·29 민주화 선언 이후 우리나라 대학에서 연구 발표된 박사학위논문 중 시민사회운동을 주제로 한 논문을 국회전자도서관에 등록된 자료를 통해 분석해 보았다. 이들 논문에서 연구된 시민사회단체의 운동에서 지적되는 한국 시민운동의 주제별 특성을 정리하면 다음과 같다. 이 중 시민사회로 검색하여 나타나는 논문 중에서도 몇 가지 시민사회연구 중 본 연구의 목적에서 벗어나는 다섯 개 정도의 논문은 제외하였다. 〈표1〉에서 보면 전공별로는 정치학 6/14, 행정학 3/14, 사회학 2/14, 교육학 1/14, 신문방송학 1/14, 공공사회복지 1/14 로서 그 내용이 정치학에 관한 것이 많다. 민주화, 참여성, 자발성, 효율성의 문제를 가장 많이 개선되어야 할 과제로 지적하고 있다.

〈표1〉 시민사회운동을 주제로 하는 박사학위논문 중 시민운동의 특성

연구자	발표연	논문명	문제점과 특성	운동역량과 극복
김수철	2003 정치학	한국 시민사회운동에 관한 연구	대중성, 자율성, 효율성의 부족	시민의 참여, 정부와 관계, 정보화와 네트워크 구축
배정아	2003 행정학	NGO의 민주성에 관한 연구	의사결정구조의 분권성, 개방성, 대응성	민주적 의사결정 과정
유영달	2002 공공사회 복지	시민단체(NGO)와 정부 및 시민간의 발전 관계에 관한 연구	자율성, 참여의식 결여(연대성)	정부의 중립성 유지, 기부금 문화의 활성화
홍성구	2001 신문 방송학	인터넷과 정치적 공론영역의 복원: 숙의 민주주의를 중심으로	공론장과 숙의민주주의, 인터넷과 분절화, 민주주의 지체현상, 시민사회 내부갈등	시민사회의 활성화, 의사소통적 네트워크 확산
김구현	1999 정치학	한국에서 시민운동단체의 성장과 쇠퇴 경제정의실천시민연합의 사례 -	사회운동의 부족한 동원능력 (사회운동의 성쇠요인)	정치적 기회와 운동단체의 동원능력
박상필	1998 행정학	시민단체의 자주성과 공익활동 능력	전통적으로 자주성, 공익성의 결여	시민단체의 자주성과 공익활동능력
배성인	1997 정치학	한국의 산업화와 민주화 과정에 관한 연구: 제1공화국에서 제6공화국까지	권위주의적 정치체제(산업화 촉진), 제한적인 민주주의(민주화 지연)	민중부문의 역량성숙과 중간층과의 연대강화
이기호	1997 정치학	한국의 민주화 과정과 사회운동 네트워크: 1987 - 1996	민주화 운동 네트워크의 확립	정치적 기회공간과 이슈운동의 정치참여
엄기형	1996 교육학	한국 사회운동조직의 교육 프로그램 성격에 관한 연구	운동적 사회교육 프로그램 미비	이론, 정책, 실천적 교육 프로그램 개발

연구자	발표연	논문명	문제점과 특성	운동역량과 극복
조대엽	1995 사회학	한국의 사회운동과 조직유형의 변화에 관한 연구	민중운동, 시민성 결여, 탈권위주의 국가의 확대된 민주화	정치적 기회공간과 운동조직의 공동체형과 시장형
유영국	1995 정치학	한국 민주주의와 지방자치에 관한 연구	민주주의와 지방자치	지방자치의 운동공간 확대
이행봉	1994 정치학	현대 시민사회론에 대한 비판적 연구: 시민사회와 민주주의의 관계	시민사회와 민주주의 관계	비판능력을 가진 새로운 민주주의론
권해수	1992 행정학	사회운동과 공공정책의 역동적 관계 연구	공공정책결정과정에 주민의견 배제	정치적 기회구조, 운동의 정당성
정근식	1990 사회학	주민운동의 구조와 역학에 관한 비교연구 － 1980년대의 전남지역 개발사례를 중심으로－	지역주민운동은 개발이익의 분배 및 계획에서 주민의견 배제	운동조직의 자원동원 능력

　한국에서의 시민사회운동이 일반적으로 위에서 본 시민사회운동이 수행해야 할 활동과는 좀 다르게 발달하여 온 점이 있다. 한국 시민사회운동이 전통적인 문화적 배경을 바탕으로 하여 야기되는 특성이 일반적으로 서구사회 시민사회운동과 차이점을 보이고 있다. 이와 같은 차이점들이 한국시민사회단체운동의 특성이라고 지적할 수 있을 것이다. 이를 좀 더 구체화하면 다음과 같다.

　첫째, 제도권이나 현실 정치에 저항하는 운동권적 활동성격이 강하다. 그것은 과거 군사권위주의정권을 견제하고 이를 시정하려는 민주화운동을 바탕으로 하던 조직의 형태가 그대로 오늘날 시민사회단체들의 운동정신으로 전수되어 이러한 정신을 바탕으로 시민사회운동을 주도해 나가고 있는데 그 사회운동 조직원의 속성이 그대로 남아 있기 때문이다. 이를 학자들에 따라서는 주민운동,[15] 민중운동,[16] 전선운동,[17] 요구운동[18]이라고 표현하고 있다.

둘째, 한국 시민사회운동은 인간의 기본적 가치추구의 시민운동보다는 자원봉사단체 중심적 활동성향이 강하다. 그것은 해방을 맞아 한국전쟁과 같은 어려움을 겪으면서 당면한 생계유지의 문제에 시달리고 있었기 때문이다. 미군에 의한 구호사업과 같은 굶주린 국민에게 삶을 위한 직접적인 지원을 미국으로부터 받으면서 우선 기본적인 인간의 욕구 충족을 위해 의식주 해결이 급선무였기 때문이다. 어떤 재난이 발생하면 긴급구호(urgent relief)운동을 중심으로 성장한 조직단체들이 시민사회운동의 중심에 서 있기 때문이다.

셋째, 정치문제에 주로 관심이 집중되어 있다. 위에서 1987년 민주항쟁 이후에 한국 박사학위논문의 주제 분석에서 보여 주는 것과 같이 주로 정치학에 연구가 집중되고 있다. 뿐만 아니라 우리가 주로 관심을 많이 가지고 있는 미국, 일본학계와 비교해 봐도 미국, 일본에서는 시민사회운동이 주로 비영리적 측면, 즉 경제, 환경, 소

---

15) 정근식, 1990, 전게서. 그는 지역주민운동을 저항형, 대응형, 요구형, 자조형으로 구분하고 있다.
16) 조대엽, 1995, 전게서. 그는 한국의 사회운동을 민중운동(공동체형과 정체 도전형)에서 시민운동(시장형, 정체성원형)으로 발달하였다고 한다.
17) 이기호, 1996, 「한국의 민주화 과정과 사회운동 네트워크: 1987-1996」 연세대학교 박사학위논문. 그는 한국의 민주화 과정운동을 전선운동 네트워크(민중운동)에서 이슈운동네트워크(시민운동)으로 발달하였다고 한다.
18) Costis Hadjimichalis, 1987, *Uneven Development and Regionalism*, Routledge: Croom Helm Ltd. 그는 지역운동을 방어적(defensive) 유형과 요구적(demand) 유형으로 구분하고 있다. 전통적 소지주계급(Petit Brougeoisie)을 방어적 유형의 예로 그리고 노동계급(농민)을 요구적 유형으로 구분하고 있다.

비자보호 등 각종 사회복지단체운동이 주인 데[19] 비해 한국의 시민
사회운동은 주로 정치문제에 논의의 초점을 두고 있다. 이와 같은
현상은 한국의 정치현실이 자유민주주의가 충분히 뿌리를 내리지 못
하고 있음을 반영하고 있다고 볼 수 있다. 그와 같은 사례가 2000년
16대 총선과 2004년 17대 총선 과정에서 보여 준 총선시민연대의
낙천, 낙선운동이다. 이 운동은 의회 내에서 의사결정 주권자인 국민
의 의견과 의지를 제대로 반영하고 있지 못하고 있음을 지적하고,
의회의 재구성을 위한 인적, 제도적 결함을 시정할 것을 요구함으로
써 이 같은 취지가 받아들여졌던 것이다.

뿐만 아니라 한국의 시민사회운동단체로서 경실련의 경우 서구사
회와 같이 특정한 이슈를 운동의 내재적 가치(endogenous quality of
life)나 정체성(identities)으로 활동하는 것으로 보기가 어렵다. 이 운
동단체가 가지는 이슈의 개수는 서구사회의 사회운동단체가 갖는 단
일 이슈에 비해 다양하게 취급하고 있다.[20]

넷째, 급진적, 획일적 변화를 추구하는 경향이 강하다. 한국 시민
사회운동은 좀 심하게 말해서 급진적이고 획일적으로 하루아침에 무
엇을 달성하려고 하는 경향이 강하다. 아울러서 어떤 목적을 좀 달
성하고 나면 곧 그 같은 정신이 금방 사그라지는 냄비근성이 강하다
고 할 수 있다. 이런 경향이 오래되면 우리 국민성에도 영향을 미칠
것으로 보인다.

---

19) 김영래, 2005, "일본NPO학회 연차학술회의 참가단상", 「가교」(제4권 제
   1호), 11－13쪽.
20) 김구현, 1999, 「한국에서 시민사회운동의 성장과 쇠퇴 경제정의실천시
   민연합의 사례－」195쪽 참조.

다섯째, 보수와 진보의 구별, 즉 흑백의 논리가 강하다. 일반대중들은 특히 국가보안법 폐지나 대북지원문제 등에 있어서 보수와 진보, 양분되는 이념화와 갈등의 구조를 확연하게 보이고 있다. 이 문제에 대해서는 정치 엘리트보다도 일반대중이 더 보수와 진보적 색채가 강하다고 보인다. 이 경우 정치 엘리트가 색채가 약하게 보이는 것은, 그들이 정책과 법안 입안과정에서 자신들의 이데올로기나 신념과는 상관없이 지역주민이나 소속정당의 눈치 보기로 정략적으로 접근하는 경향이 많기 때문인 것으로 보인다.[21]

지금까지의 한국 시민사회운동을 특성을 중심으로 분석해 보았다. 이제 시정해야 할 문제점을 종합해 보면 다음과 같이 요약할 수 있다.

첫째, 시민 없는 시민운동의 경향이 많았다. 한국 시민사회운동은 '시민 없는 시민운동'이라고 할 수 있다. 솔직한 마음으로 한국의 시민사회운동은 운동조직은 많은데, 그것이 풀뿌리 민중의 필요에 의해서 조직된 운동단체라기보다는 소수 엘리트와 명망가에 의해 조직된 사회운동단체가 중심이 되어 활동 전면에 나서고 있기 때문이다.[22] 즉 최근에 들어서 보여 주고 있는 '여중생 추모 촛불시위'나 지역운동과 같은 풀뿌리 민중의 욕망에 의해 형성된 단체가 중심이 되지 못해 왔다는 것이다. 한국의 시민사회운동은 한 조사에 의하면 참여연대의 경우 시민 대중성 측면에서 공동대표, 자문위원, 운영위원회 등 기관을 구성하고 있는 인사들 중 학계, 변호사, 언론인 등 사회지

---

21) 장수찬, 2005, "한국사회의 보수-진보의 갈등구조와 정치 엘리트들의 역할: 경험적 분석을 중심으로", 제10차 한국NGO포럼 「한국사회의 갈등과 NGO」(2005.1.14.), 29-30쪽 참조.

22) 김영래, 2003, 전게서, 26-27쪽.

도급 명망가나 엘리트가 차지하는 비율이 77%를 점유하고 있다.[23]

둘째, 국민의 참여와 자발성 부족, 재정의 부실, 운동단체의 전문성과 책임성의 부재, 국제적 연대성의 부족과 비효율성 등으로 요약된다. 이제 다음 장에서는 이러한 문제점과 특성에 대한 바람직한 방향을 설정해 보고자 한다.

V. 한국 시민사회단체운동의 방향과 원리

1. 시민사회운동의 역할

시민사회단체운동의 올바른 방향에 대해서 논의하기 이전에 우리는 먼저 시민사회단체가 어떠한 일과 역할을 해야 하는지 일반적인 논리의 정립이 필요하다. '시민사회단체가 어떤 방향으로 운동을 지향해야 할 것인가?' 하는 이 질문에 대한 시민사회단체운동의 바람직한 방향에 대해서는 여러 학자와 보는 관점에 따라 혹은 그 시민사회단체운동이 갖는 목적과 가치에 따라 역할이 다양하게 제기될 수 있다.[24] 그러나 그러한 다양성에도 불구하고 이들 시민사회단체

23) 김수철, 2003, 「한국 시민사회운동에 관한 연구」동국대학교 정치학 박사학위논문, 167쪽.
24) 김수철, 2003, 상게서. 그는 한국 시민사회운동의 과제로서 대중성, 자율성, 효율성의 문제를 지적하고, 대중성은 시민참여와 대중적 기반 구

운동이 보편적으로 수행해야 하는 역할이 있을 수 있으며, 또한 있어야 한다. 이러한 관점에서 시민사회운동의 역할에 대해서 정리해 보면 대략 다음과 같은 몇 가지로 요약할 수 있다.

첫째, 오늘날 시민사회의 보편적인 다원적 가치와 기능을 보존하고 옹호하는 역할을 수행해야 한다. 우리 사회에는 다양한 조직과 사회단체가 있으며 이들은 그들 자신의 다양한 목적과 가치를 가지고 있다. 이러한 가치가 어느 한 방향으로나 어느 한 집단에게 유리하고 다른 집단에게는 불리한 방향으로 전개되는 것이 되어서는 안된다는 것이다.

둘째, 정책결정과정에 시민사회운동단체가 참여할 수 있는 기회를 확대해 나가는 일이다. 시민사회운동은 일반시민의 보편적인 바람과 희망사항이 정치권력이나 경제 권력에 전달되도록 하는 역할을 수행하여야 한다. 일반시민이 정치적, 경제적, 사회적 의사결정에 직접적으로 참여할 수 있는 기회의 증대를 위해 노력해야 한다. 한국의 그 실천운동 사례로서는 민주시민운동, 소비자시민운동, 소액주주운동 등과 같은 기회의 활용을 통한 일반 소수의 정치적, 경제적, 사회적 직접 의사결정에 참여를 활발하게 증대시키는 역할이다.

셋째, 특수한 쟁점영역을 확장함으로써 사회과학의 학문적 연구영

축을, 자율성은 정부와의 관계정립을 통한 자율성 유지와 우량재정 구조 확립을 그리고 효율성 증대는 정보화 운영방식의 개발과 인적자원의 효율성과 대내외 운동네트워크 구축을 들고 있다. 유영달, 2002, "시민단체(NGO)와 정부 및 시민간의 발전 관계에 관한 연구", 대전대학교, 공공사회복지학 박사학위논문. 유영달은 한국 시민사회단체의 문제점을 자율성과 참여의식의 결여로 보고 이를 제고하는 방안으로서 정부의 중립성 유지를 통한 자율성 확립과 기부금 문화의 활성화를 통한 참여제고 방안을 제시하고 있다.

역을 확대하는 역할이다. 인권, 환경, 교통통신, 의료 등 일반 시민
사회의 일상생활의 중요한 영역을 확대해 나감으로써 이들의 일반적
인 법칙을 도출하여 생활화 또는 생필품화를 통한 생활양식의 풍부
화는 물론 이를 학문적으로 방법론을 형성하여 체계화하는 역할이
중요하다.

넷째, 환경, 인권, 교통, 핵문제 등 오늘날 전 지구적인 문제에 대
해서는 새로운 공론의 자리를 활성화함으로써 인류의 보편적 가치를
실현시켜 나가는 생활세계(life-world)의 공간을 확보해 주는 일이다.

다섯째, 정치적, 경제적, 사회적 인간의 가치실현을 위해 이 연속
선상에 놓여 있지 않는 일반시민과 소외된 사람들을 교육시켜서 동
참하게 하는 사회적 역할 등이다.

2. 시민사회단체운동의 방향

지금까지 살펴본 전통적인 한국 시민사회의 문화적 특성과 대학에
서 발표된 박사학위논문에서 지적되고 있는 과제와 문제점을 중심으
로, 한국 시민사회운동의 문제점을 시정하고 새로운 바람직한 방향
을 모색하고자 한다.

첫째, 풀뿌리 운동을 활발하게 전개해 나가야 한다. 먼저, 대중에
기반을 두는 시민사회단체들의 운동조직을 갖는 일이다. 이와 같은
시민사회운동의 대중성은 초기에는 전문직 중심의 소수 엘리트 중심
운동이었으나 시민사회운동이 더욱 발전하기 위해서는 이러한 소수

엘리트 운동에서 탈피하여 '시민 없는 시민운동'이 아닌 풀뿌리 대중을 기반으로 하는 시민운동이 요구된다. 되돌아 생각해서 시민운동단체들은 건방진 자기 출세 지향적 엘리트는 없는지를 다시 한 번 생각해 봐야 할 것이다. 시민이 중심이 되는 사회운동이 무엇보다 필요하다는 것은 재론의 여지가 없는 원초적 공리이다.

둘째, 시민운동은 제도권의 개혁과 중립성의 유지를 위해서, 전문성을 가지고 기술적으로 고도화된 차세대의 시민운동으로 발전하기 위해서 적극적인 감시활동이 요구된다. 그렇게 하기 위해서는 시민사회의 목소리를 정부정책결정에 연결하는 매개체로서의 시민사회단체의 활동도 요구된다. 이와 같은 연대성의 원리는 정부와의 지속적인 제도적 연계망(network)의 구축과 독립된 재정확보이다. 전문성(professionalism)과 자원성(voluntarism)의 조화가 여기에서는 필요하다 할 것이다. 많은 참여를 유도하기 위한 대중성의 확보를 위해서는 자원성이 중요하다. 그러나 이와 아울러서 효과적인 프로그램의 확보와 수행을 위해서는 전문성 또한 절실히 요구된다.

셋째, 시민의 적극적인 참여이다. 시민사회운동단체들의 자율성 있는 참여활동이 시민사회운동의 성패 관건이다. 이와 같은 자율적 참여를 제고하기 위해서는 조직 자체의 재정적 독립, 구성원의 응집력(cohesiveness), 간부의 지도력(leadership) 등이 요구된다. 간부들의 지도력은 고귀한 임무(noblesse oblige)를 다하는 길이 되기 때문이다. 간부는 우선 그들의 추종자들이 목표하는 방향으로 따라오게 하기 위해서는 선명한 방향제시와 추진능력이 필요하다. 지도자는 이와 같은 지도력과 자질이 요구된다.

넷째, 시민사회운동단체들의 국제적 연계활동 강화이다. 국제연계

Understanding of Korean Politics

활동은 국제기구와 같은 국제적 협력체제의 구축과 세계화의 시대적 흐름에 순응하는 일이다. 먼저 국제기구 등에 대해서 우리는 의무 분담금 불이행과 같은 문제나 없는지 살펴볼 일이다. 이러한 분담금에 충실하여야 하는 것은 다음 사업에 대한 국제적 자본의 축적이요, 사회적 자본 내지 투자(social capital or investment)이기 때문이다.

국제적인 연계활동은 〈표 2〉에서 보는 바와 같이 한국 시민사회 운동단체들도 어느 정도의 경험을 가지고 있다. 그 예로서 새만금사업 반대운동은 1996년 호주 Brisbane, 1999년 코스타리카 San Jose, 2002년 스페인의 Valencia 등에서 개최된 습지보존운동인 국제 람사협약(Ramsar convention) 당사국회의에 참석하여, 새만금사업을 람사협약과 연계하고 그것을 국제무대에 알리는 운동으로 발전시킨 일종의 부메랑효과를 거두게 된 초국적 국제연계활동의 한 예로 들 수 있을 것이다.

〈표2〉 한국 시민사회운동단체들의 국제활동에 참가현황

대회명	주제	참가규모	일시 및 장소	대회의 특성
1992 리우 환경회의	환경문제	2,400명	1992.6.3.-14. 리오데자네이루	리우선언 발표
1993 비엔나 인권회의	인권신장	171개국, 800여 개 단체	1993.6.14-25. 오스트리아 비엔나	개발도상국 인권신장계기 마련
1994 카이로 인구회의	인구성장, 환경친화적 개발	113개국, 1,500개, 4,200명 참가	1994.9.5.-13. 이집트 카이로	인구개발문제 협의
1995 코펜하겐 사회개발회의	빈곤퇴치, 고용창출, 실업근절, 사회통합	811단체, 4,500명 참가	1995.3.6.-12. 덴마크 코펜하겐	각종 세미나 개최
1995 북경 세계여성대회	여권신장	2,100개 단체, 5,000명 참가	1995.8.30.-9.8. 중국 북경	각종 워크숍과 전시회개최

대회명	주제	참가규모	일시 및 장소	대회의 특성
1996 이스탄불 세계주거회의	환경친화적 주거개발	2,400개 단체, 8,000명 참가	1996.6.3. - 14. 터키 이스탄불	제2차 UN Habitat Ⅱ 병행
1999 헤이그 평화회의	평화유지	300개 단체, 5,000명 참가	1999.5.11. - 15. 네델란드 헤이그	헤이그 국제평화회의
1999 서울 세계NGO대회	21세기 NGO의 역할	350개 단체, 4,000여 명 참가	1999.10.10. - 15. 한국 서울	UN과 공동주최
2002 브라질 세계사회포럼	또 다른 세계는 가능하다	150개국 50,000여 명 참가	2002.1.31. - 2.5. 브라질	세계 각국 NGO 대표 참가
2002 요한네스버그 세계정상회의	지속가능한 개발에 관한 세계정상회의(WSSD)	180여 개국 대표 참가	2002.8.26. - 9.4. 남아공 요한네스버그	정부 기구 및 NGO 대표

* 자료: 김영래, 2003, "21세기 새정치의 화두-시민운동", 김영래 외, 「한국정치 어떻게 볼 것인
가」(서울: 박영사), 334쪽 참조.

3. 한국 시민사회운동의 원리

   전통적인 한국의 시민사회운동 추세에서 보는 바와 같이, 시민사
회운동의 역할, 나아가야 할 방향과 비교할 경우, 한국 시민사회단체
들의 운동 문제점을 시정하고 시행착오를 줄이기 위해서 중요한 두
가지의 원리를 제시하고자 한다. 제5의 권력기관이라고까지 말하는
사람들이 있을 정도로 위상이 높아진 한국 시민사회단체들의 운동
특성과 문제점으로 최근 지적되고 있는 것으로는, 시민 없는 시민운
동, 풀뿌리 운동의 부재, 사회단체들의 전문성과 책임성 있는 참여의
식의 부재 등이다.[25] 특히 시민단체에 대한 진정한 시민의 참여가
없다는 비판의 소리가 높고, 시민이 소외되고 있다는 지적은 명망가

와 상근운동가 중심체제와 의사결정과정에서의 비민주성 등으로 행위 주체가 되어야 할 참된 시민들은 동원의 대상이나 계몽과 설득의 대상으로 전락되어 있다는 점이다. 이러한 현상을 우리나라의 문화적 현상으로, 특수한 상황으로, 과도적 현상으로 보려는 시각도 있다.[26] 그러나 이는 현상을 합리화하는 것일 뿐 시민사회운동이 풀뿌리에 근간을 두어야 함은 아무도 부정할 수 없는 일이다.

현금의 한국사회의 시민운동을 통해 드러난 것을 보면 국가의 국책사업 등에서 나타나는 비효율성은 엄청난 국력과 세금의 낭비를 가져왔던 것을 알 수 있다. 이러한 중대한 국책사업 등은 제1의 원리로서 성찰주의적 사고에 의해 계획수립 이전 단계에서 철저하게 분석하고, 충분한 시민사회단체들의 의견을 종합하여 결정하자는 주장이다. 제2의 원리로서는 이 성찰적 사고를 합리성과 연결하여 문제점을 해결한다는 구성적 사고의 원리이다.[27]

제1의 원리는 경험주의적 시각에서 사실을 하나하나 정확하게 분석할 수 있어야 한다고 본다. 즉 객관성(objectivity)을 바탕으로 해서 우리의 현실에 주어진 쟁점들을 정확하게 분석하자는 주장이다. 새만금사업 반대운동, 동강댐건설 반대운동, 천성산고속도로 철도공사 환경영향평가 문제 등 그동안 우리는 현실적인 국책사업의 시행착오를 경험하였다. 이러한 쟁점화된 이슈를 사업설계 단계에서 정확하게 분석하기 위해 각종 이해관계자들의 충분한 의견을 수렴하고, 분

---

25) 이성록, 2004, "시민사회와 시민소외: 행위 주체자 중심적 접근 필요", 「시민사회」(2004년 봄호), 54쪽 참조.
26) 상게서.
27) Steve Smith, 2001, *op.cit,* p.228.

석, 평가하자는 것이다.

이러한 성찰주의적 사고와 제2의 원리로서 사회 구성주의적 사고를 한국의 시민사회운동 원리에 적용하여, 막대한 국고의 손실을 몰고 온 경험적 사례들을 다시는 초래하지 않기 위해서 문제점을 줄이자는 주장이다. 그 제1의 원리와 제2의 원리를 정리해 보면 다음 표와 같다. 〈표3〉에서의 경험적 사례는, 제1의 원리는 절차적으로 합의와 충분한 숙의로 사업계획단계에서부터 정당하게 형성되지 못한 사례들이다. 이에 비해서 제2의 원리는 합의 민주주의와 숙의 민주주의의 절차에 의해 정당성을 어느 정도 갖춘 사례들이라고 말할 수 있다.

〈표3〉 한국 시민사회운동의 제1의 원리와 제2의 원리

	제1의 원리(primary principle)	제2의 원리(secondary principle)
1. 원리의 규정	한국 시민사회운동의 문제점으로 지적되고 있는 쟁점들의 영역을 성찰적(reflectivist) 사고의 원리로서 분석하는 작업이 선행되어야 한다.	한국 시민사회운동의 문제점을 사전에 충분한 검토가 이루어진 뒤에 구성주의적(constructivist) 사고의 원리로서 문제를 해결하려는 과감한 추진능력이다.
2. 문제점과 해결책	문제점(참여의식의 부재, 시민 없는 시민운동, 풀뿌리 운동 기반 부재, 전문성과 책임성의 부재 등 전근대성, 비연대성, 비민주성, 비자율성, 비국제성)을 분석하는 원리이다.	해결책(풀뿌리 대중성, 전문성 구비, 도덕성 회복, 자율성과 재정자립, 공공성과 정당성의 확립, 네트워크화, 추진력 등)을 강구하는 행동의 원리이다.
3. 경험적 사례	1) 새만금사업 반대운동 2) 동강댐건설 반대운동 3) 천성산고속도로 철도공사 환경영향평가 문제 등의 시행착오	1) 2000년과 2004년의 총선시민연대의 낙천, 낙선운동 2) 여중생 추모 촛불시위 3) 지역운동과 같은 풀뿌리 민중에 의해 형성된 운동

Understanding of Korean Politics

Ⅵ. 결론

한국 시민사회운동의 전통적인 분석이나 시민사회운동에 관한 과거의 박사학위논문(1990-2004)을 분석한 결과 시민사회단체의 운동역량은 조직 자체의 역량보다는 정치적 기회구조(opportunity structure)나 정치적 민주화(democratization)에 의해 대부분이 더 성공적이라고 결론을 얻고 있다.[28] 운동의 성공적인 결과를 얻기 위해 정치적 기회구조의 활용이나 정치적 민주화가 중요할 수도 있다. 그러나 시민사회운동이 진정한 운동의 원리로서 발전하기 위해서는 먼저 쟁점을 성찰하는 분석을 철저하게 하여야 한다. 그리고 난 뒤에는 구성적 사고를 바탕으로 해서 그것을 과감하게 추진할 수 있어야 한다.

여기에서 한국 시민사회단체들의 운동원리로서는 제1의 원리로 성찰적 사고(reflective thinking)의 원리로 문제를 분석하고, 제2의 원리로 합리성과 성찰적 사고의 원리를 아우르는 구성적 사고(constructive thinking)를 바탕으로 하여 해결방안을 모색하는 행동의 원리로 설정하고자 한다. 이와 같은 시민사회운동의 원리는 자유주의와 사회주의의 이념을 체계적이고 통합적인 것으로 그 양자의 간격을 좁혀 주는 이론인 롤즈(John Rawls)의 정의론의 개인의 평등한 자유를 강조하는 제1의 자유와, 목적론적 정의로서 사회적, 경제적 불평등의 정

---

28) 권해수, 1992, 「사회운동과 공공정책의 역동적 관계 연구」 서울대학교 박사학위(행정학)논문, 153쪽 참조. 그는 사회운동의 정치적 기회구조도 중요하지만 정치사회의 민주화는 운동의 정당성 측면이 보다 중요하다고 본다.

당화와 공정한 기회의 균등을 강조하는 제2의 자유와도 일맥상통하는 것이다.[29]

▌참고문헌 ▌

권해수, 1992, 「사회운동과 공공정책의 역동적 관계 연구」, 서울대학교 박사학위(행정학)논문.

김구현, 1999, 「한국에서 시민사회운동의 성장과 쇠퇴: 경제정의실천시민연합 사례」, 서울대학교 박사학위(정치학)논문.

김수철, 2003, 「한국 시민사회운동에 관한 연구」, 동국대학교 박사학위(정치학)논문.

김영래, 2003, 「한국정치 어떻게 볼 것인가」, 서울: 박영사.

_____, 2003, "한국 시민사회운동의 현황과 발전과제", 「NGO연구」 제1권 제1호.

_____, 2005, "일본 NPO학회 연차학술회의 참가단상", 「가교」 제4권 제1호.

박상필, 1998, 「시민단체의 자주성과 공익활동 능력」, 경북대학교 박사학위(행정학)논문.

_____. 2002, 「NGO와 정부 그리고 정책」, 서울: 아르케.

---

29) John Rawls, 1971, *A Theory of Justice*, Cambridge Mass.: Harvard University Press. 그는 제1의 자유는 개인의 평등한 자유를, 제2의 자유는 차등의 원칙(최소 수혜시민들에게 최대의 이익을 가져다줄 사회적, 경제적 불평등을 정당화하며, 그렇지 못할 경우 평등 분배를 내세우고 있다.)과 공정한 기회의 균등(단지 직업이나 직책의 기회만이 아니라 삶의 기회들까지 평등화하자는 원리)의 자유를 강조한다.

배성인, 1997, 「한국의 산업화와 민주화 과정에 관한 연구: 제1공화국에
　　　서 제6공화국까지」, 단국대학교 박사학위(정치학)논문.

배정아, 2003, 「NGO의 민주성에 관한 연구」, 전남대학교 박사학위(행정
　　　학)논문.

엄기형, 1996, 「한국 사회운동조직의 교육 프로그램 성격에 관한 연구」,
　　　연세대학교 박사학위(교육학)논문.

유영국, 1995, 「한국 민주주의와 지방자치에 관한 연구」, 부산대학교 박
　　　사학위(정치학)논문.

유영달, 2002, 「시민단체(NGO)와 정부 및 시민간의 발전 관계에 관한
　　　연구」, 대전대학교, 박사학위(공공사회복지학)논문.

이기호, 1996, 「한국의 민주화 과정과 사회운동 네트워크: 1987－1996」,
　　　연세대학교 박사학위(정치학)논문.

이성록, 2004, "시민사회와 시민소외: 행위 주체자 중심적 접근 필요",
　　　「시민사회」(2004년 봄호).

이행봉, 1994, 「현대 시민사회론에 대한 비판적 연구: 시민사회와 민주
　　　주의의 관계를 중심으로」, 부산대학교 박사학위(정치학)논문.

장수찬, 2005, "한국사회의 보수－진보의 갈등구조와 정치 엘리트들의
　　　역할:

경험적 분석을 중심으로", 제10차 한국NGO포럼(2005.1.14). 「한국사회
　　　의 갈등과 NGO」.

정근식, 1991, 「주민운동의 구조와 역학에 관한 연구―1980년대 전남지
　　　역 개발 사례를 중심으로」, 서울대학교 박사학위(사회학)논문.

조대엽, 1995, 「한국의 사회운동과 조직유형의 변화에 관한 연구: 1987－
　　　1994」, 고려대학교 박사학위(사회학)논문.

홍성구, 2001, 「인터넷과 정치적 공론영역의 복원: 숙의 민주주의를 중
　　　심으로」, 고려대학교 박사학위(신문방송학)논문.

황윤한, 1999, 「구성주의와 교과교육」 초등교과교육연구회 제2회 학술발
표회 자료집.

Habermas, J. 1989. *The Structural Transformation of the Public Sphere.*
Cambridge MIT Press.

Hadjimichalis, Costis. 1987. *Uneven Development and Regionalism*,
Routledge: Croom Helm Ltd.

Hegel, W. F. 1967. *Hegel's Philosophy of Right.* Oxford: Oxford University
Press.

Marx, Karl and F. Engels. 1972. *The Marx —Engels Reader.* New York:
Norton.

Rawls, John. 1971. *A Theory of Justice*, Cambridge Mass.: Harvard
University Press.

Smith, Steve. 2001. "Reflectivist and Constructivist Approaches to International
Theory", *The Globalization of World Politics: An Introduction to
International Relations Second Edition* edited by John Baylis & Steve
Smith. Oxford University Press.

Wendt, Alexander. 1992. "Anarchy is What States Make of It: The Social
Construction of Power Politics", *International Organization.* Vol. 46.

자료

중앙일보, 2005.5.3. "정부혁신 세계 포럼".

기업의 사회적 책임과 공헌
(corporate social responsibility and contribution)

Ⅰ. 기업의 사회적 책임(corporate social responsibility)

　기업의 사회적 책임이란 기업이 합법성의 확보를 전제로 스스로의 책임하에 기업을 둘러싼 환경 주체의 제반 기대에 자발적으로 부응하고, 그에 의해 보편성을 갖춘 기업의 이상을 실현함과 동시에 사회제도로서의 기업의 존속을 도모하는 것이다(松岡 紀雄, 1992).

　엘스(R. Eells)와 월튼(C. Walton)은 기업의 활동으로 인해 발생하는 문제에 대한 관점 및 기업과 사회의 관계를 지배하게 되는 윤리원칙의 관점에서 이러한 문제의 해결과 윤리의 준수가 곧 기업의 사회적 책임이라고 보았다(Ells & Walton, 1961). 아울러 맥과이어는 "기업의 사회에 대한 경제적 및 법적 의무를 넘어서 전체 사회에 대한 책임"이라고(McGuire,1963) 정의하고 있다. 한편, 맥파랜드는 기업의 사회적 책임이 개인·조직·사회제도 간의 상호의존성의 인식과 그러한 인식을 도덕적·윤리적·경제적 가치의 틀 안에서 행동으로 옮기는 것으로 보는(McFarland, 1982) 등 기업의 사회적 책임에 대한 견해는 매우 다양하게 존재하고 있다.

결국 기업의 사회적 책임의 의미는, 사회구성원으로서의 기업이 가져야 할 기본적인 철학이며 행동이다. 그리고 기업의 본질인 이윤 극대화는 물론 보다 장기적인 관점에서 지속 가능한 사회를 가꾸어 가고자 하는 실질적인 기업의 행동이다. 이것은 기업과 관계하는 이해관계자를 위한 것임은 물론 궁극적으로 기업을 위한 전략적인 선택이라 할 수 있다.

기업의 사회적 책임을 보다 구체적으로 구분해 보면 다음과 같다. 대체적으로 크게 4가지로 구분할 수 있다[1](Archie Carroll, 1991, 松岡 紀雄, 1992).

    1st, 이윤창출을 통한 기업의 경제적 책임으로서 사회가 필요로 하
        는 재화와 서비스를 생산하는 것,
    2nd, 가장 기본적으로 법을 지켜야 하는 법적 책임으로서 이는 기
        업이 사회적 합의인 법을 지키고 이 테두리 안에서 경제적
        사명을 수행하는 것,
    3rd, 좋은 기업시민이 되는 사회 공헌적 책임으로서 기업의 장기
        적 역할을 고려하여 행동하는 것,
    4th, 기업경영상의 윤리를 확보해야 할 윤리적 책임, 즉 법적 책임

---

1) Archie B. Carroll, 1979, "A Three-Dimensional Conceptual Model of Corporate Performance" *Academy of Management Review*, Vol.4(4), 497-505. 기업이 사회에 대해 갖는 임무의 완전한 영역을 설명하기 위해서 기업의 사회적 책임범주를 경제적, 법적, 윤리적, 그리고 재량적인 것으로 구체화하고 있다(It must embody the economic, legal, ethical, and discretionary categories of business performance.).

을 초월한 행동 등이다.

Ⅱ. 기업의 사회적 책임에 대한 요구의 증대

기업의 사회적 책임에 대한 시민의 요구가 점증하고 있는바 구체적으로 정리해 볼 필요가 있다.

첫째, 기업은 건전하게 운영되어야 한다. 주주구성의 건전함과 함께 예컨대 불법적인 자금을 동원하여 기업을 창립하거나 가공의 자본을 만들어 이를 유지는 것 등이 포함된다.

둘째, 기업은 공정하고 투명하게 운영되어야 한다. 이것은 경쟁을 도모하되 시장경제의 본질적인 모순을 감안하여 공정한 경쟁이 이루어지도록 하고, 중소기업 등의 약자에 대한 배려가 이루어져야 한다는 것이다. 아울러 최소한 현행의 법률과 제도의 테두리 속에서 경영활동을 해야 한다는 의미이다. 기업들이 이러한 법을 지키지 않고서는 사회적 책임을 다하고 있다고 볼 수 없기 때문이다.

셋째, 기업은 보다 많은 사회공헌을 하여야 한다. 소외계층의 보호와 함께 기업으로부터 발생하는 사회적 비용을 최소화하기 위한 노력을 해야 한다는 의미이다.

넷째, 기업은 소비자 보호에 최선을 다해야 한다. 기업이 생산한 제품 및 서비스를 사용하는 소비자의 만족을 위해 사후관리 등을 철저히 할 것을 요구받고 있다.

다섯째, 기업은 환경보호를 충분히 할 것을 요구받고 있다. 환경파괴는 결국 우리의 터전을 파괴함은 물론 우리의 생명의 일부인 자연을 소멸시키는 것이기 때문이다.

여섯째, 종업원을 만족시킬 것을 요구받고 있다. 그리고 기업 본연의 활동인 연구개발과 생산 및 효율성 강화를 통한 이윤창출을 요구받고 있다. 이러한 것은 모두가 기업이 지속 가능한 사회(sustainable society)를 위한 책임 있는 주체로서의 그 역할을 다해야 한다는 것을 의미한다.

이와 같이 도덕적 법적 윤리적 책임을 다할 것을 요구받는 배경에는 기업은 사회를 구성하는 구성원으로서 그 어느 개인과 조직보다 효율적이고, 거대한 자본과 정보망을 가지고서 실질적인 의사결정을 내리는 등 우월한 존재이기 때문이다. Dowling & Pfeffer(1975)는 사회는 기업의 커진 영향력 행사의 대가로 기업에 대해 보다 큰 책임을 요구하고 있다고 하였다. 즉, 기업의 정당성이 경제사회의 환경변화로 자본주의 초기보다는 훨씬 약화되어 가고 있으며, 기업의 정당성 약화는 기업이 비윤리적인 행동으로 사회적인 물의를 일으킬 때 발생한다.

Ⅲ. 기업의 사회공헌에 대한 반대급부

일반적으로 기업의 사회공헌을 촉구하는 측에서는 기업의 사회적 책임은 필요한 것이고, 이것이 도덕적·윤리적으로 당위성을 갖는다고 주장해 왔다. 그러나 이것은 어디까지나 윤리·도덕적 관점이고 모든 기업이 반드시 행해야 할 의무는 없다. 특히 기업은 봉사단체가 아닌 영리조직이기 때문이다. 또 이 같은 당위성과 함께 제시되어야 할 사회공헌 활동의 기업에 대한 긍정적 영향을 준다는 뚜렷한 근거는 제시하지 못하였다. 많은 경우 기업의 사회공헌 활동에 따라 기업 측이 받을 반대급부로는 기업근로자의 만족도 제고와 종업원의 기업충성도 제고, 지역사회에서의 기업의 평판 제고와 함께 소비자의 인식전환에 따라 제품구매 증가, 이것이 기업이익의 증가로 연결될 것이라는 주장이다.

나아가 윤리경영을 하는 기업이 그렇지 못한 기업에 비해 주가상승률이 높다는 조사나, 매출액이 높았다는 기존의 조사를 보면 모두 실증분석이 결여된 것들이다. 일부 실증분석을 시도한 것도 있지만, 기업 가치의 대리변수를 실제 기업 가치와는 다른 것을 선정하거나, 일부 대기업의 이익 신장률과 매출증가에 한정하는 이른바 부분적인 분석을 해 왔음을 확인할 수 있었다.

그러나 합리성과 효율성을 중요시하는 기업은 단순한 조사나 주장을 쉽게 인정하지 않을 것이다. 왜냐하면 사회공헌 활동 등에는 비용이 수반되는바, 기업의 자금이 단기적으로는 비생산적인 곳으로 흐르기 때문이다. 즉, 사회공헌의 시기와 그것의 반응시기 간에는 시간차(time lag) 및 효과가 가시적으로 나타나지 않기 때문이다.

Ⅳ. 기업의 사회적 책임 이론과 연구

1. 기업의 사회적 책임 이론

기업의 사회공헌행위에 대한 이론적인 근거는 매우 다양하다. 그간 기업의 사회적 책임과 활동이 어떤 형태로든 기업의 성과와 연관되어 있다는 주장과 연구들이 진행되어 왔으며 보편화되었다. 따라서 이제는 참여 형식과 방법, 규모 그리고 효과 등이 연구의 핵심 사안으로 등장하고 있다. 기업은 사회 각 분야의 이해관계집단으로부터 많은 요구를 받고 있다. 기업의 모든 활동은 이와 같은 외부로부터의 요구와 함께 기업 본연의 역할을 충실히 수행함으로써 사회적 요구에 부응하고 있다.

이러한 논의가 발전되어 기업의 사회적 성과(corporate social performance)에 대한 학술적 연구가 최근에 이르러 진전되고 있다. Wartick & Cochran은 1985년 이전까지 주요한 개념으로 연구되어 온 기업의 경제적 책임과 공공적 책임, 사회적 반응의 개념을 통합하여 기업의 사회적 성과개념을 주창하였고, Wood(1991)는 이를 비판적으로 재검토하여 기업의 사회적 성과모형을 원칙(principles), 과정(processes), 성과(outcomes)라는 세 가지 차원에서 규정 짓고 있다(홍길표, 2002).

중요한 것은 개념정리보다는 현장에서 구체적으로 기업의 사회적 책임 및 사회적 성과에 대한 주장과 그러한 측정이 지속적으로 이루어져 오고 있다는 사실이다. 이것은 주로 선진 구미국가에서 구체적

Understanding of Korean Politics

이고 현실적으로 이루어져 온 데 반하여 한국에서는 이러한 논의가 충분히 이루어지지 못하고 있음은 물론, 성과측정에 있어서도 충분하지 않다. 미국의 경우 1969년에 시작한 CEP(the council on economic priorities), KLD(Kinder, Lydenberg, Domini & Co.), 그리고 1971년에 시작한 Ernst & Ernst 회계법인, 미국경제발전위원회, 미국공인회계사회, 1977년에 시작한 프랑스의 Bilian Social, 그리고 경실련의 경제정의연구소 등에서 이를 진행하고 있다.

학계에서는 기업의 사회적 성과와 재무적 성과 사이에 정(+)과 부(-)의 관계, 또는 중립적이라는 연구결과를 제시해 왔으나 최종적인 결론은 여전히 논란거리로 남아 있다. 아울러 기업의 공헌활동이 지역사회와 우리 사회에 도움을 준다고 하는 사실은 구체적인 분석이 필요하지 않은 데 반하여 기업이 불특정 다수를 상대로 또는 특정한 목적을 가지고 장기간 진행하는 과정은 맹목적으로 방치할 수 없을 뿐만 아니라 실질적인 분석을 통해 기업의 이러한 공헌활동을 이론적으로 뒷받침할 필요가 있다. 그러나 결과도 다를 뿐만 아니라 분석에 있어서도 매우 부분적이고, 기업에 미치는 효과에 대한 분석은 충분하지 못한 것이 현실이다. 이러한 배경은 연구자의 연구방법과 시기, 그리고 목적 등이 서로 다르기 때문인 것으로 보인다.

1) 기업의 사회적 역할

월튼(C. Walton)은 기업의 사회적 역할에 관한 분류를 기업 활동의 주 관심(main concern) 대상을 준거로 여섯 가지로 분류하고 있다. ① 주주이익극대화를 기업의 제1의 사회적 책임으로 하는 엄격

모형(austere model), ② 기업의 사회적 책임은 기업 내부의 수준에서 1차적으로 이루어져야 한다는 관점에서 종업원에 대한 책임을 강조하는 가계모형(household model), ③ 기업의 사회적 책임은 소비자의 권리 및 기호에까지 확장되어야 한다는 판매자 모형(vender model), ④ 기업의 사회적 책임의 활동은 궁극적으로 기업의 장기 생존적 관점에서 전략적으로 이루어져야 한다는 투자모형(investment model), ⑤ 기업의 사회적 책임은 기업의 장기적인 이윤을 극복하여 자유민주주의체제를 유지하여야 한다는 관점의 시민모형(civic model), 그리고 마지막으로 ⑥ 기업조직을 고도의 문화·문명을 창조하는 봉사조직으로 보고 문화적 가치 구현에 대한 사회적 책임을 우선시하는 예술모형(artistic model) 등이다.

통상적으로 우리의 경우 기업마다 주안점을 두는 부문을 달리하고 있는 것이 확인되고 있지만 한국적인 기업문화의 토양과 시스템 아래에서는 위의 투자모형 ④에 더욱 가까운 것으로 파악되며, 이러한 틀 속에서 시민모형과 예술모형이 부차적으로 수행되는 경우가 다수라고 볼 수 있다.

2) 기업사회공헌의 참여 동기

기업이 사회공헌에 참여하는 동기에 대해서 캐롤(Carroll, 1991)과 우드(Wood, 1991)는 다음의 네 가지로 구분한다. 1) 타인에게 혜택을 주기 위한 욕망에서 동기화되는 이타주의(altruistic model), 2) 기업의 경제적 혜택을 추구하기 위한 전략적 차원에서 이루어진다는 이윤극대화 모델(profit maximization model), 3) 동기는 이윤극대화 모

Understanding of Korean Politics

델과 동일하지만 사회활동 행위는 경제적 이익보다는 정치적 반대급부 획득을 추구하는 정치·제도적 권력모델(political and institutional power model), 4) 전문경영인이 이윤극대화와 함께 기업의 사회적 인식(public image) 또는 사회적 평판(social reputation)을 고려한다는 경제·비경제적인 혼합모형으로의 구분이다.

우리와 같은 경우는 이윤극대화 모델에 귀착될 소지가 크다. 즉 기업의 사회적 평판을 제고하기 위한 목적과, 정치적 반대급부를 추구하는 궁극적인 목적을 고려할 때 이것은 결국 기업의 중·장기적인 경제적 이윤극대화를 도모하기 위한 전략적인 선택이 되어 왔으며, 이와 같은 것이 우리 사회에서는 다수 출연하고 있기 때문이다.

3) 기업기부행위에 대한 동기

기업의 기부행위에 대한 동기는 두 가지로 나눈다. 기업의 이윤극대화 동기와 경영자의 효용극대화 동기이다(김진수, 1997). 기업의 이윤극대화는 매출의 증가나 비용의 감소를 통해서 달성될 수 있다. 한 기업이 기부금을[2] 지출하게 되면 그 기업에 대한 대중의 선호가

---

2) 법인의 업무와 직접적으로 연관 없이 무상으로 재산적 가치를 타인에게 증여하는 행위이고 대체적으로 사회복지, 국민교육, 문화, 종교, 사회사업을 위한 단체에 자유의사에 따라 한다. 후원금, 기부금(간주기부금), 각종 성금, 찬조금 및 헌금 등의 형태로 이루어진다. 한편 세법상의 분류에 의하면 법정기부금(국가지방자치단체 및 이재민 등에 기부하는 금액, 특정연구기관 등 출연금 및 위탁연구비, 사립학교법에 의한 사립학교 등에 지출한 시설비 등, 정치자금), 지정기부금(사회복지, 문화, 예술, 교육, 종교, 자선 등 공익성이 높은 것을 위한 기부금), 비지정기부금으로 구분한다.

더 높아지게 되어 그 기업이 생산하는 제품의 매출이 증가하게 된다. 또한 한 기업이 그 기업이 위치한 지역사회에 기부금을 지출하여 그 지역사회를 더 살기 좋고 일하기 좋은 지역으로 만들게 되면 그 기업이 지불해야 할 임금이 감소하게 된다. 이러한 과정을 통해서 기업은 이윤을 극대화할 수 있다. 둘째, 경영자의 효용극대화는 Williamson(1963)의 경영자재량모형(managerial discretion model)에 의해서 설명될 수 있다. 경영자는 이윤 가운데 주주에 의해 요구되는 최소한의 이윤을 초과하는 부분을 임의로 지출하려는 경향이 있다. 경영자는 불필요하게 안락한 사무실, 지나치게 많은 직원의 고용, 과도한 낭비, 필요 이상의 봉급 등을 위해 이윤 중 일부를 지출함으로써 자신의 효용을 증대시키게 된다.

기부금도 이러한 지출과 마찬가지로 경영자의 효용을 증대시키는 역할을 한다. 경영자는 기부행위가 기업의 사회에 대한 일종의 책임이라고 인식하고 있으며, 기부금의 지출을 통해서 어느 정도의 기업 이윤을 희생하는 대신에 경영자 자신의 효용을 증대시키게 된다.

우리나라 기업의 사회공헌 지출 대부분이 기업 소유자의 의견이 반영된다 할 수 있다. 특히 기업관련 비영리 공익법인을 설립하거나 일정금액 이상의 부정기적 지출이 요구되는 활동에 대해서는 더욱 그러할 것이다. 즉, 사주(社主) 오너(owner)의 독단적인 판단에 의해서 이루어질 가능성이 매우 크다. 기업이 사회사업의 지원 여부를 결정하는 의사 결정은 회장(16.3%), 사장(52.2%) 등 최고 경영책임자가 절대다수를 차지하고 있으나 임원과 부서장이 결정한다고 응답한 기업도 31.5%에 이른다(김치곤, 1998)는 점에서 90년대 중반 이후 다양한 주체와 폭넓은 참여 및 활동이 되어 가고 있지만 여전히 기업의 최고 의사결정자의 의지에 의해서 이루어지고 있다고 보아야 한다.

2. 기업의 사회적 책임에 관한 연구의 다양화

1) 기업 가치 영향

기업의 사회공헌 활동과 기업 가치 영향에 관한 연구는 그리 많지 않다. 일부 진행되고 있기는 하지만 부분적이거나 공헌활동에 대한 기업의 동기 조사와 종류 및 현장에서 진행되고 있는 기업의 사례연구가 일반적이다. 아울러 기업과 NGO, 기업과 정부 및 비영리 기구 관계 등에 대한 이론적 연구들이 대부분이며 매우 활발히 진행되고 있다. 그리고 기업의 사회적 성과를 높여 그것이 경제적 성과로 연결된다는 객관적인 증거를 도출하고자 노력하였으나, 그러한 객관적인 증거도출은 잘되지 못하고 있다. 특히 사회적 성과가 경제적 성과의 직접적인 원인변수라는 점을 입증하는 데 실패했다 (Waddock & Graves, 1997; Aupperle, Carroll & Hatfield, 1995).

2) 재무적 성과

최근의 연구들(문귀봉, 1997; Hammond & Slocum, 1996; Waddock & Smith, 2000)은 사회적·윤리적 책임을 충분히 수행하는 기업들이 더 좋은 재무적 성과를 거둔다는 연구결과를 제시하고 있다. 박헌준

(2002)은 한국기업의 사회적 성과와 재무적 성과에 관한 시계열 분석에서 사회적 성과의 재무적 성과에 대한 영향은 강한 반면, 재무적 성과의 사회적 성과에 대한 영향은 상대적으로 약한 것으로 나타내 보이고 있다. 즉, 사회공헌 활동에 의한 기업성과가 더 높게 나타나는 반면 기업성과가 좋아서 사회공헌을 크게 한다거나 적극적으로 한다는 것을 의미하지 않는다는 것으로 풀이된다.

3) 소비자 반응

Sankar Sen & C.B. Bhattacharya는 기업의 사회활동(CSR: corporate social responsibility)에 대한 소비자 반응을 결정하는 변수들에 대해서 살펴본 결과 기업고유요인(company specific factor), 소비자특성요인(individual specific factor), 기업과 소비자의 일체감에 대한 소비자의 인식(C-C congruence) 등이라는 분석을 하였다. 여기서 기업고유요인은 기업이 주력하는 사회공헌의 영역과 기업의 경쟁력 및 제품의 품질을 나타내는 기업능력이며, 소비자특성요인은 사회공헌 활동에 대한 소비자들의 개인적 지지도, 소비자들이 기업의 정체성에서 사회공헌 활동과 기업의 경쟁력 강화에 대해서 생각하는 기본적인 믿음으로 보았다. 그리고 마지막으로 사회공헌 활동에 대한 소비자와 기업의 특성이 일치하는 지에 대한 소비자인지도라고 하였다(한동우 외 2. 2003). 이 외에 Lois A Mohr의 기업의 사회공헌 활동의 반응은 소비자 군들의 특성에 따라 다르다는 결론의 연구나, Michael J. Barone은 기업이 진행하는 사회공헌 활동 의도에 대한 소비자인식이 기업의 사회활동(cause-related marketing)에 영향을 준다는 연구 등이 있다.

4) 경제 정의 지수화

김헌·홍길표(2001)는 보다 광범위한 개념으로서 사회적 성과와 기업 가치관계에 대한 분석을 KEJI(Korea economic justice index)를 가지고 시도하였다. 이 지수는 사회적인 공헌활동뿐만 아니라 공정성, 건전성, 소비자 보호, 종업원만족도, 환경보호, 경제발전 기여도 등 경제정의기업을 선정하는 7개 분야의 10년 평점을 추출하여 한국 신용평가(주)의 KIS신용평점과 비교하였다. 즉 사회적으로 존경받는 기업은 경제적으로도 그 가치를 믿을 만한 기업인가를 확인하는 것으로서 변수 간의 상관분석과 회귀분석을 하였다. 그 결과 조정된 R^2 값은 낮았지만, 통계적으로 유의성을 갖는 가운데 사회적 성과가 높은 기업이 경제적으로도 믿을 만한 기업일 가능성이 높다는 결론을 내리고 있다.

5) 기업이미지

한편 기업의 사회공헌 활동과 기업이미지 관계에 대한 연구도 있다. 사회공헌 활동은 기업이미지를 개선하여 각종 직·간접비용을 감소시킨다는 것이다. 주로 3가지 방향에서 이루어져 왔는데, 첫째, 기업이미지 제고수단의 영향력 분석, 둘째, 기업이미지 구성요인 분석, 셋째, 이미지가 구매의사결정에 미치는 영향분석이다(하봉준, 1999). 하봉준(1999)은 대기업 4개 계열사와 해당 기업의 주요 제품 5개를 설정하여 연구한 결과 제품관련 이미지가 기업 전체 이미지에 미치는 영향력이 비제품 관련의 그것보다 크다는 결론을 내리고 있다.

6) 기부행위에 미치는 영향

Schwartz(1968)는 기부의 가격, 광고, 현금흐름, 수익 등의 경제변수가 기부행위에 미치는 영향을 1936년부터 1961년까지 시계열자료로서 실증 분석하였다. 기부행위는 가격에 대해 탄력적이며, 소득에 대해 비탄력적이라는 결과와 함께 기부행위는 기부 가격과 정(+), 소득과는 부(−)의 상관관계가 있다고 분석하였다. 아울러 Levy and Shatto(1978)는 기업의 기부행위는 정부의 조세정책에 영향을 받는다는 결론을, Navarro(1988)는 이윤극대화 동기가 기업의 기부행위의 결정에 영향을 미친다고 하였다.

7) 경영자 효용극대화

김진수(1997)는 1988∼1996년간 제조업 6,505개의 기업의 자료를 통합하여 횡단면자료(cross section)로 이용하여 기업의 기부행위가 기업의 이윤극대화 동기에서 이루어지는지, 경영자의 효용극대화 동기에서 행해지는지 분석한 결과, 결론은 효용극대화 모형의 가설을 뒷받침하였다. 즉, 경영자의 재량으로 기부금을 지출하는 것은 순이익의 감소로 연결되며, 이는 주주의 재산권을 남용할 소지가 있다는 것이다.[3] 정용철(1998)의 연구도 기부금 지출 수준에 영향을 주는

---

3) 독립변수로는 기부금 / 매출액, 법인세 / 세전순이익, 광고비 / 매출액, 경상이익 / 매출액, 인건비 / (판매비＋일반관리비), 부채 / 자산, 당해 연도 배당액 차감, 임원임금 / 매출액 등 여러 가지 대리변수를 사용하였다.

Understanding of Korean Politics

요인분석을 하고 이것에 의한 조세정책의 방향을 제시하는 것 등이다.

이와 같이 대표적인 연구들을 살펴보면 언급한 바와 같이 기업의 다양한 사회공헌 활동에 대한 소비자들과 이해관계자들의 반응과 왜 사회공헌을 하는지에 대한 원인 분석이거나, 사회활동에 대한 평가 성과가 과연 사회적으로 신뢰성을 가지며, 이것이 경제적으로 유의미한가에 대한 분석이라고 할 수 있다. 그리고 기부행위에 영향을 주는 원인분석이 일반적이며, 기부금 지출 행태에 관한 연구와 조세정책 방향, 그리고 실태연구 등이 주를 이루었다.

다시 말하면, 기업의 사회공헌 활동이 기업 가치에 직접적으로 어떤 영향을 주고, 그 수준은 어떤지에 대한 연구는 드물다. 그리고 기업의 사회공헌 활동은 수준에 관계없이 기업에게 항상 이롭다는 주장들이 대부분 이다. 아울러 기업 가치에 대한 분석이 이루어지기는 하였으나, 기업 가치의 대용변수(proxy variable)로 근로자의 만족도를 사용하는 등 직접적인 기업 가치 변화에 대한 연구는 국내에 거의 없는 것으로 확인된다.

3. 기업사회공헌에 관한 연구의 불충분한 이유

이와 같이 연구가 충분히 이루어지지 못한 이유는 첫째, 가장 중요한 것으로 기업의 사회공헌 활동의 중요성이 높아진 시기가 우리나라에서는 그리 오래되지 않았기 때문이다. 우리는 전술한 바와 같이 IMF경제위기 이후부터 사회안전망(social safety network)의 중요성을 인식하였다고 볼 수 있으며, 구체적으로 제도로서 만들어지기 시작했다고 볼 수 있다. 둘째, 사회공헌 활동의 의도가 초기부터 순수한 의도에서 이루어지기보다는 기업주 개인의 사적 효용의 만족을 위해서 진행된 바 없지 않기 때문이라고 볼 수 있다. 따라서 이를 학문적이고 이론적으로 분석할 대상이 아니라는 인식도 있었다고 보인다. 셋째, 기업의 사회공헌 활동에 대한 구체적인 자료가 체계적으로 공개되지 않고 있기 때문이다.

V. 사회적 기업과 활성화

1. 사회적 기업이란?

사회적 기업이란 취약계층에게 사회서비스 또는 일자리를 제공하여 지역주민의 삶의 질을 높이는 등의 사회적 목적을 추구하면서 재화 및 서비스의 생산·판매 등 영업활동을 수행하는 기업으로서 노동부 장관으로부터 인증을 받은 자(사회적 기업육성법 제2조)를 말한다.

사회적 기업의 특징은 다음과 같이 요약할 수 있다. 첫째, 조직의 목적이 취약계층에게 일자리, 사회서비스 제공 등 '사회적 목적'을 추구하고 있다. 영업활동 과정에서 창출된 이익은 사업 자체나 지역

공동체에 재투자하며, 사회적 기업은 이익분배가 주된 목적이 아니므로 영리 형태의 사회적 기업도 이익의 대부분을 사회적 목적에 사용한다. 둘째, 사회적 기업은 근로자를 고용하여 재화와 서비스의 생산·판매 등 영업활동을 수행하고 있다. 사회적 기업도 민법상 법인·조합, 상법상 회사, 등록된 비영리민간단체 등 다양한 조직형태를 구비하고 있다. 단지 자원봉사단체나 순수 공익 목적만을 수행하는 복지시설은 제외한다. 셋째, 사회적 기업도 이해관계자가 참여하는 의사결정구조를 구비하고 있다. 사회적 기업의 의사결정은 주주뿐만이 아니라 근로자, 서비스 수혜자, 지역사회 인사 등 이해관계자의 참여 등 민주적으로 결정되어야 한다.

한국에서의 사회적 기업의 인증요건은 사회적 기업육성법 제8조에 의하면 ① 조직형태 ② 사회적 목적 실현 ③ 영업활동을 통한 수익 ④ 유급근로자 고용 ⑤ 이해관계자가 참여하는 의사결정구조 ⑥ 정관·규약 등 구비 및 기재사항 준수 여부 ⑦ (상법상회사)이윤의 사회적 목적의 재투자 등으로 정하고 있다.

2. 사회적 기업 육성 배경

1) 사회서비스 부문 고용확대 필요성

경제성장 둔화 및 산업구조 변화에 따라 우리 경제의 고용창출 능력이 감소하고, 급속한 고령화와 가족구조 변화 등으로 사회서비스에 대한 사회적 수요의 증가가 고용확대의 필요성을 요구하게 되었다. 2003년 OECD국가의 사회서비스 고용 비중은 21.7%이나 우리 나라는 2005년 13.1%에 불과한 정도였다. 따라서 사회서비스 공급 확대를 통한 고용창출 방안 모색이 더욱 필요하게 되었다.

2) 지속 가능한 양질의 일자리 창출

노동부가 취약계층 일자리 제공을 위해 2003년부터 NGO와 협력 하여 사회적 일자리 창출 사업(73억 원, 2천명)을 시작한 이후 사업 규모가 지속적으로 확대되고 있다. 2007년 11개 부처, 1조 3천억 원, 20만 명 규모의 사업규모가 되었다. 사회적 일자리 창출 사업은 취 약계층의 일자리 창출과 사회서비스 확충을 위해 비영리단체가 근로 자를 고용할 경우 인건비 및 사회보험료를 지원하는 사업을 하고 있 다. 대부분 사업들이 재정지원에만 의존하여 단기적이고 임시적이며 저임금 일자리의 한계를 극복하지 못하고 있다. 수익을 창출하여 이 를 사회적 목적에 재투자하는 사회적 기업으로 육성할 필요성이 높 아지고 있다.

3) 기업의 사회적 책임, 사회공헌 활동의 관심 증가

최근 기업들은 이익의 사회 환원 차원에서 사회공헌 활동과 나눔 경영에 대한 관심이 증가하고 있다. 그러나 아직은 일시적인 기부나 후원, 이벤트성 기여 수준에 머무르고 있는 실정이다. 이에 따라 기 업의 사회 공헌 활동을 일자리 창출로 연결되도록 할 필요성이 커져 가고 있다.

3. 사회적 기업의 등장과 발전

1) 선행 개념들: 제3섹터, 사회적 경제, 비영리조직

(1) 제3섹터

자본주의 사회를 구성하는 정부부문(제1섹터)과 민간부문(제2섹터)을 제외한 광범위한 민간부문으로서 그 가치중립적 개념에 의의가 있다. 제3섹터로서는 협동조합(Cooperatives), 상호부조조직(Mutuals), 기타 자발적 조직(Associations)으로 구성되고 있다. EU 보고서의 제3섹터 조직들의 특성은 다음과 같다.

① 공공이나 민간부문에서 공급되지 않는 요구를 충족하기 위한 활동을 하는 조직
② 자주적으로 조직되고 관리되는 조직
③ 지역공동체에 기반하거나 이를 지향하는 활동을 하는 조직
④ 이윤을 분배하지 않는 비영리조직
⑤ 자원봉사를 포함한 자선에 기반한 활동을 하는 조직

(2) 사회적 경제(Social Economy)

사회적 경제의 개념은 유럽에서 제3섹터라는 개념과 병행하여 1990년대부터 사용되었다. 다음과 같은 원리로 대표되는 윤리적 입장을 갖는 협동조합 및 관련된 기업, 상호부조조직, 자발적 조직들에 의해 수행되는 경제적 행위를 일컫고 있다.

① 목표로서 이윤보다는 구성원이나 지역사회 공동체의 이익을 위해 활동

② 독립적인 운영(공공부문으로부터)

③ 민주적인 의사결정

④ 소득의 배분에 있어서 자본보다는 인간과 노동을 우선 고려

사회적 경제는 포괄 범위에서는 제3섹터와 차별성이 거의 없으나 규범적인 함의를 내포하고 있다.

(3) 비영리조직(NPO, Non-Profit Organization)

비영리조직은 유럽에서는 주로 사회적 경제, 미국에서는 전통적으로 NPO 개념으로 사용되어 왔다. NPO를 특징짓는 가장 중요한 요소는 법적으로 면세 혜택을 받는 조직이라는 점(연방 조세법에 26가지 조직 유형 기술)이다. 수익을 조직의 구성원이나 대표의 이익을 위해 사용하지 않으며, 이를 정관에 명시(학교, 병원, 도서관, 미술관, 사회서비스기관 등)하고 있다. 비영리조직의 기본 특징으로는 공식적 조직, 국가로부터 독립, 자율성, 이윤의 구성원·대표·소유자 배분 금지, 자발성 등을 말한다.

제3섹터와 사회적 경제는 거의 유사하며, NPO는 이윤 분배를 제한하기 때문에, 사회적 경제나 제3섹터 중 이윤을 분배할 수 있는 협동조합이나 상호부조조직이 배제되고 있어 NPO의 범위가 가장 협소한 것이다.

2) 유럽의 사회적 기업

(1) 유럽의 사회적 기업의 의의

1990년대 이후 유럽의 사회경제적 변화의 소산이기 때문에 각국 경험에 따라 다양한 형태를 취하나 다음의 공통된 특성을 보유하고

Understanding of Korean Politics

있다.

- ▲ 재화를 생산하거나 서비스를 판매하는 지속적 활동
- ▲ 높은 수준의 자율성
- ▲ 상당한 수준의 경제적 위험을 안고 활동
- ▲ 일정 수준 이상의 유급 노동
- ▲ 지역사회 이익을 명시적으로 추구
- ▲ 시민들에 의해 자발적으로 등장
- ▲ 제한적인 이윤 배분
- ▲ 조직의 활동에 의해 영향을 받는 사람들도 의사결정 참여
- ▲ 자본소유에 기반하지 않은 의사결정권

영국의 사회적 기업 개념(Social Enterprise: Strategy for success)은 "주주나 소유자를 위한 이윤극대화를 추구하기보다는 우선적으로 사회적 목적을 추구하며, 이를 위해 이윤을 사업이나 지역공동체에 재투자하는 기업"을 말한다.

사회적 기업이 '기업'이란 명칭을 써도 전통적 의미의 법적인 기업형태를 갖는 것이 아니라, '생산적'이라는 활동의 특성을 의미하는 것으로 매우 다양한 형태의 조직을 포괄하고 있는 것이다. 이런 의미에서는 조합, 상호부조조직, 자발적 결사체뿐만 아니라 영리기업도 포함한다.

유럽에서는 사회적 기업과 분리된 별도의 '사회적 일자리' 개념은 존재하지 않으며, 우리나라의 사회적 일자리에 해당하는 일자리를 생산하는 주체를 '사회적 기업'으로 통칭하고 있다.

(2) 사회적 기업의 등장

1990년대 사회적 경제 범위에는 포함되지만, 각 지역공동체 차원에서 장기실업자나 빈곤계층의 사회적 배제 문제에 대응하거나 사회적 서비스를 제공하는 새로운 조직으로 등장한 것이 사회적 기업이다. 유럽에서의 사회적 기업은 오랜 사회주의적 풍토하에서 자생적으로 발생한 조합 등 공동체 조직으로서, 구성원들에게 필요한 사회서비스 등을 제공하며 지역단위 고용을 창출하는 과정에서 정부에 필요한 지원을 요구하기도 하고, 정부도 복지재정 절감을 위하여 국가의 기존 복지서비스를 민간에 위탁하면서 상기 조직들을 지원하기 위해 시작하게 되었다.

(3) 사회적 기업의 종류(활동 유형)

지역사회에 필요한 사회적 서비스를 제공하는 유형, 취약계층에게 일자리를 제공하는 노동시장 통합을 위한 활동으로 구성되고 두 가지 활동을 통합적으로 수행할 수도 있다. 이탈리아에서는 사회적 기업이 두 가지 기능을 동시에 수행하지 못하도록 법에서 규정하고 있다. 구체적으로 이탈리아에서는 사회적 협동조합에 관한 법(1991)에서 '취약계층 고용 사회적 협동조합'과 '사회서비스 제공 사회적 협동조합'을 구분하고 두 가지 활동 병행을 금지하고 있다. 대부분의 국가에서 두 가지 기능이 병행하나, 이 경우 취약계층 고용과 질 높은 서비스 간에는 모순이 발생할 수도 있다.

노동시장 통합형 사회적 기업의 기능으로서는, 경과적 일자리 제공, 장기적 자립을 지향하며 한시적 지원, 장애인 등 고용에 대한 항구적 지원, 생산활동을 통한 재사회화(알코올·마약 중독자, 전과

Understanding of Korean Politics

자) 등을 들 수 있다.

3) 미국의 사회적 기업

(1) **사회적 기업의 의의**

사회적 기업은 영리적인 기업 활동을 통해 수익을 창출하고 창출된 수익은 사회적 목적을 위해 환원하는 기업이다. 이들은 '영리적 이윤 창출'과 '사회적 사명 수행'의 동시 추구와 그리고 재정적 수익이라는 경제적 가치와 사회적 목적 달성이라는 사회적 가치 창출을 목적으로 한다. 사회적 목적은 취약계층의 직업훈련, 일자리 창출, 사회복귀를 위한 프로그램 제공, 지역사회에서 필요한 서비스 제공 등을 말한다. 영리적 수익 활동은 그 자체가 목적이 아니며, 사회적 목적을 위한 자원 창출의 수단으로 사용된다. Rubicon 관계자의 말에 따르면, 미국의 사회적 기업은 "우리는 빵을 팔기 위해 고용하는 것이 아니라 고용하기 위해 빵을 판다."

(2) **특성**

미국의 사회적 기업은 시장지향적인 '기업'의 성격이 강하며 민간의 자원 활용(기업참여 등), 민간시장과의 경쟁 등이 특징이다. 민간, 특히 비영리기관이 주도하면서 정부 보조금에 대한 의존도가 상대적으로 낮은 편이다. 사회적 기업의 약 70%가 수익성이 있거나 손익분기점에 와 있는 것으로 조사되고 있다.

미국의 사회적 기업은 '사회적 임무 수행'이라는 원칙을 군건히 견지하면서 수익 사업의 경쟁력도 높여 나가는 것이 사회적 기업의 성공 열쇠, 즉 상업적 수익성과 사회적 미션 수행 간의 '역동적 긴

장감'도 조성하고 있다.

이와 유사한 개념들의 차이가 일부 나타나고 있다. 영리적 활동을 추구하지만 기업주나 주주의 이익을 최대화하려는 일반기업과는 달리 '사회적 목적'을 위해 이윤을 재투자하는 경우와, 전통적 비영리 기관은 정부, 재단의 보조금 혹은 기업, 개인의 기부, 자원봉사에 의존하여 공공시장에만 관심, 사회적 기업은 수익창출을 위해 자금원을 개척하고 상업적 시장에 높은 관심을 보이고 있다.

사회적 기업의 스펙트럼

⇐ 사회적 가치 창출			경제적 가치 창출 ⇒		
전통적 비영리기관	수익창출 비영리기관	사회적 기업	사회적 책임기업	사회적 책임 활동 기업	전통적 기업

- 사회적 목적 - 이해관계자에 대한 책임성 - 수익은 프로그램이나 운영비에 재투자	- 이윤 추구 목적 - 주주에 대한 책임성 - 주주에게 이익 환원

사회적 책임 기업은 주주이익을 목적으로 하는 영리기업이나 사회적 사명도 추구, 이윤의 상당부분을 사회적 목적에 사용(기업 미션에 사회적 사명 포함)하는 기업이다. 사회적 책임 활동 기업은 경영상 이익을 위해 사회공헌 활동을 전략적으로 활용(직원 자원봉사, 기업 기부, 보조금 제공 등)하는 기업이다.

(3) 미국에서 사회적 기업이 각광받는 배경

① 1980년대부터 정부의 지원금이 급격히 감소하면서 비영리기
   관들이 재정적 불확실성에 직면

② 정부의 공공서비스들이 민영화되면서 영리기업과 비영리 서
   비스 제공자들 사이에 정부계약을 따기 위해 경쟁 심화

③ 사회문제 해결에 있어서 전통적인 형태의 '자선적 접근'의
   효과성에 대한 관심 증대. 수혜자들의 의존성을 높이고 굴욕
   감까지 준 것은 아닌지 반성

④ 기업과 맺는 파트너십의 폭과 깊이가 다양화. 지역사회에 대
   한 기업의 책임성과 참여가 확대되고, 사업방향 또한 기업경
   영에 도움이 될 수 있는 전략적인 형태 모색

4. 사회적 일자리, 사회적 기업에 대한 기업의 참여 현황

1) 현황

■ **기업연계형 사회적 일자리 창출 사업**

노동부는 '06년부터 NGO와 기업, 지자체 등이 연계하여 적절한
역할분담과 협력을 통해 자립을 지향하는 기업연계형 사회적 일자리
사업을 추진하고 있다.

기업연계형 사업은 NGO-기업-지자체가 사회적 일자리 창출 사
업의 운영을 위한 인적·물적 자원의 출연 및 역할분담을 통해 사회
적 일자리를 제공하는 사업이다.

주체	비영리단체	기업	지자체
역할	사업의 기획·운영 및 고용의 주체, 정부 지원금 수령	재정·경영지원, 교육·훈련, 인력파견 및 자원봉사 등 지원	재정·시설·행정지원

SK텔레콤(행복도시락사업), 교보생명(다솜이 간병봉사단), 현대자동차(노인과 복지)등 '06년 7개(640명) 시범사업으로 시작한 기업연계형 사업은 '07년 9월 말 현재 61개(4,184명) 사업으로 증가하고 있다.

○ **사회적 기업으로 발전**

기업연계형 사업은 경영능력 향상 등을 통해 상대적으로 높은 사업성과를 거두고 있으며, 사회적 기업으로 발전 가능성이 높다.

기업연계형 사업 중 사)안심생활(구 노인과 복지, 현대자동차와 연계)과 (재)다솜이재단(교보생명과 연계), (주)나눔공동체·실업극복국민운동본부 급식센터(SK텔레콤과 연계), (주)조이비전(박준뷰티랩)이 사회적 기업으로 인증받고 있다.

2) 기업의 참여 시 애로사항

기업이 사회공헌 활동에 참여하고자 하는 이유는 CEO의 강력한 의지와 기업 이미지 제고 효과인 반면 사회적 기업 등 일자리 사업에 참여하지 않는 최대 장애요인은 지속적 재정부담이다.

사회공헌 활동 참여이유는 사회적 책임인식, CEO의지, 직원자부심 제고 순이다.

사회적 기업에 참여하는 데 가장 큰 장애요인은 재정적 부담 >

Understanding of Korean Politics

지출대비 홍보효과 낮음 > 사회공헌 참여 이해부족의 순이다.4)

3) 기업의 사회공헌 실태

2006년 기업의 사회공헌실태조사(전경련) 내용을 보면 국내 주요 202개 기업들이 2006년 한 해 동안 사회공헌 활동에 지출한 금액은 총 1조 8천억 원에 해당한다. 기업 사회공헌에 대한 국민의식조사결과 '기업의 사회공헌 필요성'에 대해 응답자의 97.3%가 해야 한다고 답변하고 있다.

5. 정부의 사회적 기업 육성정책

1) 인증현황

■ '08년 현재 220개 단체가 신청하여 총 84개소*(별첨) 인증
  － 일자리제공형 34개, 서비스제공형 10개, 혼합형 21개, 기타형 19개
  ▲ 조직형태별: 민법상 법인(17개), 상법상회사(37개), 사회복지법인(11개), 생활협동조합(5개), 비영리단체(13개), 영농조합법인(1개)
  ▲ 분야별: 환경(19개), 간병·가사지원(13개), 사회복지(8개), 교육(4개), 보건(3개), 보육(4개), 문화(5개), 기타(28개)

---

4) 사회공헌 관련 노동부 자체조사 결과(일반기업 100개(33개 응답) 및 노동부 정책고객 대상 PCRM 조사(1447명 발송, 137명 응답))

※ 앞으로 사회서비스 분야 외에 낙후지역 개발, 지역교통 해
  결 등 보다 넓은 분야에서 대상을 발굴해 나갈 필요가 있음

2) 지원내용

■ (재정지원) 참여자 인건비(78.8만 원 / 월) 및 사회보험료(인건비
의 8.5%), 전문인력(회계·마케팅 등) 인건비(120만 원 / 월), 시설비
등 지원·융자(20억 원)

■ (설립·운영 지원) 설립 및 운영 컨설팅(31억), 지역별·업종별
네트워크(10억), 사회적 기업가 양성 과정 설치 지원

■ (세제지원) 법인세 / 소득세 50% 감면('07년 12월, 조세특례제한
법 개정), 법인 소득의 5% 범위 내에서 민간기업 기부금 전액 손금
(損金) 처리('07.3월, 법인세법시행규칙 개정)

■ (판로지원) 사회적 기업 상품·서비스의 우선 구매 지원

결론적으로 1사1사회적 기업, 기업의 자회사로서의 사회적 기업
등 기업과 사회적 기업을 연계를 통한 기업의 사회적 관심과 참여를
추진하는 방법이 강구될 필요가 있다. 즉, 노동부는 기업연계형 사회
적 일자리 사업의 확대 및 사회적 기업 지원 정책을 통해 기업의
사회공헌 활동이 사회적 기업으로 발전되도록 지원할 계획인 것으로
알려져 있다.

한편 기업의 사회공헌 활동이 일시적 기부 등 일회성 지원이 아
니라, 지속 가능한 양질의 일자리 창출과 연계될 수 있도록 사회적
기업에 기업의 적극적인 관심과 참여를 당부하고 있다. 그렇게 할

때에 프랑스 사상가 몽테뉴의 자립정신을 갖추게 될 것을 기대한다. 그는 "세상에서 가장 위대한 것은 자신의 두 발로 설 수 있는 방법을 아는 것"이라고 말했다. '스스로 자신의 두 발로 서는' 것은 문자 그대로 자립이다. 자립은 남에게 기대지 않고 자신의 힘으로 자신을 유지하는 것으로 생계를 유지하는 경제적 의미만이 아니라 한 개인의 자유, 자존감, 자신감과 관련된 것이기에 우리의 인생 여정에서 항상 짊어지고 가야 할 소중한 덕목이기 때문이다.

VI. 기업의 사회적 책임수행에 장애요인

기업들이 사회책임을 수행하고자 하였을 때 이를 저해하는 것은 무엇인지 살펴보자. 첫째, 명시적 비용의 지출이다. 현금 기부행위, 물적 지원, 조직 재편성 등에 비용이 발생한다. 사회적 책임 수행을 위한 사회에 대한 각종 지원 및 참여는 물론 기업의 내부관행 변경, 조직의 변화 등이 필요할 수 있으며 이러한 모든 것에 적지 않은 비용이 소요된다. 이 결과 궁극적으로는 기업이윤의 축소나 재무구조에 영향을 주며, 주주배당의 감소 및 투자여력 감소 등으로 연결된다고 이해하고 있다.

둘째, 생산성에 영향을 준다. 기업들이 매월 혹은 정기적으로 외부활동을 직접 수행하는 경우 근무현장을 이탈하는 것이므로 전체 생산일정 혹은 작업일정에 차질이 발생한다. 이는 기업 전체에서의 비효율을 초래한다. 물론 기업 내부 임직원의 애사심을 고취하는 등, 긍정적인 영향이 생산성 하락을 상쇄할 것이라는 추론들이 제기되지만 어디까지나 추론일 뿐 구체적인 실증분석을 통한 입증 자료가 없는 상태이다.

셋째, 사회책임 수행의 결과에 대한 정밀하고 과학적인 검증 결과가 극히 드물다. 기업으로서는 사회책임 수행에 따른 기업자원의 투입이 발생하므로 생리적으로 자원투입에 대한 객관적인 산출결과를 요구하게 된다. 그러나 현재까지는 '사회적 책임의 당위성'만 강조되고 있을 뿐 기업의 실무 라인, 책임자, 임원 등이 참고할 만한 〈투입-산출〉 연구 결과가 전무하다. 이러한 결과가 필요 없는 가운데 당위적으로 사회책임이 수행되면 좋겠지만 현실 한국기업사회의 풍토는 보다 더 풍부한 '덕성의 유용함'을 증명하는 결과들이 필요하다.

넷째, 국내 기업들의 사회적 책임 수행에 대한 객관적인 통계자료가 축적되어 있지 못하다. 기업가와 기업, 그리고 근로자들의 사회책임 활동들이 혼재되어 사용되고 있다. 이런 결과는 한국의 한 대기업의 2005년도 사회공헌 지출액은 4926억 원으로서 미국 월마트의 약 2400억 원 보다 두 배가 많게 집계되어 있다. 세부적인 내용을 충분히 분석해 보면 다른 결론이 나올 수 있으나 통계자료의 접근이 불가능하며, 이로써 외부의 신뢰가 축적되지 못하고 있다.

다섯째, 시민인식의 왜곡이다. 사회책임에 대한 인식의 왜곡과 수행기업에 대한 가치부여가 크지 않다. 순수하게 사회적 책임을 수행하는 것에 대해서도 '대국민 무마용 혹은 로비용'으로 인식하고 있다는 점이다. 이는 일회성 혹은 무계획적인 그간의 기업행위에서 비롯되었다. 아울러 기업이 사회적 책임을 수행하는 것에 대해서 당연한 것으로 수용하고 있는 시민들의 인식도 문제이다. 기업의 본원적인 생리상 영리활동 이외의 행위가 매우 어렵다는 점을 감안하면 이 부분에 대한 시민인식의 전환이 필요하다. 아울러 사회책임 수행 기업들에 대한 후한 평가와 지원이 필요하다.

여섯째, 의사결정구조가 문제이다. 기업에서는 사회적 책임 수행이 최고경영진 혹은 대주주의 순간적 기분과 필요에 따라 좌우되거나 정치적 판단에 의해서 이루어지는 경우가 일반적이다. 그러다 보니 객관적이고 합리적인 접근을 어렵게 하고 있다. 이는 기업의 의사결정이 오너와 대주주 1인 중심의 의사결정시스템이기 때문이다. 기업의 규모가 크건 작건 한국기업의 소유구조로부터 비롯된 의사결정구조의 문제이다.

Ⅶ. 기업의 사회공헌 활동과 기업이윤 창출과의 상관관계

한국에서 기업의 사회공헌활동과 기업이윤창출과의 상관성에 관한 연구는 양자 간에 상당한 정도의 유의미한 것으로 나타나고 있다.[5] 기업의 사회적 책임에 대한 규범적, 당위적 주장이 공허하다는 점에

---

5) 위평량, "공익과 사익, 그리고 기업의 사회적 책임과의 관계 고찰" 2008년 NGO학회 춘계학술회의(공공성의 위기와 시민사회 그리고 기업의 사회적 책임) 발제논문 2008.5.9. 부산대학교.

서 객관적이고 학술적인 근거를 제시할 필요가 있고, 아울러 '덕성의 유용함'을 증명하고자 선행 연구를 통해 기업의 사회적 책임수행이 '진보된 자기이익'을 추구하는 것이 파악되고 있다.6) 이 과정에서 사회전체의 공동이익이 극대화된다는 것을 실증하고자 한다. 기업의 사회적 책임에 대한 정의에서와 같이 기업의 다양한 행위 가운데 특히 핵심적으로 거론되는 것은 사회공헌(기부 및 자선활동)과 윤리경영추구이며 관련한 기업의 자료를 통해 분석한 것7)으로써 위평량의 연구가 있다.

기존의 연구들은 기업의 사회공헌과 사회책임을 수행하게 되면 소비자들은 그러한 기업에 대해서 어떻게 인식하고, 그 기업이 생산하는 제품을 사용하겠는가에 대한 설문을 구성하여 소비자의 인식도를 조사, 분석하는 방식이었다. 이러한 기존연구에서는 "기업이 사회공헌을 하면 소비자 혹은 일반인들의 기업에 대한 이미지가 좋아지며 이로써 같은 값이면 해당기업의 제품을 구매하겠다."는 미래의 구매의사가 있음을 나타낸다. 그리고 이로써 기업 사회공헌 혹은 사회책임(윤리경영)은 기업의 매출에 긍정적 영향을 주어 기업의 이익이 증가하므로 기업은 사회적 책임을 수행하여야 한다는 것이다. 이러한 연구들이 기업의 사회적 책임수행(사회공헌 및 윤리경영)에 관한 기여가 적지 않았고, 또한 의미가 없는 것은 아니지만 그럼에도 불구하고 그러한 소비자들의 의견과 생각이 구매행위로 연결되는지 확

---

6) 위평량, "상장기업의 사회공헌과 기업가치관계에 대한 실증분석", 『경영연구』 제21권 제4호(한국산업경영학회, 2006.11)
7) 위평량, "윤리경영과 기업가치 간의 관계에 관한 실증분석", 『국제지역연구』 제10권제1호(국제지역학회,2006.3)

인하지 못하고 있었다. 특히 사회적 책임수행 비용 대비 어느 정도 효과를 나타내고 있는지는 연구가 이루어지지 못하고 있었다. 따라서 기업들을 설득하기에는 부족함이 많았다.

이에 반해, 위평량의 두 가지 연구는 한국 상장기업을 대상으로 그들의 재무제표와 주식가격의 움직임을 통해 실제로 현시(顯示)된 내용을 통해 결과를 도출했다는 점과, 기업의 사회적 책임수행이 기업에게 어떤 결과로 나타나는가를 경제학과 경영학에서 널리 사용되고 있는 통계적 방법을 통해 객관적으로 제시하고 있어서 기존연구와는 본질적으로 차이가 있다. 그리고 기업들에게는 사회책임수행에 대한 이론적 근거가 될 것이다. 이러한 점에서 그의 연구결과를 간략하게 소개해 보고자 한다.

1. 사회공헌과 기업 가치 회귀분석 결과

기업의 사회공헌이 진정으로 기업에게 긍정적인 영향을 주고 있는지, 그리고 영향을 어느 정도 주고 있는지에 대한 과학적인 근거를 찾을 수 없었다. 선행연구들은 간접적으로 추론할 수 있는 근거들만 제시할 뿐이었다. 따라서 기업의 사회공헌 비용이 기업 가치에 미치는 관계를 직접적으로 분석하였고, 내부자를 포함한 이해관계자, 그 가운데 특히 다양한 주주들의 사회공헌에 대한 관계를 분석하여 시장과 연계할 필요가 있었다.

이러한 필요에 따라 위평량의 연구에서는 상장기업 346개에 대한 지난 11년(1990년~2000년) 간을 다중회귀분석(multiple regression)에 의해 분석하였다. 그의 분석방법에는 기업가치(MBR: market value to book value ratio, 기업가치 = (보통주의 시장가치＋우선주시장가치＋부채의 장부가치)/총자산의 장부가치)를 종속변수로 하고, 독립변수로서 사회공헌(SCR: social contribution ratio, 사회공헌 = (각종 기부금＋공익재단 사업비)/기업매출액), 내부지분율(ISR: inner shares ratio, 내부지분율 = 대주주의 해당 모기업 및 계열사 실질지분율), 은행기관지분율(BISR: bank and investors shares ratio, 은행기관지분율 = 금융기관 등 대규모 기관투자지분율), 기업규모(SIZ: size, 기업규모 = 기업자산규모(Log)), 부채비율(DEBR: debt ratio, 부채 비율 = 총부채/총자산), DUMY변수(연도더미 : 시계열적 영향을 통제하기 위함) 등을 사용하여 분석한 결과는 다음과 같이 제시하고 있다.[8]

첫째, 사회공헌활동은 증권시장에서 결정되어지는 종합적 기업가치(MBR)에 통계적 유의 수준에서 긍정적(＋)인 영향을 주는 것으로 추정되었다. 기존연구는 사회공헌활동이 매출증가를 이끌고 이로써 기업이윤이 증가한다는 가설(hypothesis)만 제시한 것이었다. 그러나 위평량의 연구결과는 사회공헌활동이 증권시장에서도 영향력을 발휘한다는 점을 기업의 실질 데이터를 통해 확인한 것으로서 그 의미가 있다. 특히 주식시장에서는 당해 기업제품의 직접 소비자가 아닌 다른 소비자들의 시장선호가 주가에 반영되어 기업의 가치를 상승시킬 수 있다는 것이다. 따라서 일반 소비자와 접촉이 크지 않은 원자재 및 자본재 생산기업의 사회공헌도 충분히 당해 기업의 가치에 반영

---

8) 위평량의 상게논문(2006. 11 한국산업경영학회)

되고 있음을 보여주는 것이다.

둘째, 사회공헌의 영향은 ①기업의 사회적 책임수행 → ②기업의 이미지제고 → ③증권시장주가 상승 → ④기업가치 상승 → ⑤주주 및 이해관계자 이익발생 이라는 경로도 확인한 것이라는 점에서 의미가 있다. 즉, 사회공헌과 기업이윤 관계에 관한 기존의 분석들은 기업의 사회공헌수행 → 기업이미지제고 → 매출증가 → 이윤극대화에 영향을 준다고 할 뿐이다. 그러나 이것마저도 이러한 경로가 확인되지 못했을 뿐만 아니라 소비자의 실질행동을 확인할 수 없는 한계가 있었다. 반면 위평량의 연구에서는 결국 사회적 책임을 위한 비용지출이 기업이윤을 악화시키는 단순비용이 아니라 다시 기업가치(MBR)에 영향을 주어서, 기업으로 환원되고 있었음을 확인할 수 있게 된 것이다. 즉, 대주주는 물론 다른 주주 및 이해관계들에게 있어서도 자본이익을 가져다준다는 것이다.

2. 윤리경영과 기업 가치 관계 회귀분석

많은 선행연구들이 윤리경영을 수행함으로써 그것이 기업의 재무성과에 긍정적인 영향을 줄 것이라는 연구결과를 제시하고 있지만, 단순 상관관계분석에 그치고 있었다. 그러나 기업의 재무성과와 윤리경영 간의 관계가 상호영향을 줄 수 있다는 점, 즉 내생변수(endogenous variable)라는 점을 감안하면 다른 분석방법으로 접근해야 할 필요성이 있다. 따라서 각 식의 독립변수의 일부가 방정식 체계 내부에서 결정되는 내생변수들이라는 점은 오차항과의 독립성이 확보되지 않아 단순회귀분석으로는 불충분하므로 연립방정식모형의 하나인 2SLS(two stage least squares)을 사용하여 추정상의 문제를 해결해야 할 필요가 있다.

"윤리경영을 잘해야 기업이 성장하고(기업가치가 높고) 오래 생존할 수 있다."는 주장과 "기업이 잘 성장해야 윤리경영을 잘할 수 있다(윤리경영 수준이 높아진다)."는 주장은 오래된 논쟁점이었다. 윤리경영과 기업성과, 기업성과와 윤리경영 두 관계는 상호 연관이 있을 것이지만, 오랜 주장에도 불구하고 이에 대한 분석을 시도한 사례는 거의 없었다. 이러한 점에 착안하여 위평량은 상장기업 142개를 5년 (1998년~2002년) 간에 걸쳐서 연립방정식 모형 2SLS(two stage least square)을 활용하여 분석하고 있다.

첫째, 기업가치 방정식 구성에는 종속변수로서 기업가치(MBR: market value to book value ratio = (보통주의 시장가치＋우선주시장가치＋부채의 장부가치)/총자산의 장부가치)를 놓고, 독립변수로서는 각 변수들은 5년간 점수화지표를 하는 건전성[9](So: soundness), 공정성[10] (Fa: fairness), 사회공헌도(SC: social contribution), 소비자만족도(CS: consumers' satisfaction), 환경생태보호도(EP: environment protection), 국민경제성장기여도(Ng: national economic growth), 매출액순이익률 (Pr: ratio of net profit to net sales), 총부채비율(Deb: debt ratio), 기업

---

9) 대주주 내부지분율 수준, 전문경영인 경영여부, 관계사에 대한 출자, 계열 관계사 등에 대한 지급보증여부 및 분식회계, 탈세 등의 불법행위
10) 불공정 거래관행 및 하도급, 담합 등

규모(Size: corporate size), 연도더미변수(du: dummy) 등을 활용하였다.

$$MBR \;=\; \beta_{v0} + \beta_{v1}So + \beta_{v2}Fa + \beta_{v3}SC + \beta_{v4}CS + \beta_{v5}EP + \beta_{v6}Ng$$
$$+\, \beta_{v7}\mathrm{Pr} + \beta_{v8}Deb + \beta_{v9}Size + \beta_{v10}du \qquad\qquad \cdots\cdots \text{(식1)}$$

둘째, 사회공헌방정식 구성에는 종속변수로서 각 기업의 매출액 대비 사회공헌지출을 비율화[11](SCR)하고, 독립변수로서 기업가치(식1의 기업가치), 근로자만족[12]WS(workers' satisfaction), 소비자만족(CS: consumers' satisfaction), 매출액순이익률(Pr: ratio of net profit to net sales), 기업규모(Size: corporate size) 등을 활용하여 다음의 사회공헌 방정식을 구하였다.

$$SCR \;=\; \beta_{s0} + \beta_{s1}MBR + \beta_{s2}So + \beta_{s3}WS + \beta_{s4}CS + \beta_{s5}\mathrm{Pr} + \beta_{s6}SIZE + \beta_{s7}du$$
$$\cdots\cdots \text{(식2)}$$

셋째, 윤리경영지수 고안과 구조방정식에는 독립변수로 사용된 각각의 자료를 하나로 단순 합산하는 작업을 거쳐 윤리경영지수(ethical management index; EMI)작성한 이후 다음의 연립방정식을 구성하였다.

$$EMI \;=\; \beta_{e0} + \beta_{e1}MBR + \beta_{e2}SIZE + \beta_{e3}du \qquad\qquad \cdots\cdots \text{(식3)}$$
$$MBR \;=\; \beta_{10} + \beta_{11}EMI + \beta_{12}SIZE + \beta_{13}du \qquad\qquad \cdots\cdots \text{(식4)}$$

---

11) 정치기부금은 제외
12) K-OHMS 인증여부, 1인당 교육훈련비 및 교육훈련비 증가율, 임금보상 체계, 복지후생

윤리경영지수(EMI)는 윤리경영의 평점을 단순 합산한 것으로써 한 기업의 각 연도별 윤리경영 수준을 나타낸 것이다. 아울러 기업의 규모는 모형의 안정성을 위한 통제변수로 포함되었으며, 연도더미변수도 각 연도효과를 통제하기 위해서 사용되었다. 위 두식에는 기업 가치와 윤리경영지수가 각각의 내생변수(endogenous variable)로 포함되어 있음을 확인할 수 있다. 이로써 기업의 가치와 윤리경영간의 상호 영향을 미치는 정도를 파악할 수 있게 된다. 결국 독립변수로서 기업건전성, 기업공정성, 소비자보호도, 환경생태보호도, 경제발전기여도, 사회봉사기여도, 근로자만족도 등을 활용하여, 종속변수로서 장부가에 대한 기업가치(MBR), 사회공헌율(SCR), 윤리경영지수(EMI) 등을 설정하여 기업가치와 윤리경영의 상관관계를 회귀분석 결과 다음과 같이 지적하고 있다.[13]

(1) 기업가치 방정식

윤리경영의 7개 범주 가운데 건전성과 소비자만족, 생태보호, 국민경제기여에서 기업 가치와 정(+)의 관계를 확보하고 있음이 통계적 유의성 범주 속에 나타났다. 정(+)의 부호는 이러한 요소들의 수준이 높으면 기업가치가 높다는 의미이고, 따라서 건전한 기업, 소비자만족을 크게 주는 기업, 생태보호에 앞장선 기업, 국민경제발전에 기여가 큰 기업의 기업 가치는 그렇지 않은 기업과 비교해서 더 높게 나타난다는 것이다. 기업의 공정성도 통계적으로 유의하지는 않지만 동일하게 정(+)의 부호를 보이고 있었다.

사회공헌과 부채비율은 기업 가치와 부(-) 관계를 나타냈지만 통

---

13) 위평량의 전게논문 (2008.5.9. 한국NGO학회 발제논문).

계적인 유의성이 없었다. 결론적으로 보면 윤리경영을 한다면 기업가치에 긍정적인 영향을 줄 수 있다는 가설이 증명된 것이라 할 수 있다. 따라서 기업 가치와 윤리경영 수준이 높을수록 윤리경영 수준과 기업가치가 높다는 것을 의미한다. 그리고 기업의 윤리경영에 관한 시장반응이 분명하게 나타남을 확인한 것이다. 따라서 윤리경영에 대한 당위론적 강조가 아니라 기업경영자 스스로가 윤리경영수준을 적극적으로 수행할 필요가 있다.

(2) 사회공헌 방정식

사회공헌(SCR)을 종속 변수로 한 분석에서는 기업가치(MBR)가 사회공헌에 매우 높은 수준에서 정의(+)관계임을 보여주었다. 기업이 잘되어야 사회공헌도 잘할 수 있다는 일반적인 사실을 반영하는 것으로써 기업가치가 사회공헌에 영향을 준다는 의미이다. 한편 이 방정식에 포함된 근로자만족(WS)은 통계적으로 유의한 가운데 기업가치와 부(-)의 부호를 나타내었는데, 기업에 대한 근로자 만족이 큰 경우일수록 기업의 사회공헌 혹은 사회적 책임에 대한 평가는 부정적일 수 있음을 의미한다. 이는 비용지출 측면뿐만 아니라 자원봉사 등에 대한 근로자들의 타율성 때문인 것으로 해석할 수 있다.

(3) 윤리경영지수(EMI)와 기업가치 관계분석

윤리경영과 기업가치 간에 상호 어느 정도 영향을 주고 있는지에 대한 실증분석으로서 첫째, 상호영향은 1% 통계적 유의 수준에서 정(+)의 관계 나타내고 있다. 즉, 윤리경영과 기업가치가 독립적인 것이 아니고 상호 보완적이며 상호 긍정적으로 영향을 주고받는 다는 것을 최초로 증명한 것이다. 특히 시장에서 결정되는 기업 가치와 윤리경영이 매우 긴밀하게 상호 영향을 주고받음을 의미하고 있다.

둘째, 기업 가치와 윤리경영간의 영향력 관계에서는 높은 기업 가치가 윤리경영에 영향을 주는 정도가 0.805, 윤리경영이 기업 가치에 영향을 주는 부분이 0.275였다. 풀어서 설명하면 한 기업의 기업 가치가 그 기업의 윤리경영 수준에 약 80%의 영향을 주고 있으며, 윤리경영은 해당기업의 기업가치 형성에 약 27% 정도 영향을 주고 있다는 의미이다.

지금까지 기업의 사회적 책임과 공공성에 대해 살펴보았다. 이를 통해 시장은 공공재이며 시장공유지를 튼튼하게 일구는 것은 모두가 노력해야 함을 강조하고 있다. 특히 기업의 역할이 중요하며 이러한 기업의 사회적 책임수행은 '진보된 자기이익'(progressed self-interest)의 추구이며, 시장에서의 국가역할 축소를 요구하는 것과 함께 모두가 공익보존에 나섬으로서 국가 역할을 축소된다는 것을 강조하고 있다. 이 과정은 공공성 보존과 그 달성이 필요하다는 규범적·당위적 주장보다 구체적이며 설득력이 있다는 점이다.

특히, 기업이 사회적 책임수행을 기업이익을 추구하는 전략으로서 가져간다면 그 지속성을 담보할 수 없을 것이라는 일각의 주장이 있다. 그럼에도 불구하고 우리나라의 현실에서는 당위론적 주장보다는 보다 더 객관적이고 과학적인 방법을 동원하여 모든 이해관계자들을 동감하는 것이 필요함을 강조하고 있다. 이 연구자 위평량은 "덕성의 유용함과 희생의 필요함을 증명"해 보이고자 시도한 하나의 노력으로 평가 받고자 하고 있다.

그는 "진보된 자기이익"을 실현한 사례라고 주장하고 있다. 기업의 사회책임 수행은 직접적인 수혜자가 발생하는 한편, 그 결과는 기업자신의 이익을 도모하고, 사회 전체적으로 긍정적인 결과를 초래함으로서 기업에게 또 다시 이익을 추구할 수 있는 풍부한 토대를 제공하고 있다는 명시적 결과를 제시하고 있다.

결론은 기업의 사회적 책임수행은 그 결과가 단순히 비용의 지출을 통한 기업이익 감소에 머무르는 것이 아니라 시장공유지를 통해 기업자신에게도 기업가치 상승이라는 형태로 되돌려 받고 있다는 것이다. 물론 이 과정에서 시장공유지가 활성화 되는 것은 의심할 필요도 없을 것이다. 따라서 기업의 사회적 책임수행은 Adam Smith 적인 "동감(sympathy)"적 관점에서, 그리고 Alexis de Tocqueville적 "바르게 이해된 이기주의(interest rightly understood)" 혹은 한국의 윤리경영적인 "진보된 자기이익(progressed self-interest)"을 실현하는 차원 높은 시장(사회)경제를 일구어 나가는 길인 것이다.[14]

▌ 참고문헌 ▌

곽대석, 2002. "기업과 시민단체 간의 전략적 제휴방안" 한국NGO학회 2002추계학술대회.
권순용, 서대석, 심한택, 1997. "기업의 기부금지출 행태에 관한 실증분석" 「세무학연구」(9).

---

14) 위평량의 상게논문 (2008.5.9. 한국NGO학회 발제논문).

김종대, 2006, Sustainability Reporting Guideline(G3), "지속가능경영의 국내외동향과 대응", pp.23－42, 전경련 · UNEP한국위원회.

김진수, 1997. "기업의 기부행위와 조세정책 방향", 한국조세연구원.

김　헌, 2003. "전환기 한국기업의 사회적 성과 평가", 경실련경제정의 연구소, 『새로운 경쟁력, 기업의 사회적 성과 평가』, 예영.

노한규, 2007, "사회적 책임의 국제표준화 동향과 기업의 대응방향", 경제정의연구소, 제4회CSR포럼 발제문.

박헌준, 2003, "기업의 사회적 성과와 재무적 성과와의 관계, 경실련 KEJI를 이용한 실증분석", 『새로운 경쟁력, 기업의 사회적 성과 평가』, 예영커뮤니케이션, pp.286－318.

신유근, 2002, "기업의 사회적 성과와 경쟁력 강화", 「새로운 경쟁력, 기업의사회적 성과」, 경제정의연구소 편, 예영커뮤니케이션, pp.42－56.

신유근, 한정화. 1990. "한국기업의 사회활동 참여", 전국경제인연합.

양용희, 2003. "기업과 NGO의 관계: 기업공헌 사회활동을 중심으로" 2003년도 한국NGO학회, 한국비영리학회 공동춘계학술회의 발제문.

육현표, 1996. "기업윤리와 사회적 책임－윤리경영 길게 보면 이익", 삼성경제연구원.

위평량, 2004. "대주주소유와 기업 가치관계에 대한 실증분석", 『경제학연구』 제52집 제1호.

_____, 2006, "윤리경영과 기업 가치 간의 관계에 관한 실증분석", 『국제지역연구』 제10권 제1호, 국제지역학회.

_____, 2006, "상장기업의 사회공헌과 기업 가치관계에 대한 실증분석", 『경영연구』 제21권 제4호, 한국산업경영학회.

전국경제인연합, 「사회공헌 백서」, 1991년－2003년 각 호.

정구현, 1996, "한국기업의 사회적 책임과 사회 공헌활동", 연세경영연구(연세대학교), 제33권 제2호.

_____, 1999, "정보지식시대의 기업과 사회-기업의 사회공헌 활동의 새로운 방향", 사회공헌백서(전경련), pp.9-26.

정용철, 1998. "기업의 기부금 지출수준 결정요인에 관한 연구", 계명대 박사학위논문.

주성수, 2003, "기업시민 정신과 NGO", 아르케.

한동우, 1999, "한국기업의 사회복지활동 분석: 직접기부행위를 중심으로", 한국사회복지학(한국사회복지학회), 제37권.

한동우·하연찬·문순영. 2003, "사회공헌 활동이 기업에 미치는 영향", 사회복지공동모금회, 조사연구 2003-01.

홍길표, 2003. "기업의 사회적 성과 향상을 통한 기업 가치의 증진", 경실련 경제정의연구소, 『새로운 경쟁력, 기업의 사회적 성과 평가』, 예영.

Aupperle, K. E., Carrol, A. B., & Hatfield, J. D., 1985. "An Empiical Examination of the Relations between Corporate Social Responsibility and Profitability", *Academy of Management Journal,* Vol.28, No. 2.

Bowen, H.R., 1964. "Charity and the Corporation." Greenwood William T.(ed.), *Issues in Business and Society,* Houghton, Mifflin Co., pp.140-150.

Carroll, Archie B. 1979, "A Three-Dimensional Conceptual Model of Corporate Performance" *Academy of Management Review,* Vol4(4), 497-505.

Carroll, B. A. 1999, Corporate Social Responsibility, *Business and Society*, 38, 2, pp.268-295.

Clotfelter, Charles T., 1990, "The Impact of Tax Reform on Charitable Giving: A 1989 Perspective", J. Slemrpd(ed), *Do Taxes Matter?*, Cambridge: MIT Press.

Ells, R.&C. Walton, 1961, *Conceptual Foundations of Business*, Homewood;
   III Richard D. Irwin.

Freeman, H. L., 1992. "Corporate Strategic Philanthropy", *Vital Speeches
   of the Day*, February 1.

Held, Virginia(강형기 · 이상용 공역), 1986, 「공익과 사익」(The public
   interest and individual interests), 서울: 박영사.

Navarro, P. 1988. "Why do corporations give to Charity?." *Journal of
   Business* 61(1): 65−94.

McKaughan, M., 1995. "Is Corporate Philanthropy Drying Up?", *Across
   the Board*, pp. 21−26,

Scholes, M. S., and M. A. Wolfson. 1992. *Tax and Business Strategy:
   A Planning Approach.* New Jersey: Prentice−Hall Inc.

Tocqueville, Alexis de. 2006. *Democracy In America,* Volume 2,
   Chapter Ⅷ: The Americans Combat Individualism By The
   Principle Of Interest Rightly Understood, Henry Reeve Translate,
   Release Date: January 21, 2006, www.gutenberg.org.

제14장

한국정치의 문제점과 과제

Ⅰ. 문제의 제기

   2007년 12월 19일 제17대 대통령 선거를 치르면서 우리 국민들은 정치에 대해 많은 회의와 좌절과 분노를 느꼈을 것으로 보인다. 그 것은 선거가 너무 네거티브적 선전전술에 치우쳐 치러진 점에서 특히 그러하다. 각 후보들은 자신의 정책과 공략으로 승부를 겨루어 보려는 선거운동보다는 상대방의 비리와 부패, 그리고 비도덕성에 초점을 두고 선거전에 임했기 때문이다. 그 결과 국민들은 지난 2002년 대선에서 경험했던 또 다른 제2의 김대엽 사건과 같은 기만적인 선전술에 속지 않으려고 더 많은 전통 보수와 야당 성향이 결집하게 되어 선거전을 오히려 결과론적이기는 하나 여당 측이 집권기간 5년 간의 실정과 더불어 네거티브 선거전략이 야당선거운동을 지원해 준 격이 되고 말았다.

   참여정부는 2003년 출범하면서 정부정책의 비전과 목표로서 '국민과 함께하는 정부'(governance with people)를 내세웠다. 국민을 위해

일 잘하는 정부라면 정부의 규모가 약간 커지는 문제는 크게 문제가 되지 않는다고 판단하고, 선진국 지향을 표방하고 정부 재정규모를 키워 각종 재분배 정책을 적극 도입하였다. 이러한 정부의 정책실현은 국민들에게 정치적 구호로서 무척이나 매력적이고 대중 영합적이다.

이와 같은 정책을 지향하는 정부의 경우, 일은 더 잘하면서 비용은 적게 들이는 정부(a government that works better but costs less)의 상징인 작고 효율적인 정부의 비전은 모두 다 던져 버린 것이다. 그 결과 큰 정부는 자원의 엄청난 낭비와 그로 인한 피해는 모두 국민에게 돌아가는 결과를 낳게 되었다. 그래서 국민은 더욱 힘들고, 절망하게 되었다. 국민과 함께 일 잘하는 정부가 아니라 어디로 가고 있는지조차 알 수 없는 방향감 상실이라는 방만한 정부가 되어 버린 것이다.[1] 다행스럽지 못하게도 자유기업원에 의하면 1994년부터 2005년까지 11년 동안 연평균 11.36% 증가율을 보이는 재정지출 팽창률이 OECD 26개 국가의 평균 4.99% 수준인 데 비해 월등히 높은 세계 제1위를 차지하게 되었다. 이는 특히 김대중 정부의 9.10%에 비해 참여정부에서 11.13% 더욱 크게 증가하였다는 점이다.[2] 이러한 재정지출의 증가현상은 한국경제가 IMF 발생 이전 상태로 회귀한 것으로서 경제위기가 있었을 때보다도 더 방만함을 실증해 보이는 자료로 해석되고 있다.

---

1) Baybrooke, David and Charles E. Lindblom, 1970, *A Strategy of Decision*, New York: The Free Press.
2) 전국경제인연합회기관 자유기업원 발표 자료(2007.11.25.)에 의하면 1994 - 2005 연평균 재정지출팽창률이 11.36%로서 세계에서 OECD 국가 중에서 제1위로 나타났다(동아일보 2007.11. 26일자).

참여정부는 기본적으로 일 잘하는 정부를 지향하기보다는 인기 영합적인 정책을 지향해 왔다. 규모감축(down sizing) 대신 적정규모(right sizing)를 그 정부의 캐치프레이즈로 내걸었다. 일을 잘하는 정부라면 크든 작든 문제가 안 된다는 주장이었다. 그러나 결과는 급속하게 큰 정부로 나아갔고 일을 잘하는 정부가 아닌 큰 정부가 가져오는 병폐를 고스란히 보여 주는 방만한 정부가 되어 버렸다. 이와 같은 방만한 정부에서는 정책결정에서 우선순위를 결정하기가 애매해지고 또 그 대안이 많은 관계로 인하여 대형 국책사업의 지연에서 보여 주는 것처럼 유권자의 의사에 따라 지연되거나 결정이 늦어지게 되는 현상을 초래하게 되었다. 이와 같이 유권자 또는 이해 당사자에 의해 정책결정이 지연되는 경우에는 여러 가지의 대안이 발생하게 되어 집단적 선호를 취합해 내기가 불가능하게 될 수밖에 없게 되었다.[3]

이러한 참여정부의 방만한 정부를 운영한 결과는 국민에게 희망보다는 좌절을, 특히 젊은이에게는 도전보다는 안일을 찾게 하고 있다. 참여정부의 실패를 치유하기 위해서 본 연구는 먼저 참여정부의 정책 지향방향과 문제점을 논의하고, 그리고 실패한 큰 정부형태를 치유하기 위해서 무엇을 어떻게 해야 하는지를 모색하고, 결론적으로 이 글에서 지향하고자 하는 방향을 설정하고자 한다.

---

3) Kenneth Arrow, 1963. *Social Choice and Individual Values,* 2nd ed., New Haven: Yale University Press.

Ⅱ. 참여정부 정책의 문제점

참여정부 정책운영의 문제점으로는 여러 가지를 지적하고 있지만 이것들을 모아 다음과 같이 지적해 두고자 한다. 행정적으로 효율적인 작은 정부를 운영하지 못했다. 경제적으로는 신자유주의에 바탕을 두는 정부와 시장의 역할분담을 달성하지 못했다. 정치적으로는 공권력이 무너지고 공동체적 민주주의의 기반을 이루지 못했다.

1. 비효율적인 행정

이는 전통적으로는 막스베버의 관료제 이론에서부터 출발하는 윌슨의 행정이원론, 테일러의 과학적 관리기법에 의한 정부의 내부관리 개선을 통해 제고하려는 노력이다. 현대적 의미로는 합리성과 분권화가 그 책임성에 근거를 둔 정부 내부의 관리의 효율성을 바탕으로 하는 공공관리이론에서 출발하는 것이다. 조직 및 인력의 축소를 통한 절약, 중앙정부의 권한을 지방으로 이양하는 지방분권화 정책 등이 여기에 해당한다. 조직 및 인력의 축소문제는 중요하지만 과거 구조조정 때처럼 무조건적이 아니라 합리적이어야 하며 필요한 부분에 있어서는 조직과 인력을 확대할 수도 있다.

첫째, 방만한 정부위원회의 운영이다. 참여정부의 대통령, 국무총리, 그리고 각부에 두고 있는 각종 정부위원회는 '위원회공화국'이라는 말까지 나올 정도로 역대정권 중에 가장 많은 위원회를 가지게 되었다. 그리고 이 중에는 유명무실하거나 기능이 비슷한 위원회가 너무 많다. 기획예산처에 따르면 정부위원회는 2007년 9월 현재 416개나 된다.[4] 또한 2003년과 2004년 연속해서 단 한 번도 회의를 열지 않았던 위원회는 32개나 된다고 한다. 이 가운데 10개는 지난 2006년 한 해 10억 원의 예산을 배정받아 국민 혈세를 원칙 없이 낭비한 것으로 드러났다. 2000년대 구성된 국가표준심의위원회를 비롯하여 일부 위원회는 설립 연도에만 단 한차례 회의를 가진 뒤, 지금까지 회의 실적이 전혀 없으며 전체위원회 중 20%가량은 지난해는 한 번도 회의를 열지 않았다. 그런데도 대통령 및 국무총리 소속 위원회의 올해 예산은 지난해보다 423억이나 늘었다.

이러한 정부의 각종 위원회 수의 증가 현상은 공익을 실현해야 할 정부기관이 어떤 특수 이익집단에 포획되어 자기 이익에 봉사하도록 요구되는 고객으로 군림하게 된다.[5] 이러한 정부 위원회는 특수이익집단으로서 이들은 결국 분배연합을 형성하게 되어,[6] 정부활동에 대한 수요를 증대시켜 다수의 유권자가 선호하는 재분배정책에 대한 요구가 강화되어 공공지출의 팽창을 초래하고 그에 따라서 비효율성을 높이게 된다.

특히 참여정부 들어 정책자문과 추진 등을 위한다는 명분으로 각종 위원회가 크게 늘면서 예산도 매년 급증하고 있다. 이러한 예산

---

4) 동아일보, 2007.9.23.
5) Mancur Olson, 1982, *The Rise and Decline of Nations*, New Haven: Yale University Press.
6) Allen H. Meltzer and Scott F. Richard, 1981, "Rational Theory of the State of Government", *Journal of Political Economy*, vol.89, pp.914－919.

은 고스란히 국민들의 세금으로 돌아간다. 외환위기 이후 중앙행정기관급은 1997년 52개에서 2006년 65개로, 대통령 및 총리 자문위원회는 같은 기간 33개에서 72개로 증가했다.

둘째, 공무원 수의 증가이다. 행정자치부가 금년 초 밝힌 자료, '역대 정부 및 공무원 수 추이'에 따르면 2006년 말 기준으로 국가공무원과 지방공무원을 합한 공무원 수가 93만 3,663명으로 김대중 정부 임기 말 때보다 4만 8,499명이 늘어난 것으로 되어 있다. 금년 들어서만 1만 3,552명은 더 늘었으며 임기 말을 앞두고 800명 안팎의 공무원을 더 늘인다고 한다.7) 특히 국민에 대한 직접 봉사와는 별로 관계없는 장·차관급, 정무직 고위 공무원은 이 정권 들어 28.3%나 증가했다.8)

셋째, 정부부채의 증가이다. 참여정부 들어 지난 4년간 추진한 신도시, 혁신도시, 기업도시, 행정도시 등 무리한 대형국책사업으로 인한 부채총액이 2006년 말 기준으로 99조 6,747억 원으로 100조 원에 육박하고 있는 것으로 밝혀졌다. 건교부 13개의 산하기관 부채를 살펴보면 인천국제공항공사, 교통안전공단, 한국감정원, 대한주택보증을 제외한 9개의 공기업의 4년간 부채증가액이 2002년 42조 4,266억 원에서 2006년 88조 6,747억 원으로 공기업의 방만한 경영도 심각하다.

넷째, 심각한 연금문제이다. 공무원 연금기금은 1992년대 적자를 내기 시작해 2002년에 바닥을 드러냈다고 한다. 이 연금의 적자분을 국민세금으로 메우고 있다. 올해에만 8,353억 원을 메우고 내년에는

---

7) 서울신문, 2007.10.8.
8) 조선일보. 2007.10.8.

Understanding of Korean Politics

1조 532억 원을 보전해야 한다고 한다. 참여정부 5년간에 책정된 적자보전규모는 총 2조 5,425억 원에 이른다고 한다.[9] 왜 일반국민이 퇴직공무원의 퇴직 후 보장까지 책임져야 하는지 참여정부에 묻고 싶은 것이다. '방만한 정부'의 부채의 부담은 고스란히 국민의 부담으로 돌아왔다. 국채의 증가는 시장이자율 상승압력으로 작용하여 투자를 저해하고 세 부담의 증가는 노동 및 투자를 억제하여 생산을 저해한다. 또한 정부의 과도한 역할이 시장과 기능이 중복되는 부분에 개입하여 자원배분의 효율성을 저해하고 성장을 압박하는 결과를 낳는다.

참여정부가 지향해 온 방향은 방만하고 비효율적인 방향이 되고 말았다. 그래서 참여정부가 자초한 결과 정부의 실패(failure of government)를 가져왔다.[10] 참여정부의 실패는 결과적으로 큰 정부로 인한 실패라고 볼 수 있다. 정부는 커졌는데 파이를 나눠 줄 시장은 작아졌다. 동서고금을 통하여 큰 정부, 작은 시장에 국민을 잘살게 한 경우는 없었다. 특히 오늘날과 같이 세계화·정보화 시대에는 '작고 효율적인 정부'가 되는 방안 이외에는 다른 대안이 없다고 본다.

---

9) 동아일보. 2007.9.21.
10) J. M. Buchanan, R. D. Tollison, and G. Tullock, 1980. *Toward a Theory of the Rent−Seeking Society*, College Station: Texas A&M University Press.

2. 신자유주의의 실패

경제적으로는 신자유주의에 바탕을 둔 시장의 자율화에 의한 정부와 시장 간의 역할 분담을 이루어 내지 못했다. 정부와 시장의 역할에 대한 인식은 아담스미스의 자유주의적 경제에 의한 시장경제의 수요자와 공급자의 각자의 판단에 의해 행동하지만 '보이지 않는 손'에 의해 자유로운 경제활동이 보장된다는 고전적 자유이론11)에서부터, 정부의 개입 없이도 시장에 의한 자생적인 질서의 형성이 가능하다는 신자유주의 사상을 거쳐서, 이에 부응하는 현실 역사적 사건 속에서 의식적으로 결정되지 않고 자생적으로 형성되는 질서를 강조하는 독일식의 질서자유주의12)에 기초하는 정부불간섭 내지는 자생력을 강조하는 시장경제에 의한 질서의13) 전개로 나아가야 한다.

첫째, 불안한 일자리 문제

방만한 정부가 오늘날의 젊은이들에게 비추어진 상은 안전하게 정년을 보장받을 수 있는 철밥통 직장이다. 2006년 통계청 사회조사에 의하면 4년제 대학생의 36.9%가 공무원 시험 준비를 위해 휴학을 하고14) 젊은이들의 직업선호도도 공무원이 33.5%로 가장 높다.15) 하

---

11) Adam Smith, 1937 *The Wealth of Nations*, New York: Modern Library, Chapter 4 of Book 4.
12) Walter Euken, 1952, *Grundsaetze der Wirtschaftspolitik*, Tuebingen: Mohr.
13) Fredrech Hayek, 1973, *Law, Legislation and Liberty —Rules and Order,* London: Routledge and Kegan Paul.
14) 전교학신문, 2007년 7월 31일자.
15) 통계청 사회조사, 2006년도 판.

루아침에 직장을 잃고 거리로 내몰리는 아버지를 보며, 취업원서를 100개씩 들고 다니는 누나의 움츠러진 어깨를 보며 제2의 빌 게이츠나 워렌 버핏을 꿈꾸는 대신 적당하게 일해도 정년이 보장되는 철밥통을 찾는 것이다.

둘째, 극심한 양극화

소득의 양극화와 불균형의 심화로 빈곤층이 대폭 증가하였다. 이러한 현상은 경제의 투자 순환구조가 제대로 형성되지 못하여 기업이 불안하게 되고, 따라서 투자는 급감하고, 고용의 감소로 이어지면서 소득이 상위 계층으로 이동하고 빈곤층을 더욱 증가시켰다. 토지와 주택 그리고 금융자산의 소유가 상위계층으로 편중됨에 따라서 무주택자들의 주택소유는 점점 더 멀어져 가는데 다가구 주택의 수는 더 늘어나고 있다. 고액의 순 자산 보유자는 2006년 말 기준으로 전년 대비 14.1%나 증가한 9만 9천 명으로 추정된다.[16]

셋째, 경제의 순환구조의 악화

경제구조가 명목상으로는 국내총생산(GDP) 규모는 세계 13위이고, 교역규모는 세계 11위이며, 외환보유고는 2007년 7월 말 기준으로 2,548억 달러로[17] 일본, 중국, 대만에 이어 세계 4위이다. 그렇지만 국내경제성장률이 너무 낮고 지난 4년 연속 세계의 경제성장률을 밑돌고 있다는 점이다. 1997년 말 IMF 외환위기 이후 10년 동안 기업의 투자가 부진하고 성장 잠재력을 위축시켰기 때문이다. 즉, 경제의

---

16) 한계레신문, "한국 백만장자 14% 늘었다" 2007.10.16.
17) KTV, 2007.8.3.

선순환 구조 즉 수출증대가 투자와 고용의 증대로 이어져 소득의 증대를 가져오고 내수의 증가로 이어지지 못하여 수출흑자를 보고도 투자의 기조가 불안하여 경제 부진이 이어지고 있다

참여정부는 정책운영에서 시장의 자율성을 입으로 강조하면서 실질적인 국가 통제경제로 노동문제, 주택사업, 부동산정책, 금융정책 등에 개입을 하여 왔다. 고가아파트 투기 방지책으로 지나치게 고율의 세금부담과 부동산의 양도소득세를 너무 높게 책정함으로써 선의의 국민 개개인들 간 자유로운 경제활동을 위축시킴으로써 부동산 경기의 침체를 가져왔다.

그렇지만 정부의 개입 없는 시장의 자생적인 질서의 형성에만 맡기는 것만으로는 우리 실정에 맞지 않는 요소도 있다. 정부와 시장 관계를 이분법적으로 이해하면서 새로운 정부는 시장에 대한 정부의 간섭을 최소화[18]하되 과거 역대정부가 개혁과제로 추진하였으나 여전히 숙제로 남아 있는 공기업 민영화, 규제완화, 정부산하기관 개혁 및 연기금 개혁은 시급히 추진하여야 할 과제이다.

3. 공권력의 붕괴

정치적으로 공권력이 무너지고 공동체적 민주정치의 기반을 확립하지 못했다. 공동체적 민주주의는 멀리 고대 그리스의 직접 민주정치에서부터 기원을 두면서 근대 자유주의적 계몽사상을 거쳐 현대의

---

18) Robert Nozick, 1974, *Anarchy, State and Utopia*, New York: Basic Books.

자유주의자들에게 계승된다. 계몽주의자들은 권력 상호간의 견제와 균형을 현대의 자유주의자들은 국가는 개인의 생명이나 재산권에 대한 권리를 지켜 주는 한정적인 역할을 하는 최소국가 혹은 작은 정부로서 충분하다는 것이며, 이는 1980년대 이후 작은 정부론의 이론적 배경이다. 따라서 새로운 정부는 시민사회와의 관계에서 시민의 인권과 재산을 보호하고 시민사회의 자율성을 최대한 신장시키도록 하고 권력기관 상호간의 견제와 균형을 취함으로써 국민의 자유와 인권이 침해되는 일이 없도록 하여야 할 것이다. 국민 모두가 더불어 잘살 수 있는 민주정치를 확립하여야 할 것이다.

향후 성립될 정부는 이러한 지난 5년간의 참여정부의 방만한 국가경영을 개선하고, 작지만 효율적인 정부 운영을 달성해야 한다. 그리고 그것은 어디까지나 정부우선에서 국민우선으로 나아가야 진정한 21세기 한반도의 새 시대가 열리게 될 것이다.

Ⅲ. 차기 정부의 과제　

1. 국민을 위한 거버넌스 형성

정부와 정당은 과거처럼 밀실정치의 온상이 되어서는 안 된다. 과거 자유당 정부에서부터 권위주의 시대를 거치면서 대한민국 헌정사상 정부와 정당은 제 기능을 제대로 해 본 적이 거의 없다. 정부와 정당은 정치권력자의 꼭두각시에 불과한 것이었다. 이제 정부는 제 기능을 하는 정부로서 그리고 정당도 이러한 과거의 타락했던 모습에서 일탈하여 의연하게 민주국가의 공당으로서의 역할을 해야 한다. 제 기능을 하는 정부와 정당에서 우리는 객관적인 공신력과 신뢰를 국민으로부터 인정받는 그런 정부와 정당이 필요하다는 것이다. 정당이란 것이 워낙 정치적 뜻을 같이하는 사람들이 모여 국민의 여론과 요구를 잘 듣고서 이를 정치에 반영하는 그런 정당이 되어야 한다. 그리고 정부는 이러한 공적 의사결정 사항들을 정당하게 추진, 실행해 나가는 기관이 되어야 한다. 이러한 기본적인 가정 위에서 몇 가지 방향을 제시해 본다.

첫째, 정부와 정당은 그 존재가치가 국민의 뜻을 실현하는 정치의 장이 되어야 한다. 이러한 정치의 장은 오늘날의 사회분류 즉 국가사회, 시장사회, 그리고 시민사회의 영역 중에서 상호간의 의사소통이 원활하게 이루어질 수 있는 공공영역이 되어야 한다.[19] 이 세 가지의 영역에서 공통적인 영역이 되는 것은 사회 전체의 의사를 최대공약수로 집약함으로써 그 범위를 축소하고, 사회 전체의 정의를 형성하기 위해서이다. 이러한 원리에 입각하여 정부는 공동의 요소를 찾아 유연성과 능률성을 제고할 수 있는 방향으로 조직 간의 공통되는 사항을 통폐합할 수 있는 길을 찾을 수 있어야 한다.

둘째, 정부와 정당은 좋은 거버넌스(Good Governance)를 형성하기

---

19) Jürgen Habermas, 1996, "Three Normative Models of Democracy," in S. Benhabib, ed., *Democracy and Difference*, Princeton: Princeton University Press.

위한 교량역할의 기초가 되어야 한다.[20] 이것이야말로 오늘날 시민사회가 주장하는 정당과 나아가서 정당정치에서 국민의 의사가 국정에 반영되는 치자와 피치자의 좋은 관계 속에서 발전하는 거버넌스의 유형이 되는 길이기 때문이다. 이러한 거버넌스를 발전시켜 나가기 위해서는 정당부터 쇄신해야 한다. 공천기계나 공장 역할을 하는 그런 정당이 아니라 국민의 의사와 요구와 지지가 반영되는 그런 정당이다. 이 부문에서 강조되어야 할 사항은 지금까지의 정부혁신이 일자리 창출이나 경제적인 측면에서의 정부혁신을 강조했던 것으로는 불충분하다. 그것은 국민의 신뢰, 부정부패의 방지, 의사전달 체계의 혁신, 국민에게 비전 제시 등에서 민간의 뜻을 반영하기 위해서는 국가의 통치체계 자체를 혁신하는 정부개혁이 되어야 한다.

셋째, 이러한 '공공의 장'과 '좋은 거버넌스'를 위한 정부와 정당의 존재 가치는 국민의 자유와 사유재산과 권리를 보장하고 발전시켜 갈 수 있는 환경을 조성하는 방향으로 개선되어야 한다. 역사의 어떤 국가, 어떤 시대에서도 국민의 자유를 제한하고 축소하려는 정부나 정당도 그 자체의 정부체제를 성공도, 지속도, 발전도 시킬 수 없었다는 점을 명심할 필요가 있다. 이것은 동서와 고금을 막론하고 공통되는 이치인 것이다. 이는 근본에 힘쓰는 정부라는 것이다. 근본에 힘쓰는 그러한 정부는 스스로 그 해결방법을 터득하게 된다는 논리이기도 하다. 그렇게 할 경우 다음에 오는 정부는 비록 국민에게 간섭을 적게 하지만 국민의 뜻을 헤아리게 되는 정부가 되기 때문에 통치의 반석이 서게 될 것이기 때문이다. '근본에 힘쓰는 정부'는 국

---

20) Robert Putnam ed., 2000, *Disaffected Democracies*, Princeton: Princeton University Press.

민 우선의 정부다. 국민의 뜻을 그 근본으로 하기 때문에 지속성이 강하고 또한 국민의 뜻이 반영되기 때문에 국민의 신뢰를 받을 수 있는 것이다.

2. 작고 효율적인 거버넌스

일반적으로 현대민주주의와 같이 민주주의와 자본주의를 지향하는 국가에서의 정부는 국민 전체의 지지와 합의를 바탕으로 공익을 실현하기 위한 강제력을 가지며, 조세 등의 부과를 통해 정부 활동의 재원을 형성한다. 개인의 권리보장, 사회질서 유지 등 고전적인 정부 기능 이외에도 강제력과 막대한 재원, 그리고 공신력을 갖춘 관료조직을 기반으로 시장에서 자율적으로 해결할 수 없는 분야에 직접 개입하여 사회의 안정적 유지, 발전을 위해 각종 지원과 규제 기능을 수행하는 것이다. 그러나 정부의 운영이 국민의 일반 이익보다 관료의 사적 이익 혹은 특수 집단의 영향력에 의해서 좌우될 수 있으며, 정부가 국민의 복리증진을 도모함에 있어서 그 규모와 예산을 적정하게 배분하지 못하여 비효율적인 단체로 전락하기도 한다. 즉, 비대한 큰 정부는 오히려 그들의 내부구조를 복잡·다기화하여 국가의 운영 및 발전을 제약하는 요인으로 작용하는 것이다. 이제 이러한 점을 감안하면서 작고 효율적인 정부를 구성하는 데 있어서 고려되어야 할 사항을 몇 가지 지적하고자 한다.

첫째, 작고 효율적인 정부를 구성하는 일에는 인위적인 변혁이 아니라 아주 자연스러운 변화를 이루어야 한다. 각 분야는 힘을 통한 변화가 아니라 자유로운 가운데 창의력과 능력을 발휘하며 경쟁하고 스스로 선진화된 규제를 만들어 가는 '자발적 변화'를 통한 극대화된 '효율성'을 요구하는 것이다.

월드컵에서 실제로 경기에 참여하여 전력을 다하는 선수는 11명뿐이다. 나머지 선수들은 자신이 뛸 적재적소의 차례가 올 때까지 라인 밖에서 대기할 뿐이다. 우리 정부 조직 내 공무원들이 여러 가지의 후생복지혜택을 누리면서 경기장 외에서 대기하는 현실은 무척 답답하다. 공무원 사회도 자발적 변화를 통한 효율성이 요구된다. 뛰고 있는 부분에서만 대가를 받을 수 있도록 제도를 바꿀 필요가 있다. 도서관에서 공부하는 대학생 대부분이 공무원 시험을 공부하며 안정된 직장을 구해서 정년퇴직을 할 때까지 일하겠다는 오로지 그 한 목표만으로 공기업이 가장 좋은 직장이 되는 이런 분위기는 바뀌어야 한다.

관료적 행정 마인드도 바뀌어야 한다. 공기업이 가장 좋은 직장이 되는 관료적 행정 마인드는 이제 사라져야 한다. 이러한 마인드가 만연하는 사회와 국가에서의 젊은이들의 도전 정신이 사라진다. 김대중, 노무현 정부 10년 동안 상당히 개혁적인 정부가 들어섰다고 하면서 공기업이 가장 좋은 직장이 되는, 이런 분위기는 바뀌어야 한다. 공기업도 민간기업과 같은 경쟁력을 갖도록 해야 한다. 정부에 경영 마인드는 전혀 없고 관료적 행정 마인드만 남아 있다. 예산을 잘못 집행해 2, 3배 투자가 되어서 효용이 없게 되어 버려도 책임지는 사람이 없다. 성과를 내지 못하면 책임을 지는 풍토로 바뀌어야 한다. 그러나 이러한 변화는 자발적이지 않으면 과거 정권에서 본 것처럼 효과를 기대하기 어렵다.

둘째, 작고 효율적인 정부는 조직 내부의 자생적 변화를 통해 점진적 개혁이 이루어져야 한다. 그리고 그것은 지속적이어야 한다. 합리적이고 효율적인 작은 정부를 지향하는 정치체제는 그 정책결정의 모형이 제한된 합리성(bounded rationality)을 바탕으로 만족화(satisficing)를 추구하고,[21] 또한 점증주의 모델(incrementalist model)을[22] 지향하여야 한다. 비록 초기에는 진흙 속을 헤매는 것과 같은 불연속적인 점이 있더라도 국민에게 충격을 적게 주면서 그 결과는 굉장하게 많은 변화가 있게 되는 이런 변화를 추구하여야 한다. 이는 지난 정부의 큰 정부에서 실패한 요인을 처방하기 위해서 점증주의의 좋은 점을 강조할 필요가 있다는 점에서 간과되어서는 안 될 것이다.

"세상이 빠르게 변화하고 있다. 안 변하는 게 없기 때문에 우리도 그 변화 속도에 따라가야 하지 않겠느냐. 당이 무슨 '개혁을 한다', '혁신을 한다'는 과거 흔히 사용했던 '개혁과 혁신을 한다'는 과격한 표현들은 이미 우리의 귀에 익숙한 용어가 되어 버려 국민에겐 실감이 안 간다. 꾸준히 변화해야 한다고 본다. 정권이 바뀔 때마다 개혁과 혁신을 외쳤지만 결국 다 원점으로 돌아갔다. 지속적으로 변화를 추구하다 보면 어느 날 보니까 굉장히 많이 변해 있는 것을 알 수 있다." 는 어느 대선후보의 말은 점진적이고 지속적인 개혁의 필

---

21) Herbert A. Simon, 1957, *Administrative Behavior*, 2nd ed., New York: Macmillan.
22) Charles E. Lindblom, 1959, "The Science of Muddling Through," *Public Administration Review*, 19(2) (March 1959), pp. 79-88.

요성을 정확하게 파악하고 있다고 본다.

셋째, 지난 큰 정부의 실패를 보수주의와 자연주의 사상에 바탕을 둔 시장의 자유화를 통해 이를 치유해야 한다. 큰 정부·작은 정부는 그 역사가 긴 논쟁으로서 최근 보수, 진보 간 모든 정책논쟁의 핵심에 자리하고 있다. 보수는 자연권적 자유주의 사상과 더불어 정부 실패를 강조하며 감세와 작은 정부를 주창하는 데 반해, 진보는 공동체주의를 바탕으로 시장실패를 강조하며 증세와 큰 정부를 주장한다. '큰 정부·작은 시장'과 '작은 정부·큰 시장'이라는 대안 중 어느 대안을 선택하느냐에 대해 선험적 판단은 어려우나 역사적으로 큰 정부·작은 시장이 국민을 잘살게 한 경우는 드물었다.

선진국들은 복지제도와 재분배정책을 도입할 정도로 정부가 커지기 이전에 이미 빠른 성장으로 선진국이 되었던 것이다. 선진국이 되기 전에 큰 정부를 바탕으로 재분배 복지정책을 국가정책으로 최우선으로 설정한 나라들은 경제 강국들의 뒤안길로 밀려난 것이 작금의 현실이다. 오늘날 선진국들이 재정규모가 크고 복지제도가 잘되어 있기에 우리도 정부 규모를 키워 각종 재분배정책을 적극적으로 도입해야 한다는 주장은 앞에서 말한 것처럼 정치적 구호로는 매력적이고 대중 영합적이지만 비대한 정부로 야기되는 국가 자원의 낭비와 그 피해는 고스란히 세금을 부담하는 납세자, 즉 국민에게 돌아간다. 이러한 점에서 우리는 실제 정부가 국민이 부여해 준 공익의 집행자로서 역할을 제대로 수행하고 있는지, 현재 정부가 필요 없는 부분까지 그 규모를 늘리고 있는 것은 아닌지 주시할 필요가 있다.

작지만 강한 정부가 되기 위해서는 기존의 개입주의적 정부에서 시장 친화적 정부로의 전환이 반드시 필요하다. 정부가 할 일과 민간부문이 할 일을 명확히 구분하고 과거 공무원에게 주어졌던 감독 권한을 대폭 줄여 최소한의 감독만 효율적으로 하고 공무원은 모두 민간서비스를 하는 '도우미'가 돼야 한다. 관이 주도하고 감독하고 처벌하는 것이 아니라 규칙을 제정하고 비전 달성을 독려하면서 시장이 최대한 춤을 출 수 있는 장을 마련하는 역할에 집중해야 한다.

넷째, 작고 효율적인 정부는 또한 국가 경쟁력 강화를 선도하는 전략 지식 정부를 지향해야 한다. 향후 세기는 지식기반사회이다. 지식(knowledge)의 생성과 유통, 그리고 사용이 국가의 경쟁력을 좌우하는 시대인 것이다. 또한 21세기는 전 지구적(global) 무한 경쟁시대이다. 이제 국가 간의 국경은 의미가 없어지고 세계화에 의해 통합된 세계시장을 지배하는 시대가 도래한 것이다. 따라서 새로운 정부는 선진국으로 진입하기 위해 미래의 선도적 지식을 창출하고 21세기형 전자정보기술을 활용하는 전략지식 정부가 되어야 한다. 스위스 국제경영개발연구원(IMD)의 2006 세계 경쟁력 연감에 따르면 우리나라의 국가 경쟁력은 조사대상 61개국 중 38위로 그 전해(29위)보다 9단계나 하락한 것으로 나타났다.[23] 특히 정부 효율성은 31위에서 47위로, 기업 효율성은 30위에서 45위로 하락해 국가 경쟁력 순위 하락의 주된 요인으로 되고 있다. 방만하고 시대의 흐름을 읽지 못한 무능한 정부조직이 가져온 결과이다.

다섯째, 작고 효율적인 정부는 기업가 정신에 입각하여 정치 상품(political goods)을 소비하는 유권자들에게 자기 정책을 확실하고 분명하게 제시해 주어야 한다.[24] 정부가 국가경쟁력 강화의 걸림이 되

23) 국제경제개발연구원, 2006. 세계경쟁력연감.
24) C.B. Macpherson, 1977, *The Life and Times of Liberal Democracy*,

지 않기 위해 기업가적 혁신이 창출되고 실행되는 행정조직, 내부유인체계, 조직문화를 가진 정부로 거듭나야 한다. 또한 지식을 창출하고 활용하는 학습정부의 모습과 복잡하고 불필요한 과정이 없이 행정업무가 온라인 정보 기술을 통해 이루어지는 전자정부 구축과 같은 방식이 그러한 정부가 될 수 있다. 지난 정부는 경영 마인드는 전혀 없고 관료적 행정 마인드만 남아 있다.

여섯째, 큰 정부를 지양하고 작은 정부를 지향하는 효율적인 정부는 규제완화를 구체적으로 제시하여야 한다. 작은 정부는 원래 국민의 조세부담을 낮게 억제하여 운영하는 정부의 존재형태를 가리키는 말이었다. 19세기 말경까지의 정부의 존재형태의 최소의 경비에 의한 국정운영, 다시 말하여 저부담의 정부라고 하는 요구를 배경으로 하고 있었다. 그러나 현대국가는 적극적인 시책을 배경으로 하여 복지국가를 목표로 하고 있기 때문에 정부지출이 증대하고, 선진 민주국가에서는 '고복지·고부담'이 일반화되었다.

작은 정부의 개념은 그 사용이 분명하고 필요한 부문에 대한 규모 축소를 의미하는 것이 아니라 정부 기능에 따라 조정이 가능하고 가급적 소규모를 유지하여야 한다는 상대적인 의미를 갖는다. 요컨대, '작은 정부'의 개념은 단순하고 외형적, 획일적인 정부 역할의 하향조정에 그치는 것이 아니라, 합의된 공약목표를 효과적으로 달성하는 '효율적인 정부'를 지향하는 것으로 이해하는 것이 바람직하다. 즉, 작은 정부는 바람직한 정부의 기능수행 범위와 정부개입 수준을 확보한 경우를 일컫는 말이며, 이것은 정부가 추구해야 할 공

London: Oxford University Press.

익적 가치의 범위와 이를 실현시킬 정책수단의 가용도, 그리고 시장의 성숙도, 시장의 규모 등의 사회 경제적 여건의 변화에 따라 주로 공공선택 과정을 통하여 판단된다. 바로 여기서의 판단 과정은 정부 기능의 재조정 작업과 기본 맥락을 같이한다고 볼 것이다.

그리하여 행정기구의 합리화·간소화로 능률화와 행정효과를 고려한다는 뜻에서 낭비가 없는 정치운영을 기하기 위한 작은 정부(중앙 정부 권한의 축소 또는 분권화를 지향하는 정부형태) 또는 값싼 정부(재정지출의 최소화를 지향하는 정부형태)가 각국에서 거론되고 있다. 정부 크기의 확대만큼 정부가 시장사회보다 더 효율적인가를 판단해야 한다. 정부의 크기는 계속 확대되어 현재 사회 전체가 만든 가치에서 정부가 사용하는 가치의 크기를 조세 부담률로 보았을 때 약 21% 정도이다. 정부의 역할과 규모는 축소되어야 한다. 작은 정부는 효율적 정부, 적은 조세 부담을 전제로 한다. 정부 크기를 말해 주는 지표는 공무원 수, 기구와 기능, 예산, 정치체제의 성격, 시장사회와의 관계와 시장에서의 정부개입 수준이다. 우리에게는 작은 정부를 추진해야 할 분명한 이유가 있다. 특히 각종 공사 등 정부투자기관이나 재투자기관 등은 비효율과 방만 경영의 대상이 되고 있다. 애쓴 노력과 얻어진 결과의 비율은 들인 노력에 비하여 얻는 결과가 큰, 또는 그런 것이 되어야 한다.[25]

---

25) 동아일보 대선후보 특집 인터뷰(2007. 9.14.)

3. 법과 자유를 존중하는 거버넌스

국가와 사회의 신뢰성은 그 국가와 사회의 공적 힘의 소산이 어디에서 유래되느냐에 따라 달라지는 것이다. 막스 베버의 권위에 대한 언급을 새삼 하지 않아도, 국가의 공권력의 권위란 전통에 바탕을 두어 그 힘의 원천을 사회의 신뢰에서 찾는다거나, 합법적이고 합리적인 것에서 바탕을 찾는다거나, 아니면 그의 특별한 능력에 기반을 둔 카리스마적 힘에 근거하든 모두가 다 신뢰와 안정의 큰 틀을 마련하려는 것이다. 이러한 신뢰의 큰 틀이야말로 국민을 섬기는 마음에서부터 시작되어야 한다.

이러한 국민의 신뢰를 얻기 위한 방안으로서는 법에 근거한 제도적 통치를 실천하는 데에서 이루어질 수 있다. 즉, 법치주의적 제도에 의한 국가운영이 이루어져야 한다. 이는 사회의 모든 제도운영이 정당한 법적 근거 위에서 행해지는 것을 말한다. 국민의 자유를 제한하거나 새로운 의무를 부과하려 할 때는 반드시 의회가 제정한 법률로 하여야 하고 행정은 이러한 법률을 전제로 하여 그에 따라 행해져야 하며 재판도 법률에 따라 행해져야 한다. 법치주의의 목적은 '국민의 자유와 권리의 보장'이고, 그 제도적 기초는 '권력분립'이며, 그 내용은 '법률의 우위', '법률에 의한 행정', '법률에 의한 재판'이다. 특히 국가의 근간이 되는 헌법은 존중되어야 한다. 자칫 참여정부에서 보여준 것처럼 헌법에 대한 도전은 법치주의의 근본을 흔들수 있어 상당히 위험하다. 또한 법치주의적 제도운영은 공정하고 투명하여야 한다. 그래야 국민의 신뢰를 얻고 이를 바탕으로 민주적 통합사회를 구현해 나갈 수 있다. 불공정한 방식에 의한 자유경쟁을 방해하는 행위, 제도적 기회 균등을 저해하는 행위, 독점에 의한 시장왜곡 등에 대해서는 제도적 통제를 통해 경쟁의 공정성과 효율성을 높여 모두가 수긍하는 법치주의 사회를 실현하여야 할 것이다.

또 다른 공적 신뢰를 얻는 방안으로서는 국민이 무엇을 원하는지를 파악하고 그에 따른 국민에게 봉사하고 실천하는 현실정치의 구현이다. 이는 무엇보다도 행정의 내부 관리적 측면에서 개혁의 지속이 요구된다. 이러한 방안으로서는 무분별한 제도의 추가로 인력의 낭비와 막대한 재정지출로 인한 세출의 방지, 성과 관리체제의 연계의 확립과 권력적 시각에서 대통령의 행정권에 대한 법제적 축소, 중앙 행정권의 지방과 국회와 사법부로의 이관, 중앙부처의 슬림화, 시민사회에 의한 중앙정부의 관리 통제, 공공정책 간의 쟁점의 조정 등을 통한 작은 정부에 의한 효율성의 증대로 국민을 섬기는 정부가 요구되고 있다.

마지막으로 공적 신뢰를 확보하는 방안으로서는 자유민주주의적 가치를 바탕으로 국민에게 봉사하는 것을 들 수 있다. 이는 역사를 통해서도 자유주의가 가지는 가치를 살펴본 바와 같이 개인의 평등과 자유, 그리고 사유재산의 보장을 개인이 지향하는 인간행동에 바탕을 두고 있기 때문에 자율성이 아주 강조되어 왔다. 이러한 자유주의는 나중에 경제적 자유와 정치적 자유로 나뉘게 되었지만 특히 경제를 중요시하는 관점에서는 사사로운 자유에서 개인의 가치를 존중해야 하는 것이다. 정치적 자유는 사회공동체적 자유를 강조하는 점에서 규제된 자유(bounded freedom)이다.

개인은 공적 사회와 국가를 위해 자기의 개인적인 자유를 양도하여 국가의 공권력을 창조하게 된다.[26] 이에 대해 자유주의적 사상은 그 기반을 전통적으로는 개인의 사고와 심리에 근거하는[27] 것에서부터 현대적 의미인 신자유주의로 발전해 왔다. 가급적 개인의 자유를 적게 간섭하는 자율적인 시장의 원리에 의해 작은 정부를 운영함으로써 국민에게 봉사하는 정부를 희망하는 것이다. 한편 민주화는 거시적으로 국가와 정부권력의 축소를 가져오기 때문에 국민의 권익신장에 기여할 수 있다. 따라서 자유민주주의는 국민을 섬기는 정부의 요체이다. 새로운 정부는 자유민주주의 가치 존중으로 국민을 섬기는 정부가 되어야 할 것이다.

특히 우리나라는 앞으로 5년간 국정을 이끌어 갈 새로운 정부를 선택해야 하는 중대한 시점에 서 있다. 새로운 정부는 참여정부의 실패를 바탕 삼아 정부우선이 아닌 국민우선을 기본으로 하는 국민에 대한 봉사자로서의 최적의 조건을 갖춘 정부여야 한다고 본다. 정부가 할 일과 민간부분이 할 일을 명확히 구분하여 기존의 통제자(Controller)로서의 역할을 대폭 축소하고 국민에게 실현 가능한 비전을 제공하고 동참하도록 하는 것이다.

이는 통치철학으로는 실사구시의 신실용주의에 바탕을 둔 것으로서 새로운 정부는 '작고 효율적인 정부'를 위해 먼저, 행정적으로 방만한 정부에서 새로운 작은 정부의 운영으로, 경제적으로 시장의 자율화에 바탕을 두되 정부와 시장 간의 역할분담에 초점을 두고, 그리고 정치적으로 지배층과 피지배층, 즉 제도권과 시민사회를 중심

---

26) John Locke, 1955, *On Civil Government*, Chicago: Henry Regnery.
27) Martin Carnoy, 1984, *The State and Political Theory*, Princeton: Princeton University Press.

으로 하는 비제도권의 새로운 지배구조 (governance)의[28] 형성을 위해 탈바꿈할 수 있는 기반조성을 추진해야 한다고 본다. 이러한 기본적 가정하에 새로운 정부가 나아가야 할 방향을 제시하고자 한다.

Ⅳ. 결론

누가 뭐라고 해도 정부는 국민의 신뢰를 얻지 못하면 어떠한 수단과 방법을 동원해도 그 정권을 지속해 나갈 수가 없다. 정부와 국민이 같은 목표를 향해서 서로가 신뢰를 가지고 정책의 결정이나 실천에 참여하는 경우 좋은 거버넌스 즉, 좋은 민주주의를 달성할 수 있기 때문이다. 현재 참여정부가 국민의 신뢰를 얻지 못하고 있는 점은 앞에서 살펴본 바에 의하면 다음과 같이 몇 가지로 요약할 수 있다. 첫째, 정부가 국민을 별로 무서워하지 않는 점이다. 둘째, 정부의 효율성이 떨어져 방만하게 운영되고 있는 점이다. 셋째, 자유민주주의의 기본 가치인 법치에 의하지 않고 자의적 편의주의로 흐르고 있는 점이다.

이러한 문제점을 치유하는 새로운 거버넌스로는 각각 다음과 같이 정리할 수 있다. 이렇게 할 때만이 큰 정부의 실패를 효율적인 정부로, 떨어진 국가기강을 국민이 신뢰하는 강한 정부로, 국민을 가볍게

---

28) James N. Rosenau and Ernst Otto Czempiel, 1992, *Governance without Government,* Cambridge: Cambridge University Press.

여기는 정부를 국민을 위한 정부로 변혁시킬 수 있다고 본다.

국민을 섬기는 거버넌스는 첫째, 정부와 정당은 국민의 뜻을 실현하는 장으로 전환하여야 한다. 둘째, 정부와 정당은 좋은 거버넌스의 형성을 위한 국민의 뜻을 정책에 제대로 반영할 수 있는 교량적 역할을 해야 한다. 셋째, 정부와 정당의 존재 가치는 국민의 자유와 재산을 보장할 수 있는 관계 구성을 위해 개선되어야 한다.

효율적인 거버넌스를 위해서는 첫째, 자유로운 가운데 창의력과 능력을 발휘하고, 경쟁함으로써 스스로 선진화된 규제를 만들어 가는 역량을 가진 거버넌스를 형성해야 한다. 둘째, 큰 정부의 실패를 자유주의 사상에 바탕을 둔 시장의 자유화를 통해 치유해야 한다. 셋째, 국가 경쟁력 강화를 선도하는 전략 지식 정부를 지향해야 한다. 넷째, 기업가 정신에 입각한 정치상품(political goods)을 유권자에게 확실하고 분명하게 제시해야 한다. 다섯째, 효율적인 정부는 규제완화를 구체적으로 제시해 주어야 한다.

자유민주주의 기본가치인 법치의 실현을 위한 거버넌스는 첫째, 국가공권력을 확보하기 위해서 공권력의 합법성, 합리성, 전통성, 전문성 등을 확보함으로써 그 권위를 회복해야 한다. 둘째, 인치가 아닌 법에 근거한 합법적 거버넌스가 이루어져야 한다. 셋째, 정치현실에서 국민에게 봉사하는 생활정치가 구현되어야 한다.

▌참고문헌 ▌

Arrow, Kenneth. 1963. *Social Choice and Individual Values*, 2nd ed., Haven: Yale University Press.

Baybrooke, David and Charles E. Lindblom, 1970, *A Strategy of Decision*, New York: The Free Press.

Buchanan, J. M., R. D. Tollison, and G. Tullock, 1980. *Toward a Theory of the Rent −Seeking Society*, College Station: Texas A & M University Press.

Carnoy, Martin. 1984, *The State and Political Theory*, Princeton: Princeton University Press.

Euken, Walter, 1952, *Grundsaetze der Wirtschaftspolitik*, Tuebingen: Mohr.

Habermas, Jürgen. 1996, "Three Normative Models of Democracy", in S. Benhabib, ed., *Democracy and Difference*, Princeton: Princeton University Press.

Hayek, Fredrech. 1973, *Law, Legislation and Liberty −Rules and Order*, London: Routledge and Kegan Paul.

Lindblom, Charles E. 1959, "The Science of Muddling Through", *Public Administration Review*, 19(2)(March 1959), 79−88.

Locke, John. 1955, *On Civil Government*, Chicago: Henry Regnery.

Macpherson, C.B. 1977, *The Life and Times of Liberal Democracy*, London: Oxford University Press.

Meltzer, Allen H. and Scott F. Richard, 1981, "Rational Theory of the State of Government," *Journal of Political Economy*, vol. 89, pp.

914−919.

Nozick, Robert. 1974, *Anarchy, State and Utopia*, New York: Basic Books.

Olson, Mancur. 1982, *The Rise and Decline of Nations*, New Haven: Yale University Press.

Putnam, Robert. ed. 2000, *Disaffected Democracies*, Princeton: Princeton University Press.

Rosenau, James N. and Ernst Otto Czempiel, 1992, *Governance without Government*, Cambridge: Cambridge University Press.

Simon, Herbert A. 1957, *Administrative Behavior*, 2nd ed., New York: Macmillan.

Smith, Adam. 1937 *The Wealth of Nations*, New York: Modern Library, Chapter 4 of Book 4.

국제경제개발연구원, 2006. 세계경쟁력연감
동아일보, 2007. 대선후보 특집 인터뷰(2007.9.14.)
서울신문, 2007.10.8.
전국경제인연합회기관 자유기업원, 2007.11.26 발표 자료
전교학신문, 2007년 7월 31일자.
조선일보, 2007.10.8.
통계청 사회조사, 2006년도 판.
한겨레 신문. 10.16.
KTV. 2007.8.10.

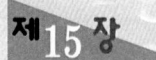

제 15 장
한국 시민사회운동의 새로운 과제

Ⅰ. 문제의 제기

　새로운 정부가 지난 2월 25일 들어섰다. 새로운 정부는 지난 참여
정부의 친시민사회적 관계와는 다를 수도 있다. 물론 새 정부의 정
책입안자들의 시민사회운동에 대한 구체적 관계 정립에 따라 달라질
수 있다. 그러나 일단 현 단계에서는 일종의 가상과 시나리오적 입
장에서 새 정부의 정책을 예측하고 기존의 시민사회와의 관계를 정
립해 보는 것도 비록 가정이기는 하나 일면 의미가 있을 것으로 생
각된다. 그러나 그러한 가상적인 비교보다는 기존의 한국 시민사회
운동의 특색을 정리해 보고 새 정부하에서 시민사회운동이 나아가야
할 방향과 과제를 연구해 보는 것이 더 실효성이 있을 것 같다.

1. 시민사회의 위기론

기존의 한국 시민사회에서도 시민사회운동의 위기감이 없지는 않았다. 기존의 한국 시민사회의 위기론으로는 다음과 같은 데에서 찾는다. 첫째, 지난 정부에서 친시민사회적 관계가 지나칠 정도로 참여와 연대를 과시한 것에서 찾는다. 그러한 친시민사회적 관계는 시민단체가 순수성을 잃고서 지나치게 정치세력화한 것이 국민의 신뢰를 쇠락시키는 원인이 되었다.[1]

> "시민사회단체가 국민의 신뢰를 받지 못하는 것은 순수성을 잃은 채 정치세력화한 것이다."(세계일보 2008.1.14.)
> "참여를 명분으로 이른바 과잉대변(excess of representation)이 발생한 것이다. 정치권과 NGO의 상호관계에서, 의제설정과 결정과정에서 발생한 이념적 동질화 현상은 합의를 쉽게 제조하는 데에는 기여했지만 이념적 성향이 다른 사회집단의 승복과 동의를 거친 진정한 합의는 아니었다."(송호근, 2005, 268)

둘째, 한국 시민사회의 영향력의 쇠락에서 찾는다. 시민사회가 그 영향력에서 최고조에 달했던 때가 바로 우리 기억에 아직도 생생한 2000년 4월 총선 시민연대의 낙천, 낙선 운동, 2002년 12월의 참여정부를 탄생시킨 세력, 2004년 대통령 탄핵반대 촛불시위, 그리고 2004년 4월 17일 총선에서이다. 이즈음의 시민사회의 영향력은 한

---

1) 김영래, 2007. "민주주의와 시민사회 가치의 재정립." 『NGO연구』 제5집 제1호. p.6.

여론조사의 결과에 따르면, 대통령을 제외하고 한국을 움직이는 영향력 있는 집단 혹은 세력으로는 시민단체(28.9%), 열린우리당(23.7%), 언론계(18.1%), 한나라당(17.8%)의 순으로 시민단체가 1위를 차지하였다. 그러나 이러한 여론조사는 2005년과 2006년에는 시민단체가 각각 5위, 7위로 하락하였다.[2]

셋째, 한국 시민사회의 위기를 이른바 '시민 없는 시민운동'에서 찾는다. 일반시민들의 관심은 정치나 복지에 있는데 시민사회단체들은 거대 담론에 치우쳐서 좌파니 우파니, 이념과 이데올로기, 또는 진보니 보수니 하는 곳에 관심을 쏟고 있다면 시민사회단체들과 시민들 사이에 괴리는 커 질 수밖에 없지 않겠는가. 생활정치와 풀뿌리 시민운동에는 너무 소홀하여 왔던 것이다.

> "새로운 아젠다를 찾으려는 노력은 게을리 하면서 잘 팔릴 것만 부여잡고 반복해 오고 있다."(프레시안. 2006. 10. 12.)

이와 같이 시민과 함께 하는 주민과의 결합된 자립형의 시민운동은 진전시키지 못하고 정파적, 중앙 집중적 구조에 매몰되어 생활세계의 정치에 너무나 소홀하여 왔던 것이다. 권력의 중앙 집중화와 남용을 방지하여 개인의 자유를 보호하는 시민사회 본연의 역할을 수행하는 일에 소홀하여 왔고, 시민 없는 시민운동을 극복하지 못하고 시민의 참여와 관심을 이끌어 내지 못하여 왔다. 여기에서 우리는 공론의 장의 형성과 생활정치의 소홀을 지적하지 않을 수 없다.

---

2) 시사저널. 2004. 10. 28.

2. 이명박 정부의 등장

이에 비해 새 정부에 대한 시민사회와의 관계를 위해서 새 정부에 대한 시나리오를 다음의 몇 가지로 설정해 볼 수도 있다. 첫째, 이명박 대통령 자신이 대학시절 한일 국교정상화 반대 운동과 같은 반정부적인 전민주화 시대의 개발독재와 권위주의적 시대에서 운동경험을 지적할 수 있다. 민주화 이전의 권위주의적 운동이 우리 사회의 시민운동의 세력을 주도해 왔던 점을 고려할 때 시민사회에 대해서 옹호의 입장보다는 견제의 입장을 취할 가능성이 높다. 물론 그로 인해서 반대의 입장을 견지할 수도 있다.

둘째, 대통령 자신의 기업가적 자질과 성향에서 신경제개발주의의 성향이다. 새 정부가 신개발주의를 지향하는 것만으로 정책이 펼쳐질 경우 한국 시민사회운동은 기존의 참여적 형태에서 상당히 후퇴하거나 정체될 가능성이 높다. 이 점에서 시민사회운동단체들은 위축될 가능성이 상존하고 있다.

셋째, 새 정부가 지향하는 신보수주의 정책이다. 신보수주의에서는 작은 정부를 지향하고자 할 것이다. 작은 정부는 국가가 국가 이외의 시장과 시민사회에 대해 간섭을 최소화할 것이다. 이러한 관점에서는 시민사회는 체제의 변화에 구속되지 않고 벗어나서 자아실현을 위한 성찰과 반성의 기회를 마련하고 본래의 시민사회의 자기 정체성을 추구할 여지는 충분히 있을 수 있다.

이상에서 살펴본 바와 같이 한국 시민사회운동의 현 위치와 자기 정체성을 확인하고, 향후 자기 성찰적 차원에서 새로운 한국 시민사회운동의 미래상을 정립해 볼 필요가 있다고 본 필자는 생각한다. 이러한 필요성과 문제의 제기(제1장)에서, 본 연구는 제Ⅱ장에서 시민사회의 구성을 위해 기본적으로 갖추어야 할 요소를 찾기 위해 기존의 이러한 연구와 그 연구를 통해서 시민사회의 구성요소를 설정한다. 제Ⅲ장에서는 한국 시민사회운동이 지향하고 있었던 기존의 특색과 문제점을 검토하여, 제Ⅳ장에서 자기 성찰적 한국 시민사회운동의 방향정립을 해 보고, 제Ⅴ장에서 결론을 요약하고자 한다.

Ⅱ. 시민사회의 구성요소

1. 기존연구

시민사회의 구성요소에 관한 기존의 연구에 관해서는 공론의 장에 대한 주장을 강하게 하고 있는 하버마스, 하버마스의 체계(system)와 생활세계(life-world)의 논의를 바탕으로 하고 있는 코헨과 아라토, 강한 민주주의를 통해서 시민사회를 달성하고자 하는 바버, 그간의 시민사회와 관련한 연구를 종합한 에드워즈, 그리고 영역과 분야에 바탕을 두고 있는 최장집 등의 선행 연구에서 시민사회의 정의와 그를 구성하는 주요 핵심적 요소가 무엇인지를 살펴보기로 한다.

Jürgen Habermas는 시민사회를 '시민들이 공공의 문제를 숙의할 수 있는 과정에 자연적으로 나타날 수 있는 공적 공간(public sphere)'으로 정의하고 올바른 공론의 장이 되기 위해 다음의 네 가지 조건을 제시하고 있다. 첫째, 보편적 접근 가능성으로 모든 참여자가 동등한 발언기회를 가질 수 있어야 한다. 둘째, 보편적 규범과 합리적 정당화가 이루어지는 공간, 즉 모든 담론의 비판 및 반박 가능성이 열려 있어야 한다. 셋째, 명령, 반대, 허락, 금지 등 규제적 언술행위에 대해 어느 한쪽만이 특권을 갖지 말아야 한다. 넷째, 자기 자신의 태도, 감정, 의도 등을 솔직하게 드러낼 수 있는 공간이어야 한다. 이러한 조건이 갖추어진 공간이어야 올바른 공론의 장을 형성할 수 있다고 본다.[3)]

Jean L. Cohen & Andrew Arato는 하버마스의 체계와 생활세계, 즉 규범과 가치에 논의의 바탕을 두고, 시민사회를 '무엇보다도 친밀한 영역으로서 가족, 결사체들의 영역으로서 자발적 결사체, 사회운동, 그리고 공공의사 소통형태들로 구성된 경제와 국가의 사회적 상호작용의 영역'이라고 정의하고 시민사회를 구성하는 핵심적 요소로서 다음의 네 가지를 제시하고 있다. 첫째, 다원성(plurality)이다. 다원성과 자율성이 생활형태의 다양성을 허용하는 가족, 비공식집단, 자발적 결사체가 허용되는 사회가 형성되어야 한다. 둘째, 공공성(publicity)이다. 문화와 의사소통의 제도가 이루어지는 곳이어야 한다. 셋째, 사생활(privacy)이다. 사적 자아의 발견과 도덕적 선택의 영역이 확보되어야 한다. 넷째, 법률성(legality)이다. 적어도 국가와 경

---

3) Jürgen Habermas, 1989, *The Structural Transformation of the Public Sphere*. Boston: MIT Press.

향적으로 경제로부터 다원성, 사생활, 공공성을 경계 지우는 데 필요한 일반적인 법률과 기본권의 구조를 갖추어야 한다.[4] 아울러 이러한 구조들이 현대의 다양화된 시민사회의 제도적 공존을 모색한다.[5]

Benjamin R. Barber는 Habermas보다 더 구체적으로 조건을 제시하고 있다. '건강한 시민사회란 담론의 시민성이 유지되는 사회, 즉 공론의 장이 작동되고 있는 사회'로서 대화의 장을 중요시하고 있다. 그는 대화를 공적이고 시민적인 것으로 만들어 주는 아홉 가지 조건을 제시하고 있다. 첫째, 공통의 습속(commonality)이다. 시민들이 갖는 공통의 습속이 시민들의 대화에서 준비가 되어 있어야 한다. 가시적이고 명확한 공통의 기반, 협력적 전략, 공동의 이해관계, 그리고 공공복리를 바탕으로 할 때 시민적 대화가 가능하다는 것이다. 즉 공동체에 기반을 둔 대화가 이루어져야 한다는 것이다. 둘째, 시민과의 협의(deliberation)이다. 시민들의 공적 목소리는 협의적이고, 자기 반성적이고, 성찰적이고, 비판적인 특징을 갖는다. 인내심을 갖고 반복하여 충분한 시간을 가지고서 비판적으로 교차 확인하는 작업이다. 셋째, 포용성(inclusiveness)이다. 이는 공적 대화는 광범위하고 다양한 목소리를 포괄한다. 민주적인 공동의 습관을 통해 차이를 인정하는 분위기의 필요성을 강조한다. 사적 영역에서의 논쟁은 임의적이고, 자기 선택적이고, 소외당할 수 있는 점이 많다. 넷째, 잠정성(provisionality)이다. 공중의 목소리는 항상 임시적이며, 개선과

---

4) Jean L. Cohen and Andrew Arato, 1992, *Civil Society and Political Theory*, Cambridge: The MIT Press. p.346.
5) Jürgen Habermas. 1996, *Between Facts and Norms: Contributions to a Discourse Theory of Law and Democracy* translated by William Rehg. Cambridge: The MIT Press. pp.367-368.

진보의 과정에 놓여 있고, 심지어 모순적이기도 하다. 공중의 목소리가 갖는 특징은 독단에 저항하는 면역성을 갖게 해 주며, 민주주의의 관용과 개방의 정신을 표현하는 것이다. 다섯째, 남의 말을 듣는 (listening) 입장이다. 공중은 목소리를 가지고 있고 귀도 갖고 있다. 사적 이익은 확실하게 자기의 필요를 말함으로써 확인할 수 있고 표현될 수 있다. 공적 이익은 사람들이 오직 서로의 이야기를 들을 수 있을 때 비로소 동감하고 조화를 이룰 수 있으며, 확인되고 표출될 수 있다. 여섯째, 배움(learning)이다. 시민대화에 참여하기 위해서는 배움에 대해 개방적인 태도를 가져야 한다. 적과의 대화를 통해 공동의 기반을 발견하고 자신의 입장을 수정할 수 있어야 한다. 일곱째, 수평적 의사소통행위(lateral communication)이다. 공적 대화는 지도자와 시민들 사이의 대화가 아니라 시민들 간의 수평적 대화를 의미한다. 진정한 의미의 공적 대화는 수평적 대화를 통해서만 이루어진다. 여덟째, 상상력(imagination)이다. 공적인 목소리는 이타적인 행위로서가 아니라 상상력을 통해 공동이익을 재구성하여 자기 이익의 산물로서 다른 사람의 이익을 인식할 수 있고, 타인과의 공감대를 형성할 수 있는 사적인 자아를 구성할 수 있는 요소이다. 아홉째, 권한행사(empowerment)이다. 시민성이 권력을 행사한다. 시민적인 대화는 공유되는 대화이고, 공유되는 행위의 기반이고, 대화자를 실천하는 자로 바꾼다. 공적 대화에서 공적인 것은 행동의 결과에서 나타난다.[6]

---

6) Benjamin R. Barber, 1998, *A Place for Us: How to Make Society Civil and Democracy Strong*, New York: Hill and Wang. Chapter 4. pp.116 – 121.

그리고 Barber는 이러한 공적 공간에서의 공적 목소리를 형성해 내기 위해서 입법화를 통해서 시민사회를 지원해야 할 내용을 구체적으로 다음의 여섯 가지로 설정하고 있다. 첫째, 공적 공간의 확대와 강화(enlarging and reinforcing public spaces), 둘째, 새로운 정보통신기술의 시민을 위한 활용방안 강구(fostering civic uses of new telecommunications and information technologies), 셋째, 세계경제에서 국내생산의 촉진과 노동의 민주화(domesticating and democratizing production in the global economy), 넷째, 세계경제에서 국내소비의 촉진과 생산의 민주화(domesticating and democratizing consumption in the global economy), 다섯째, 봉사와 훈련 프로그램의 강화(reinforcing services and training programs), 여섯째, 자유로운 다원주의 사회의 토대가 될 인문학과 예술학의 육성(cultivating the arts and humanities as an indispensable foundation for a free, pluralistic society) 등이다.7)

Michael Edwards는 시민사회를 바라보는 시각을 결사체적 삶으로서, 좋은 사회로서, 공적 영역으로서 세 가지 영역으로 구분하고 첫째, 결사체적 삶으로의 시민사회는 토크빌적 시각에서 바라보는 시민사회로 국가 및 시장과 구분되는 사회의 한 부분으로 공동의 이익을 증진하고, 집단행동을 조성하기 위해 형성된 사회, 즉 제3섹터로 불리는 모든 종류의 결사체와 기업을 제외한 가족과 국가 사이에 형성된 각종 네트워크를 포함한다. 둘째, 좋은 사회로서 시민사회는 규범과 가치, 그리고 사회적 목표 달성을 강조하는 시각으로 규범적 측면에서 시민사회를 정의하고, 이기심보다는 봉사의 영역이며, 마음

---

7) *Ibid*, Chapter 3. p.75.

의 습관, 즉 협력, 신뢰, 관용, 비폭력 등과 같은 태도와 가치를 형성하는 기반이 된다. 셋째, 공적 영역으로서의 시민사회는 공적 협의, 이상적 대화, 공동이익의 추구 등 적극적 시민성이 행사되는 영역, 즉 공공영역을 말한다. 그는 이러한 세 가지 시민사회의 영역은 상호 독립적이고 분리되어 있는 것이 아니라 상호 교차적이고 연결되어 있는 개념으로 보고 있다.[8]

최장집은, 코헨과 아라토가 규범과 가치의 측면에서 시민사회의 구성요소를 강조하고 있는 데 반해, 영역과 분야에 중점을 두고 있다. 그는 시민사회를 "국가와 개인 및 가족 양자 사이에 존재하는 자율적인 결사체의 활동영역"[9]으로 정의하고 있다. 그는 시민사회가 "국가와 개인을 매개하는 자율적 중간 집단의 영역"이라 한다면 다음과 같은 세 가지 구성요소를 갖추어야 한다고 주장한다. 첫째, 이익집단이다. 이는 의사협회나 약사협회 등과 같이 동질적인 특수집단의 이익을 증대, 유지하기 위한 자율적 결사체를 말한다. 둘째, 이익집단으로 분류될 수 없는 나머지 비정부적 제도와 기구 내지는 네트워크들이다. 이데올로기와 문화, 의식 등을 다루는 언론, 종교, 교육, 청소년 관련 사회단체들이 대표적인 예이다. 셋째, 운동이라고 할 수 있다. 그것은 비록 제도화의 수준이 낮고 조직화의 범위도 불분명하며 지속성도 짧지만 특정의 가치와 목표의 실현을 위해, 그리고 무엇보다도 공공선을 추구하기 위해 대중동원을 동반하는 집단행동과 그 조직체들을 가리킨다.[10] 그는 이와 같이 시민사회의 구성에

---

8) Michael Edwards, 2004, *Is Civil Society a Big Idea?* Cambridge UK: Polity Press. pp.91−92.

9) 최장집. 2005. 『민주화 이후의 민주주의』. 서울: 후마니타스. p.215.

는 특수 이익을 위한 자율적 결사체, 비정부성, 공공성이 보장되어야 한다고 보고 있다.

2. 시민사회의 구성요소

기존연구에서 살펴본 바와 같이 시민사회를 구성하는 구체적인 요소를 연구자의 입장에 따라 여러 가지로 설정하고 이해하고 있다. 이러한 내용을 종합하면 크게 두 가지로 집약된다. 그 하나가 공론의 장을 형성하는 일이다. 즉 공론이 자유롭게 형성될 수 있는 분위기의 조성이다. 다른 하나는 그 공론의 장에서 담아내는 공적 목소리의 내용이다, 그것은 시민사회의 생활세계에서 찾는다. 이렇게 설정할 경우 우리는 민주화 이후에 체계에 의한 생활세계의 가중화된 식민화 현상을 재성찰할 필요성을 던져 주고 있다.

하버마스는 생활세계에서 일정한 규범과 체제를 공적으로 만들어 내는 작업을 체계로 분리하고 이 체계를 다시 국가와 경제로 분리한다고 한다. 그는 생활세계의 식민화 현상을 개인의 성찰성 고양을 통해서 극복할 수 있다고 한다. 그에 의하면, 체계(system)는 권력, 돈과 같은 매개체를 통해 도구적 이성에 기반을 둔 전략적 행위가 작동하는 세계를 말하고, 생활세계(life-world)는 가치, 규범, 상징적 상호작용 등을 매개로 의사소통적 행위가 작동하는 세계를 말한다.[11] 올바른 시민사회를 창출해 내는 '공론의 장'을 형성하는 기본

---

10) 최장집, 2005. 상게서, pp.215-216.

축은 시민성(civility)과 공공성(publicity)이다. 이 공공성과 시민성은 국가나 경제영역이 그들의 목소리를 내어 주지 못한다. 이제 그 공공성을 담아내는 공론의 장과 시민성을 담아내는 그 내용을 살펴보기로 한다.

1) 공론의 장(public opinion sphere)으로서의 공간

공공성에 대해서 공론의 장은 Jürgen Habermas는 "모든 참여자가 동등한 발언기회, 보편적 규범과 합리적 정당화, 규제적 언술행위에 대해 어느 한쪽만이 특권이 없을 것, 자기 자신의 태도, 감정, 의도 등을 솔직하게 드러낼 수 있는 공간" 등이 갖추어져야 한다고 본다. Benjamin R. Barber는 "공적 공간의 확대와 강화, 정보통신기술의 활용방안 강구, 국내생산의 촉진과 노동의 민주화 그리고 기업의 책임, 노동안전과 환경보존, 봉사와 훈련 프로그램의 강화, 인문학과 예술학의 육성"을 요구하고 있다. Michael Edwards는 "강한 시민사회는 자율과 선택에 위협을 가하는 권력집중을 방지하고, 국가권력의 남용에 대한 견제장치를 제공하면서, 시민들이 참여하는 민주적 공론의 장을 보호하는 역할을 한다."[12] Seymour M. Lipset은 "갈등(conflict)과 합의(consensus) 둘 다 민주주의를 위해서는 필수적인 요소이다."[13] 송호근은 "담론의 세계는 상호 이해의 장이다. 담론 세계

---

11) Jürgen Habermas, 1987, *The Theory of Communicative Action*, Vol. 2 translated by Thomas McCarthy. Boston: Beacon Press.
12) Michael Edwards, 2004, *op.cit,* p.15.
13) Seymour M. Lipset, 1960, *Political Man: The Social Bases of Politics.* Garden City, New York: Doubleday.

는 과거로부터 상대방을 이해하고 상대의 현재 입장을 해석하는 의사소통의 장이다."[14] 이와 같은 논지에서 최장집은 민주주의는 갈등의 표출을 요구하는 한편 합의가 없는 민주주의 역시 존재할 수 없다고 본다.

> "갈등의 부재는 곧 사회의 특정집단이 공공의 집합적 결정과정에서 배제되고 있음을 보여 주는 증거가 된다. 만약 우리가 갈등 없는 사회에서 살고 있다고 한다면, 그것은 곧 사회의 어떤 집단이 경쟁에서 배제되고 있음을 의미하는 것이다." (최장집 2005, 183).

이러한 내용을 종합하면 필자의 소견으로는 다음의 조건을 갖추어야 한다고 본다.

첫째, 공론의 장은 담론에 대한 비판과 반박을 할 수 있어야 한다.

둘째, 시민의 목소리가 협의적이고 자기 반성적이어야 한다.

셋째, 나와 남과의 차이(difference)와 공통성(commonness)이 함께 포용될 수 있어야 한다.

넷째, 남과의 대화를 통해 공동의 기반을 발견하고 자신의 입장을 수정할 수 있어야 한다.

2) 생활세계(life - world)를 중심으로 하는 성찰적 공간

특히 생활세계는 개인의 삶의 공간, 즉 사적 삶의 영역이기 때문에 개인이 자기성찰을 통해서 이를 공적 영역으로 전환시키는 역할

---

14) 송호근. 2005. 『한국, 어떤 미래를 선택할 것인가』. 서울: 21세기 북스. p.254.

을 담당하는 그런 공간으로서 작동하여야 한다. 여기에서는 남을 배려하고, 남의 말을 듣고, 남에게서 배우고, 상상력으로 남을 나와 같이 이해하고, 수직적 의사소통이 아니라 시민과 시민 간의 수평적 의사소통으로 타협과 합의를 통한 자기를 실천하고, 자기 판단이 수반되는 그런 공간이다. 무엇보다도 남도 나와 같이 자기 생각을 가지고 있다는 포용성을 가지고 있는 그런 자율성이 인정되는 공간을 통해서 담론의 내용이 형성되어야 하는 곳이다. 시민성에 대해서 Cohen & Arato는 "다원성, 공공성, 사생활, 법률성" 등을 지적하고 있다. Michael Edwards는 "수단으로서 결사체적 삶, 규범적 목표로서 좋은 사회, 그리고 앞의 양자를 연계하는 공적 영역을 시민사회의 지향"할 목표로 설정하고 있다. Benjamin R. Barber는 "공동체, 시민의 협의, 포용성, 임시성, 듣기, 배우기, 수평적 의사소통, 상상력, 권한행사" 등의 자기 성찰을 통해서 개선할 것을 주장한다.

필자는 공론의 장에서 담아내야 할 그 내용이 되어야 할 것은 다음과 같은 것이라고 본다.

첫째, 거대한 담론에서가 아니라 생활세계의 문제들로 채워야 한다. 보다 적극적이고 긍정적인 생활세계에서 삶의 질을 향상시킬 수 있는 내용을 갖추어야 한다.

둘째, '시민 없는 시민사회'가 아닌 시민이 주체가 되어야 한다. 제왕의 권력도 상인의 재력도 아닌, 또는 상류층의 지식인도 아닌 보통 시민의 삶을 담아야 한다.

셋째, 시민의 자기 이상과 도덕성과 반성의 내용을 담아야 한다. 규범성과 당위성의 차원을 넘어 보다 구체적인 자기 성찰적 영역을 그 내용으로 담아야 한다.

넷째, 대의제와 정당제와 같은 대의민주주의의 문제점과 한계를 극복할 수 있는 대안적 고민을 찾아야 한다. 그러기 위해서는 좀 전문적 내용을 담아야 한다.

다섯째, 수평적 의사소통에 의해 이루어진 '합의'에 따라 공동체적 삶의 방안을 내용으로 담아야 한다.

여섯째, 시민사회는 '임시성'의 속성을 가지고 있기 때문에 '지속 가능한 문제'(sustainable problems)를 찾아 개선할 수 있는 내용을 담아야 한다.

일곱째, 시민사회에서는 사적 영역과 공적 영역이 공존하기 때문에 합의된 사항은 객관적이고 정당한 '권한행사'가 이루어져야 한다.

Ⅲ. 한국 시민사회의 특색과 문제점

1987년 민주화 이래 한국 시민사회의 특색, 특히 최근까지 국민의 정부와 참여정부에서 시민사회가 지향해 온 특색으로는 정치성, 획일성, 당파성, 갈등의 주체와 같은 점들을 지적할 수 있다.

1. 정치성

한국 시민사회의 정치 지향적 특성은 별도로 설명이 없어도 우리
는 쉽게 알 수 있다. 모든 일을 정치와 연계하여 이해하고, 해결하
고, 대응하는 경향이 강하다. 필자가 일본에서 생활을 할 때의 에피
소드로 필자와 같이 일하는 현지 일본인 직원들의 일화가 있다. 당
시 전두환 대통령을 백담사로 거주를 제한하였을 때이다. 한국 국민
의 강직하고 무서운 마음에 대해 감히 일본인은 생각도 못 할 일이
라고 하였다. 그렇다. 필자도 그렇게 강한 마음이 나 자신에게 존재
하는지 알 수 없지만 한국인들은 역시 강력하게 정치에 대해 집착하
는 경향이 강해 심지어는 대통령도 귀양을 보내고 거주를 제한하고
총으로 살해하는 경우도 있다. 김구 선생도, 이승만 대통령도, 박정
희 대통령도 총에 맞아 권좌에서 내려왔다.

과연 한국 사람들은 이렇게 마음씨가 모질고 독한 국민일까. 필자
는 이 모두가 시민사회운동으로 전이된 것은 1987년 민주화 선언
이후에—한국 시민사회운동이 본격적으로 성장하게 된 이후에—그
이면에 깔려 있는 시민운동의 정신이 개발 독재시절에 재야 운동권
에서 흐르던 민주화 운동에서 출발한 것이 이와 같은 정치 지향적
성향을 갖게 하고 있다고 생각한다. 물론 그 이전으로 거슬러 올라
가 일제치하에서의 민족해방운동이나, 보다 그 이전에 봉건왕조에서
억압받던 민초들의 자아발견에서 찾을 수도 있다. 그러나 오늘날 한
국 시민사회운동의 시민성이나 공공성은 민주화 전후에서 그 주된
근원을 찾는 데는 큰 문제가 없을 것 같다. 그것은 민주화를 위해서

노동, 학생, 농민, 시민의 운동이 독재와 민주라는 대립구도 속에 편재하는 정부와 직접적인 상호작용을 상정한 운동으로 성장하게 되었기 때문이다.[15] 그러나 일본의 시민운동은 자기 마을 가꾸기와 같은 지역단위의 생활 속의 문제를 해결하는 데 초점을 두고 있거나 자원봉사의 차원에서 자기 제한적 성격을 갖고 있다. 이렇게 볼 때 한국의 시민운동은 매우 정치적 성향을 가지고 있는 특징이 있다.

이처럼 민주화 운동에 그 뿌리를 두고 있는 한국 시민사회운동은 중앙집권적 권력의 힘이 비대한 사회정치적 지형 속에서 정치권력에 대한 행동이 정치적으로 자원동원과 영향력 행사에 효율성이 크기 때문이다. 따라서 주요한 정치적 정책적 사안에 대해 개입하려고 하는 시민운동의 성향을 띠게 된다. 그러한 경향이 국민의 정부와 참여정부하에서 2000년 4월 총선 시민연대의 낙천, 낙선운동이었고, 2002년 12월 대통령 선거에서 시민사회의 참여, 2004년 대통령 탄핵 반대 촛불시위운동, 2004년 4월 17일 총선에서 최고조에 달하게 되었던 것이다. 그러나 한국의 이러한 정치 참여적 시민운동을 보고 일본에서도 낙선운동을 벌였으나 그곳에서는 별로 성공을 이끌어 내지 못하고 있다.

---

15) 김선미, 2007. "시민운동 위기담론과 발전방안." 한국 NGO학회 제19차 포럼, 『시민사회의 위기론의 실제성과 허구성』(2007.12.21. 국가인권위원회). 김선미는 시민운동의 위기원인을 환경적 요인과 조직적 요인으로 나누고, 이 문제를 조직 구조적 측면에서 첫째, 시기에 맞는 새로운 운동 노선의 부재, 둘째, 시민운동 내부의 재생산의 한계, 셋째, 시민참여의 부재, 넷째, 재정기반의 취약성 등으로 설정하고, 특히 두 번째의 시민운동 내부의 재생산의 한계를 시민운동 활동가들이 종래의 학생운동, 노동운동을 하던 활동가로 채워졌던 것이 이들 운동이 쇠약해짐에 따라 이들 활동가들의 충원이 어려워져 재생산의 위기라고 본다.

한국 시민사회운동도 중앙집권적 권력적 정치성을 지양하고 시민 사회의 본연의 덕목인 시민이 참주인이 되어 생활세계의 문제인 내 이웃의 문제부터 해결하는 자기 성찰적 자세로 변화가 필요하다.

2. 획일성

2007년 12월 대선에서 진보개혁세력이 실패하게 된 원인으로는 중 도 리버럴 정부에 대한 離反과 대안적 프레임의 부재 그리고 친기 업적인 신자유주의 경제담론에 대응할 혁신적인 중도개혁담론을 창 출해 내지 못한 점을 말할 수 있다.[16] 또한 국민의 정부와 참여정부 하에서 지나치게 정치 참여적인 시민운동은 2007년 12월 대선에서 그 반대 세력을 연대화시키고 결속하게 하는 힘이 되었다. 진보성향 의 참여정부의 주체들을 한 축으로 하고, 그 반대 보수 세력을 한 진영으로 묶는 데에 일조를 하였다고 할 수 있다. 2007년 대선에서 진보시민단체 385개가 대선 시민연대를 결성하여 대선에 영향력을 행사하였다. 이에 대응하는 보수시민단체는 250개의 국민연대, 120 개의 한국 시민사회단체 연합, 17만 명의 뉴라이트 전국 연합 등이 대선에서 활동하였다.[17] 이처럼 시민단체들은 진보와 보수로 나뉘어

---

16) 조희연, 2008. "신자유주의의 지구화 시대의 정치와 신보수정권 창출: 신보수 정권시대 개막의 의미, 전망, 과제." 〈민주운동연합 포럼〉『2007 년 17대 대선 그 이후: 대한민국, 어디로 가나?』(2008년 1월 4일. 참여 연대 느티나무홀)

17) 세계일보. 2008.1.14.

서 대선에 개입하여 준정치 세력화하였다. 이와 같이 시민사회단체
들은 정치적으로 획일화하는 역할을 크게 하였다.

한국 시민사회의 이와 같은 획일성을 탈피하고 민주주의체제하에
서 시민사회의 다양성과 차이성을 인정하는 운동, 즉 미래지향적 방
향으로의 전환이 필요하다.

3. 당파성

한국사회의 갈등구조가 전통적인 시민사회의 개념의 큰 한 줄거리
로서 '국가권력에 대항하는 시민사회'가 아니라 '국가권력에 추종하
는 시민사회'로 전락하게 되었다. 국민의 정부와 참여정부하에서는
'정부와 진보시민단체'가 한 축이 되고, '보수시민단체'가 또 다른
한편이 되는 한국 시민사회의 정치적 지형을 재편성하였다.[18] 여기
에서 정당체제가 추가되어 '정부와 범여권, 그리고 진보시민단체'를
하나로 묶고, '한나라당과 보수시민단체'를 또 다른 한 축으로 묶어
대립구도를 세우게 하였다. 이와 같이 한국의 시민사회단체는 정치
성과 획일성을 띠게 됨으로 해서 시민사회단체의 비당파성의 원칙은
훼손될 수밖에 없었다. 이념적 대립은 정치권의 편향성의 동원에 의
해 왜곡되어 보수와 진보의 다양한 하위유형에 대한 구분 없는 수구

---

18) 김선미, 2007. 전게서. 김선미는 시민운동의 조직행태의 측면에서 시민
　　운동의 위기를, 첫째, 정치과잉, 둘째, 편향된 정파성, 셋째, 시민단체 핵
　　심인사의 도덕성의 논란, 넷째, 시민단체 간 권력화 문제 등으로 분서
　　하고 있다.

반동이 아니면 급진좌경이라는 무차별적 파벌을 조장하게 되었다.

이와 같은 한국 시민사회의 당파성을 지양하고 시민사회의 덕목인 비당파성의 원칙을 준수하여야 할 것이다. 편 가르기 형식으로 시민 사회를 왜곡하는 세력이 존재하는 한 한국 시민사회는 발전과 비전 이 있을 수 없다고 생각한다.

4. 갈등의 주체

이와 같이 한국 정치사회가 시민사회를 편향되게 질서를 재편시킴 으로써, 즉 한국 시민사회를 준정치세력화가 되게 함으로 해서 시민 사회를 정치적, 사회적 갈등의 주체가 되게 하였다. 또한 이러한 현 상은 시민사회에 대한 시민들의 신뢰를 약화시키는 결과를 가져왔 다. 또한 시민사회가 덕목으로 삼아야 할 비당파성의 원칙이 파괴됨 으로 해서 시민사회의 영향력과 신뢰도는 더욱 나락으로 떨어지게 되었다. 이는 과거의 민주화 이전에 재야 세력들을 중심으로 하는 비밀조직과 밀실에서의 민주화 운동에서 전이되어 온 결과라고 본 다. 과거의 이념 지향적이고 개발연대를 강화한 군부권위주의적 사 고방식에 저항하던 민주화 운동에서 보여 준 시각에서 탈피하여 변 화를 이루어 내지 못한 데서 기인한다.

권위주의체제하에서는 단일한 정치적 문제가 사회 전체의 운명을 결정하는 핵심적인 문제로 제기되며 사회는 기득권 세력과 민주화 세력으로 구분될 수밖에 없었다. 그러나 민주주의체제는 정치적 대립이 다원화되고 사회적 이슈가 통일, 노동, 환경, 여성 등 다양해지면서 한 가지 획일적 기준에 따라 보소주의와 진보주의로 일관되게 구분할 수가 없게 되었다.[19] 시민사회의 대립구도가 권위주의체제에서 민주주의체제로 전환하고, 진보와 보수가 양립할 수 있는 새 시대 새 정부하에서는 이러한 구태를 벗어나야 할 것이다.[20]

Ⅳ. 한국 시민사회운동의 과제

이명박 정부하에서의 시민사회에 대한 과제는 기존의 참여정부에서 보여주었던 시민사회의 위상과는 다른 시민의 정치적 참여에서 벗어나 국가와 정치권력에 대항하는 견제균형론을 지지하는 시민사회의 위치 정립과 이에 맞는 자기 성찰적 한국 시민사회에 대한 지원의 문제에 있다. 이러한 과제를 해결하기 위해서 필자는 다음과 같이 시민사회의 미래지향적 방향을 제시해 본다.[21]

---

19) 윤성이. 2008. "새로운 정부와 시민사회." 2008년 한국정치학회 특별학술회의. 『이명박 정부의 과제와 시대정신』(2008.2.15. 한국프레스센터).
20) 김영래, 2007, 전게서(『NGO연구』 제5집 제1호). 김영래 교수는 한국 시민사회의 위기를 정체성(identity), 책임성(accountability), 투명성(transparency), 민주성(democratization), 전문성(professionalism) 등으로 파악하고 있다.
21) 김영래(2007, 상게서)는 한국 시민사회가 해결해야 할 과제를 첫째, 감시와 견제의 긴장 조성, 둘째, 책임성 있는 사회갈등 해소와 공동체 의식의 회복, 셋째, 중립성과 비당파성을 가진 사회공론의 장의 역할, 넷째, 정치사회적 개혁과제의 지속적 추구, 다섯째, 사회자본 형성, 여섯

1. 체계의 변화

한국 시민사회의 체계와 생활세계가 권위주의시대에서 민주주의시대로 변화하면서 크게 발전하여 왔다. 권위주의 시대에서는 중앙집권적, 획일적 체제에서 주종의 관계였으니 시민사회운동은 주로 재야 세력이 중심이어서 지도자들의 지도이념에 따라 움직이는 형태를 취하여 왔다. 민주화가 선언된 이후 20년의 시간적 공간이 흘러서도 아직도 한국의 사회질서에는 이러한 갈등구조가 남아 있다고 할 수 있다. 이와 같은 최근의 한국사회의 중심적 갈등요인을 최장집은 다음과 같이 설명하고 있다.

"오늘날 한국 사회의 중심적 갈등 요인은 탈냉전과 신자유주의 세계화의 충격이라고 할 수 있다. 냉전−탈냉전의 갈등 라인은 단순히 대북한 정책의 차원에 있는 것이 아니라, 냉전구조라고 할 냉전 반공주의적 정치사회질서를 둘러싼 것이다."(최장집 2005, 253).

민주화 이후 20년이 지난 이제는 이러한 지도 이념과 같은 것은 제거되어야 한다. 분권적, 자기중심적, 다원적 성격으로 변모함에 따라 정치사회적 체제에서도 많은 변화를 가져왔다. 체제의 변화에 따

째, 국제협력을 통한 세계시민사회에 기여, 등을 지적하고, 신뢰성(creditability)과 자발성(volunteering)의 재정립을 강조하고 있다.
김선미(2007, 성게서)는 시민사회운동의 방향과 과제를 첫째, 장기적 비전과 새로운 운동과제의 모색, 둘째, 정치경제 개혁에서 사회개혁으로, 즉 시민사회의 민주화, 셋째, 시민운동의 외연 확장, 넷째, 창발적 에너지(emergent energy)의 재구성 등으로 파악하고 있다.

라 보수와 전통, 혁신과 진보 등이 세력화하여 그들끼리의 이념에 따라 갈등하고, 행동하기에는 너무나 우리 한국 시민사회가 복잡화, 다기능화되어 있다. 진보는 혁신 세력뿐만 아니라 보수 세력도 지향해야 할 목표요, 양자 모두가 지향해야 할 공동의 목표이다. 지금까지의 한국 시민사회는 진보라고 하면 이념적 좌파, 시장경제의 좌파 통제경제, 시장에 국가의 개입, 신자유주의 경제의 거부, 냉전적 이데올로기에서 탈냉전과 북한에 대한 협조적 태도로 비춰진 것도 사실이다. 그리고 보수라 하면 이념적 우파, 시장경제의 우파 자본주의, 신자유주의의 찬양을 강조하는 양자의 대립과 갈등을 조성하는 그런 형태를 취해 온 것 또한 일면 사실이다.

이와 같은 이분법적 사고에서는 타협의 장, 공론의 장이 제대로 잘 형성될 수가 없다. 이제 민주화의 시대에 진입한 지도 20년의 긴 시간의 터널을 통과해 왔다. 이러한 체제의 대립적 구도가 다양화, 다층화되고 있다. 이러한 변화를 빨리 의식하고 이를 행동화할 것이 적극적으로 요구되고 있다.

2. '생활세계의 식민화 현상' 해체

시민사회가 지금까지의 커다란 국가적, 이념적, 논쟁적 이슈에 목숨 걸 것이 아니라 우리 시민이 살아가는 생활 속으로 눈을 돌려야 한다. 생활세계는 행위자의 관점에서 사회통합의 기반으로서 '합의에 대한 해석적 이해'가 이루어지는 일상의 영역을 말한다. 이러한 해석적 이해를 규범으로 보장하고 의사소통을 통해서 재생산하여야 한다. 이러한 재생산을 위해서는 현대사회의 발달에 따른 체계의 영역이 확장되면서 개인적 생활세계가 축소되고 종속되는 식민화 현상을 해체하여야 할 것이다. 어떤 한 체계에 시민이 종속되고 축소된다면 진보와 발전보다는 퇴보하게 될 것이다. 조직화, 제도화, 법제화가 너무 심하게 되면 규제적으로 사회가 바뀌게 된다. 이렇게 되면 시민사회는 이들에 종속화되는 결과를 초래하게 될 것이다. 여기에서 우리는 아직도 규제완화가 더욱 필요하다. 규제는 자율성을 해치게 될 것이고 시민사회의 자치는 보다 높은 차원으로 발전하지 못하게 할 것이다. 이러한 자율성의 보장 없이는 민주화 운동의 시각에서 다양성, 다변화, 차이성을 인정하는 자세를 갖추지 못하게 될 것이다. 이러한 시각에서 시민사회운동은 다양성에 근거한 대화와 타협의 방법론이 강구되어야 한다.

또한 생활세계에서는 하버마스가 지적하고 있는 것처럼 자기 자신의 의식, 감정, 태도를 솔직하게 드러낼 수 있어야 한다. 그리고 반대, 명령, 허락, 금지 등 규제적 언술행위에 대해 어느 한쪽이 특권을 갖지 말아야 한다. 여기에서는 지나치게 1차적 집단들이 갖는 연대보다는 조금 느슨한 연대가 더 자기 의사와 태도를 솔직하게 표현할 수가 있다. 자율적이고 개방적인 생활세계를 형성할 수 있어야 한다. 이제는 담론의 차원에서 우리가 과거에 지향해 왔던 민주화, 과거 청산, 이념적 투쟁, 개혁 등에만 몰입할 것이 아니라, 보다 우리 시민들의 생활 주변의 내 이웃과 같은 것들로 눈높이를 낮추어야 한다. 눈높이의 하향조정은 생활세계를 제도화, 규제화 등과 같은 식민화하는 일을 줄여 주게 될 것이다.

3. 역할의 변화

이제 시민사회가 행해야 할 역할도 과거의 저항, 투쟁, 견제, 비판을 주로 하는 정파적 활동에서 의식 있는 시민을 창출하기 위해 정보제공이나 사회규범 형성을 위해 활동하는 방향으로 전환이 이루어져야 한다. 시민사회가 전문성이나 도덕적 우월성에 의해 독자적으로 의제를 설정하고 판단하여 시민들에게 제시하기보다는 시민들 스스로가 참여하고, 판단하고, 의제를 설정하고 하는 그 같은 기반을 조성해 주어야 한다. 한국 시민사회는 선거에 참여를 낙천, 낙선운동과 같이 특정 후보의 도덕성과 자질을 평가하고 스스로 판단하고 결정하여 국민에게 제시하는 방식으로 주로 하향식(top-down)으로 전개되어 왔다.

이러한 한국 시민사회의 선거참여방식과 대조되는 미국의 미네소타 주의 Blandin Foundation은 유권자들에게 정확하고 다양한 정보를 제공하고 유권자 스스로 참여하고 판단할 수 있게 지원하는 형태를 취하고 있다.[22) 이 단체는 2006년 중간선거에서 선거 기간 동안 전자민주주의 사이트를 활용하여 주지사에 출마한 6명의 후보자를 대상으로 온라인 토론회를 진행하였다. 각 후보들은 유세발언과 함께 후보들의 의료, 정보화, 미네소타 주의 발전 방안, 농촌 및 소도시 문제 등 4개 분야에 대해 정책을 게재하도록 하였다. 후보자들의 의견은 소견서와 동영상으로 게재하여 링크시켜 주었다. 정책토론은 각 후보 간에도 진행되어 타 후보정책에 대한 반박 글도 게재하였

---

22) 윤성이, 2008. 전게 학술회의 발제문.

다. 유권자들도 각 후보의 발언 내용에 대해 5점 척도의 평가도 하게 하였다. 또한 유권자들에게 자신들의 의견을 동영상, 사진, 오디오 등 다양한 형태로 개진할 수 있도록 하였다. 메일 주소를 등록하면 후보자들의 발언을 메일로도 받아 볼 수 있게 하였다. 이와 같이 우리 한국 시민사회도 정보제공의 역할로 변하고 시민 스스로가 선택하고 결정할 수 있도록 돕는 기능으로 전환이 필요하다.

4. 지방화와 분권화

지나치게 거대담론에서 벗어나서 작고 지방적이고 분권화된 생활의 문제가 가장 큰 세계적인 문제가 될 수 있게 운동의 방향을 전환하여야 한다. 지금까지의 시민운동이 보여 준 대중 동원형 모델에서 탈피하여 주민 참여적 모델로 전환이 필요하다. 참여가 없는 정치는 Jean Jacques Rousseau 이래로 현대에 이르기까지 대의제와 정당제의 결점이 되어 왔다. 루소는 참여를 "주권은 타인에게 양도될 수 없다. 주권은 본질적으로 일반의지(general will)에 산재해 있기 때문에 그것은 대의제를 인정하지 않는다. 동시에 중도적 가능성도 없다."[23]고 한다.

참여야말로 직접 시민이 자기 권리를 행사하는 것이요, 스스로 결사적 행위를 이룩할 수 있는 시작이다. 강한 민주주의로 나아가는

---

23) Jean Jacques Rousseau, 1958, *The Social Contract Discourses* Translated with introduction by G. D. H. Cole, London: J. M. Dent & Sons LTD. p.78.

첫걸음이기도 하다. 참여가 아니면 진정한 민주주의는 존재하지 않았으며, 또한 앞으로도 존재하지 않을 것이다. 이러한 참여는 시민사회의 주변에 있는 일부터 시작해야 한다. 모든 국민을 쉽게 한자리에 소집할 수도 없고 또한 현대적 규모로는 불가능하다. 따라서 자기 주변에 있는 것에서 시작해야 하는 것이다. 이것은 시민사회운동이 지방화되고, 분권화되어야 직접 참여가 가능하다. 참여는 권력지향보다는 자기 정체성 지향의 성찰적 대안을 창출하는 데에 초점을 두게 된다. 한국 시민사회도 참여연대와 경실련 등 중앙집권적 구조의 단체보다는 지역중심의 풀뿌리 시민운동이 늘고 있는 추세이다.[24) 시민사회단체의 중앙 집중화에서 지방으로 분권화하는 경향을 보이고 있는 것이다.

5. 대안 제시

한국 시민사회운동은 이제 대안 없는 막연한 목소리를 높이는 시대에서 벗어나 구체적으로 참여정부는 왜 싫었으며, 이명박 정부는 무엇을 잘못하고 있는가를 제시하여야 한다. 막연하게 대중 속에서 군중심리와 부화내동은 없어야 한다. 필자가 지난여름 서울 근교에 있는 산에 산행을 하다가 참여정부의 부동산 정책을 노골적으로 비난하는 등산객이 있어 가까이 다가가서 그 등산객에게 물어 보았다.

---

24) 행자부에 신규 등록한 중앙단체는 2006년 64개에서 2007년 43개인 데 비해, 동 기간 시도에 등록한 단체는 426개에서 470개로 증가하고 있다(세계일보, 2008.1.16.).

"구체적으로 선생님은 무엇을 어떻게 해 드리면 되겠습니까?" 하고 물었더니 대답 대신에 돌아오는 것이 나를 참여정부의 무슨 대변인이나 되는 것처럼 공격을 하는 것이었다. 이 등산객만이 아니다. 우리 사회에는 막연하게 남들과 함께 비판하는 시민, 정치인, 기업인들이 얼마나 많은가 말이다. 이 모두가 자기 말에 책임 없는 행위이다. 구체적인 대안을 제시할 능력이 없으면 비판의 목소리도 작아야 한다. 그런데 우리 사회에서 과연 그런지 의문이다. 한국 시민사회는 아직 지방화의 경험이나 자기 판단능력이 작다. 규범적 목소리는 많은데 구체적으로 어떻게 해야 하는지 방법이 없다. 한강에 여름철에 홍수가 나면 시청 공무원들의 구체적인 행동 지침은 무엇인가? 숭례문 화재가 발생하면 소방당국과 관련 부처는 무엇부터 어디에서 어떻게 대처해야 하는가? 요령 숙지가 안 되고 있다. 시민사회도 마찬가지이다. 공무원의 사회는 위계가 있어도 안 되고 있는데 시민사회는 구속력이 약하기 때문에 더욱 행동요령이 체계화되어 있지 않을 것이다.

어떤 연구에 의하면 지방자치단체 간의 협력사업의 문제점을 다음과 같이 지적하고 있다.[25] 첫째, 구체적 목표보다는 포괄적이고 일반적인 교류협력의 수준에 머물러 있다. 둘째, 지방자치체 간의 협력 사례는 일반적으로 관 주도의 협력사업으로 추진되고 있어 민간부문의 자발적 참여가 성공의 주요 관건인 지역경제 활성화 부문에서는 효과를 거의 내고 있지 못하는 한계를 보이고 있다. 셋째, 교류협력을 위한 예산과 조직의 구성 등이 수반되지 못한 점을 들 수 있다.

---

25) 라미경, 2007, "충청권 상생협력과 지역 NGO의 역할." 『NGO연구』 제5권 제1호 p.165.

그렇다 이러한 결과가 서해안 기름 유출사고가 발생하니 정부에서 지원하는 주민 생활 지원금을 제때에 제대로 활용하지 못하고 기준이 없이 진정으로 필요로 하는 지역주민에게는 오히려 갈등의 불씨만을 제공하는 듯한 인상을 주고 있다. 이 모두가 대안적인 생활양식 속에 자리할 때만이 사회의 발전과 변화를 초래하게 된다.

V. 결론

한국 시민사회운동이 지금까지 좀 거대한 담론적, 이념적, 저항적, 투쟁적, 중앙 집중적, 당파적 측면이 강했던 것은 부인할 수 없는 사실이다. 이제 참여정부에서 이명박 정부로 정치권력이 이양되고 새로운 시대의 전개를 펼치고 있다. 이 새로운 정부에서의 시민사회운동 방향은 아직 확실하게 제시되어 있지는 않지만, 기존의 시민사회운동의 특징과 문제점을 검토하면서 좀 생활 세계적이고, 소규모의 지방 분권적인 것에서 시민의 참여를 중심으로 하는 그런 운동이 되게 함으로써 시민의 삶을 보다 한 단계 성숙시켜야 할 것으로 우리는 지금까지 논의하여 왔다. 여기에서 필자는 한국 시민사회운동의 새로운 방향으로서 수혜를 베푸는 입장에서의 정부와 수혜를 받는 입장에서의 시민사회, 이들 양자의 관계에서 다음과 같은 몇 가지를 제안하고자 한다.

첫째, 다양성에 근거를 둔 대화와 타협으로 자신의 입장을 수정할 수 있어야 한다. 이는 공론의 장에서는 담론에 대한 비판과 반박을 할 수 있어야 하며, 찬성의 입장과 반대의 입장에서 대화와 타협을 통해 자기 자신의 입장을 수정할 수 있는 포용성과 아량이 발휘되어야 한다. 현재 한국시민사회에서 담론의 쟁점이 되고 있는 '삼성특검'과 '한반도대운하'를 보면 양자 간에는 찬반의 입장이 대립하고 있다. 이 문제를 대화와 타협을 통해서 찬반 양측이 자기 입장의 일부를 수정하지 않고 자기주장만 한다면 결론이 나올 수가 없을 것이다. 이 결과는 사회의 혼란 등 또 다른 사회적 불씨를 낳게 될 수도 있는 위험성이 있게 된다.

둘째, 합리성과 정당성에 근거하여 갈등과 합의의 원칙을 준수해야 한다. 이는 올바른 공론의 장의 형성과 민주주의 발전에 필수요소인 원칙들이다. 지금까지의 시민사회운동에서나 한국인의 성향에서 볼 때 달성하기 어려운 과제이다. 그러나 올바른 공론의 장을 형성하고 민주주의를 한 단계 더 발전시키기 위해서는 꼭 이루어 내야 하는 과제이다. 이러한 과제를 달성하기 위해서는 낮은 자세를 가지고, 남의 이야기를 듣고, 남에게서 배우는 자세가 요구되고 있다.

셋째, 공론의 장에서 담론의 중심이 되는 내용은 자기 성찰적 영역을 담아내야 한다. 모든 시민들의 실질적인 삶의 문제, 즉 생활세계의 문제를 도덕성과 반성의 규범과 당위성의 차원을 넘어 구체적인 자기 성찰의 영역의 내용을 담기 위해서는 낮은 자세로 남의 이야기를 듣고 배우는 자세가 필요하다. 새로운 이명박 정부도 이러한 순수한 시민사회의 활동을 적극 지원하고 협력하여야 한다.

넷째, 대의제나 정당제와 같은 현대민주주의의 모순점과 문제점이 있는 부분을 극복하고 지속 가능한 문제들(sustainable problems)을 내용으로 담아 추진해야 한다. 시민사회에서 쟁점화되는 문제는 잠정성과 일시성(provisionality)이 상존하는 운동이기 때문에 더욱 그렇다. 정부활동의 공정성이나, 정당 공당화의 지속적 추진을 통해서 맑고 밝은 투명한 정책의 추진이 필요하다. 정부도 이러한 이슈를 쟁점화하는 시민사회운동을 지원할 수밖에 없을 것이다.

다섯째, 시민사회는 사적 영역과 공적 영역이 공존하기 때문에 합의된 사항은 객관적이고 정당한 '권한행사'가 이루어져야 한다. 지금까지의 한국 시민사회운동에서 보여 준 것처럼 새만금사업, 사패산터널공사, 고속철도천성산공사, 동강댐건설공사의 지연 또는 폐지에서 막대한 국고의 낭비를 초래하였다. 이와 같은 불투명성, 비효율성, 비합법성 등의 문제를 사전에 방지하기 위해서 합의가 이루어지기까지는 신중과 공정성을 기해야 하나 합의점을 도출하였을 경우는 강한 공적 권한을 발휘하여야 한다. 정부나 시민사회 모두가 국가적 차원에서 더 이상의 낭비요소나 비효율이 발생하지 않도록 노력해야 할 것이다.

이상과 같이 정부나 시민사회가 각자의 입장에서 성찰하고 반성하고 추진하여야 할 것이다. 이렇게 될 경우에 시민사회는 본연의 자세에서 정부권력과 사회에 대해 때로는 견제하고, 때로는 협력하는 자세를 견지할 수 있을 것이다. 더욱 많은 논의가 있어 발전을 기대하면서 발제를 마친다.

▌참고문헌 ▌

김선미. 2007. "시민운동 위기담론과 발전방안." 한국NGO학회 제19차 포럼, 『시민사회의 위기론의 실제성과 허구성』(2007.12.21. 국가 인권위원회).

김영래. 2007. "민주주의와 시민사회 가치의 재정립."『NGO연구』제5집(1).

라미경, 2007, "충청권 상생협력과 지역 NGO의 역할."『NGO연구』제5권(1).

송호근. 2005.『한국, 어떤 미래를 선택할 것인가』. 서울: 21세기 북스.

윤성이. 2008. "새로운 정부와 시민사회." 한국정치학회 특별학술회의.『이 명박 정부의 과제와 시대정신』(2008.2.15. 한국프레스센터).

조희연. 2008. "신자유주의의 지구화 시대의 정치와 신보수정권 창출: 신보수 정권시대 개막의 의미, 전망, 과제." 〈민주운동연합 포 럼〉『2007년 17대 대선 그 이후: 대한민국, 어디로 가나?』(2008 년 1월 4일. 참여연대 느티나무홀).

최장집, 2005.『민주화 이후의 민주주의』. 서울: 후마니타스.

세계일보. 2008. 1. 14. 16.

시사저널. 2004. 10. 28.

프레시안. 2006. 10. 12.

Barber, Benjamin R. 1998, *A Place for Us: How to Make Society Civil and Democracy Strong,* New York: Hill and Wang.

Cohen, Jean L. and Andrew Arato, 1992, *Civil Society and Political Theory,* Cambridge: The MIT Press.

Edwards, Michael. 2004. *Is Civil Society a Big Idea?* Cambridge UK: Polity Press.

Habermas, Jürgen. 1987, *The Theory of Communicative Action,* Vol. 2translated by Thomas McCarthy. Boston: Beacon Press.

Habermas, Jürgen. 1989, *The Structural Transformation of the Public Sphere.* Boston: MIT Press.

Habermas. Jürgen. 1996, *Between Facts and Norms: Contributions to a Discourse Theory of Law and Democracy* translated by William Rehg. Cambridge: The MIT Press.

Lipset, Seymour M. 1960. *Political Man.: The Social Bases of Politics.* Garden City, New York: Doubleday.

Rousseau, Jean Jacques. 1958, *The Social Contract Discourses* Translated with introduction by G. D. H. Cole, London: J. M. Dent & Sons LTD.

· 저자 ·

이종식　·약 력·
李鍾植

경북대학교 사범대학교 사회교육학과 일반사회전공 졸업(문학사)
경북대학교 대학원 정치학과 졸업(정치학 석사)
아주대학교 대학원 응용사회과학과 정치학전공 졸업(정치학 박사)
(주)대한항공 25년간(1978－2003) 근무
사단법인 한국정치학회 정회원(현)
사단법인 한국국제정치학회 정회원(현)
사단법인 한국정치사상학회 정회원(현)
사단법인 한국NGO학회 정회원(현)
사단법인 한국항공우주법학회 정회원(현)
현, 아주대학교 사회과학연구소 전임연구원
　아주대학교, 한국항공대학교에서 정치학개론, 한국정치의 이해,
　국제관계론, 현대민주주의와 시민사회, NGO와 지역사회의 이해 등
　강의 중

·주요논저·

『현대민주주의와 시민사회』, 한국학술정보㈜, 2008.
『국제항공체제의 변화와 전망』, 한국학술정보㈜, 2007.
『국제항공기구론』(공저), 서울: 한국항공대학교 출판부, 2006.
"Freedoms of the Air and Global Aviation Regimes", 홍순길 교수 정년기념
　논문집, 『21C 항공우주산업, 정책, 법적 주요 과제』, 서울: 평창기획,
　2007.
"효율적인 거버넌스 형성을 위한 문제점과 방향", 한국 NGO학회, 『NGO연
　구』, 2007.
"국제항공레짐의 변화유형과 전망: 한미항공협정을 중심으로", 『한국정치
　학회보』, 제40집 2호, 2006.
"유럽연합(EU) 통합과 제3국과의 항공관계", 『항공우주법학회지』 제21권
　제1호, 2006.
"한국의 전통적 거버넌스의 시원적 모델: 호계 이을규의 혁신정치의 가
　설과 실천모델", 한국NGO학회 『NGO연구』, 2006.
"Restyling of International Aviation Regimes", *Journaal LuchtRecht*, The
　Netherland, Special Edition, Nr. 9 / 10, December 2005.
"Change of International Aviation Order", *The Korean Journal of International
　Relations*, Vol.45(5), December 2005.
"국제항공레짐의 변화에 관한 연구, 1919－2003", 박사학위논문, 2004.

　외 다수

한국정치의 이해

Understanding of Korean Politics

• 초판 인쇄	2008년 8월 30일
• 초판 발행	2008년 8월 30일
• 지 은 이	이종식
• 펴 낸 이	채종준
• 펴 낸 곳	한국학술정보(주)
	경기도 파주시 교하읍 문발리 513-5
	파주출판문화정보산업단지
	전화 031) 908-3181(대표)·팩스 031) 908-3189
	홈페이지 http://www.kstudy.com
	e-mail(출판사업부) publish@kstudy.com
• 등 록	제일산-115호(2000. 6. 19)
• 가 격	35,000원

ISBN 978-89-534-9868-6 93340 (Paper Book)
978-89-534-9869-3 98340 (e-Book)